安保改定と政党政治

——岸信介と「独立の完成」——

濵砂孝弘著

吉川弘文館

目次

序論　課題と視角

1　研究の課題

第二次世界大戦の敗戦国日本は、冷戦の激化という戦後国際秩序の変動期に独立を果たした。そのことは、日本史上初めての、かつ長期にわたった本土占領を脱し、取り戻した国家主権を十全たらしめんとナショナリズムに湧く諸々の政治主体にとって、大いなる桎梏となった。なぜなら、米ソ超大国を指導国と仰ぐ軍事同盟網の構築とその内部での相互依存から成る冷戦秩序が、独立国家の自律性を相対化し、主権の制約をもたらしたためである。(1)冷戦によって「寛大な講和」を勝ち取った日本は、冷戦によって「値切られた独立」を余儀なくされたといえる。

そして、この講和独立の矛盾を体現したものこそ、「日本国とアメリカ合衆国との間の安全保障条約」（以下、旧安保条約）及びその関連諸法制に基づく、軍事安全保障を目的とした日米間の協力体制としての日米安保体制にほかならない。(2)冷戦が東アジアに本格的に波及するなか、日本国憲法第九条を抱える日本は米国に基地を提供し、防衛面を依存して独立せざるを得なかった。だがそのことは、ソ連や中国（以下、中国とは中華人民共和国を指す）という共産陣営の大国と戦争状態が終結しないまま隣接する日本からすれば、独立後も内政と外交の双方で国家行動における裁量の余地が米国に制約されることを意味した。

しかも、こうした日米安保体制特有の事情に加え、旧安保条約の内容自体にも大きな瑕疵があった。そもそも、暫定的な「駐軍協定」として締結された旧安保条約では、在日米軍への数多の基地提供にもかかわらず、米国の対日防衛義務は明確にされなかった。それどころか、第一条において在日米軍の基地使用目的の先頭に置かれたのは、日本の防衛ではなく、「極東における国際の平和と安全の維持」（極東条項）であり、これによって、日本は自らの意思にかかわりなく米国の戦争に巻き込まれる可能性を有した。さらに、日本政府が要請すれば在日米軍が日本国内の内乱及び騒擾の鎮圧に出動できるという内乱条項は、自国領域内の排他的統治という近代主権国家の原則にすら背馳していた。その上、この旧安保条約の有効期限（条約期限）も明記されていないなかで、「日本国とアメリカ合衆国との間の安全保障条約第三条に基く行政協定」（以下、日米行政協定または行政協定）が定める全土基地方式により、基地の新建設及び拡張を欲する在日米軍のための土地接収も続いた。なにより、外国軍隊の常時駐留が植民地支配を想起させる当時にあって、日本本土だけでも六〇〇ヶ所を超える米軍基地施設、区域が残ったことは、講和独立に対する国民の実感を乏しくした(3)。

かくて、一九五〇年代は「独立の完成」が政治課題であり続けた。それは、明治維新に続く第二の国家形成として「新日本建設」が叫ばれ、日米安保体制への態度と政権枠組みないし政党配置が分かち難く結びついた時代といえる。保革の隔てなく「独立の完成」を目指す多種多様な構想が提起され、内政外交にわたる深刻な政策対立と政権を賭けた権力闘争が絡み合い、政局は混迷を極めた。このように、独立日本のナショナリズムを深く傷つける形で成立した日米安保体制は、その草創期において、両国間の紐帯も同体制を支える政治基盤も脆弱であり、実効性を欠いた。だからこそ、米国は日本の政治的安定を強く求め、その離反及び中立化を懸念し続けた(4)。

では、かくも不安定な成立を余儀なくされた日米安保体制は、いかにして確立したのだろうか。より具体的に言えば、現在に至る日米安保体制の安定的持続に不可欠である日本の国内政治基盤は、いかにして整備されたのだろうか。

以上の問いを念頭に、本書では、「日米安全保障関係を持続性あり且信頼性ある基礎に置く」べく、現在の安保条約（「日本国とアメリカ合衆国との間の相互協力及び安全保障条約」。以下、新安保条約）を締結した一九六〇年の日米安全保障条約改定（以下、安保改定）について、政党政治における政策対立の側面から検討したい。(5)

2 研究史

本書は、日米安保体制が確立する過程の解明を目指す安保改定研究である。以下では、前述した本書の主題を踏まえた上で、先行研究との関係を整理したい。

安保改定に関する研究の始点は、「六〇年安保」の直後から隆盛した安保闘争研究に遡る。これは、戦後最大の政治運動となった安保闘争を戦後民主主義の高揚とみなし、「帝国主義的膨張」を重ねる米国の軍事戦略に結びつく「支配層」と大衆運動との二分法的な対決構図を強調して、主に運動論の視座から安保改定を捉える潮流である。(6)

なかでも、安保闘争の余韻が残る一九六三年に坂本義和氏が発表した「日本における国際冷戦と国内冷戦」は、その後の安保改定研究の方向性を規定し、戦後日本の政治外交史研究の有力な分析視角となる国内冷戦論を案出した点で重要である。坂本氏は、国際冷戦の激化とともに反共を掲げて復活した「支配層」による冷戦の増幅作用の結果、「社会党――特に左派――および総評〔日本労働組合総評議会〕」によって担われた平和と民主主義、及びそのための中立主義を希求する大衆運動が反射的に抵抗せざるを得ず、内政の両極化が促進され、「冷戦という国際的な外圧が、内政における構造的な分裂として内在化」される国内冷戦構造が形成されたと指摘する。その上で、「旧戦犯岸信介」の安保改定を、以上のような「支配層」による冷戦の増幅作用としての反動化の極致とみなし、大衆運動が高揚した経緯を説明している。(7)

後に国内冷戦論は、升味準之輔氏が発表した「一九五五年体制」(以下、五五年体制)論と結びつく。升味氏は、一九五五年の「社会党統一と保守合同が、現在の政治体制の枠組をつくった」「(自社)両党の比率はつねに二対一であり、(中略)この二大政党制は、実質上自民党支配の体制にほかならなかった」〔以下、引用中の亀甲括弧及び「(中略)」は、特に断らない限り、全て引用者によるものであり、「(中略)」以外の丸括弧は引用の原文ママ〕と述べて、五五年体制とは占領終結後の保守党支配の形態だと論じた。彼自身は、冷戦要因よりむしろ日本国内の政治、経済、社会的背景から立論しているのだが、結局のところ、政党配置の観点から保革対立としての国内冷戦論の説得性を増したことは否めない。(8) その結果、酒井哲哉氏が指摘するように、「戦後外交論についての叙述は、暗黙のうちに六〇年安保期の党派対立のイメージを戦後外交論の形成期に逆投影する形で立論がなされ」るようになった。(9)

以上の経緯から、一九八〇年代に入って緒についた安保改定をめぐる政治過程の研究は、国内冷戦としての五五年体制構図が投影される形で蓄積されてきた。そこでは、「支配層」と大衆運動の二分法から脱してその中間に政党政治の階層を組み入れながら、日米交渉と日本の国内政治過程の相互関係に焦点をあてるという方法論的特徴がみられる。未だ日米両国の政府文書の公開が充分には進まないなか、冷戦という国際要因に加え、内政要因、特に政党政治の軌跡から日米間の外交過程を措定しようと試みたのである。(10)

例えば岩永健吉郎氏は、「大衆デモクラシー」では内政、とりわけ政党政治と外交が一体化しているという視座のもと、戦後日本の「内交」を描出した。また、有賀貞氏は利用可能になったばかりの米国側政府文書を一部開拓しつつ、安保改定をめぐる日米交渉と国内政治過程を素描した。それらはいずれも、与党自民党が安保改定という外交案件を政争の具に供し、岸の政治的失点を稼ごうと派閥対立に動いたこと、岸の「戦前回帰」的反動性が革新陣営に安保改定への警戒感をもたらし、安保闘争によって政治危機が高まったことを指摘した。(11)

こうした潮流に基づく安保改定研究の到達点が、原彬久氏の『戦後日本と国際政治』である。これは、安保改定過程を事例として、「アメリカの安全」が貫徹される「日米『大』従属システム」としての「〔広義の〕日米安保体制〔国際政治〕と他方における核心的国内政治過程の二つの側面がひとつの過程のなかで構造連関」するという「戦後日本政治の構造モデル」を抉出した大著である。(12) 米国側文書を含む一次史料に加え、岸をはじめとする政治家、官僚、支持団体及び院外大衆運動関係者など広範な当事者へのオーラル・ヒストリーを駆使した原氏の一連の研究は、外交史研究が進展した今もなお、安保改定をめぐる国内政治過程研究では最高水準を保っている。(13)

その際、原氏は国内冷戦論に依拠しつつ、自民党と社会党左派による政権交代のない五五年体制構図を所与の前提として、安保改定をめぐる国内政治過程を描出している。すなわち、「一九五五年の保守合同によっていわゆる保守の主体性を確立した政権党が、戦後保守の原点としての『反共』ないしそれとの関連で醸成された米ソ冷戦観をもつ限り、同党〔自民党〕が日米安保体制の強化に向かいこそすれ、その否定の道をすすむことはありえない」という視座から、「日本のナショナリズムを『対米協調外交の強化』、すなわち日米対等の共同防衛体制によって実現していこうという岸信介ら保守勢力と、同じ日本のナショナリズムを日本の中立化と日米安保体制へのアンチ・テーゼのなかでこそ獲得すべきであるとする社会党〔とくに左派〕中心のいわゆる革新勢力」との対決として安保改定過程を捉えている。(14) 以上の五五年体制構図のもと、原氏は岸の政治行動を軸に据えながら、自民党内の派閥間権力対立が日米交渉を絡め取る動態及び社会党左派を中心とする革新陣営の安保闘争に着目して安保改定過程を跡付けた。

その後、一九九〇年代に入ると、安保改定研究は原氏が描き出したような、国内冷戦論に基づく五五年体制構図を前提としつつ、外交史研究の色彩を強くしていく。米国側の政府文書の公開が進むなか、研究の比重は日米交渉及び米国側の政策過程の解明に傾いたといえる。

外交史としての安保改定研究の嚆矢となった坂元一哉氏は、安保改定に関する岸の構想を掘り下げた上で、安保改定を導く主動因が日本中立化を警戒した米国の側にあったことを詳述し、岸及び米本国政府に安保改定を決断させた駐日米国大使マッカーサー二世（Douglas MacArthur II）のイニシアティブを明らかにした。その上で、日米安保条約の適用地域（以下、条約地域）及び事前協議制度の新設に関する日米交渉の経緯を詳述し、安保改定によって「物と人との協力」としての日米安保体制の基本構造が確立したと指摘した。[15]

その後、二〇一〇年以降に安保改定に関する日本側外交史料の公開が進んだことは、日米両国の政策過程及び安保改定交渉の解明を一層進展させた。まず波多野澄雄氏は、外務省文書によって日本政府の視点から安保改定交渉を再構成した。[16] 日米の官僚組織にも分析の射程を広げて安保改定交渉を検討した吉田真吾氏は、一九五七年六月の岸訪米で合意した在日米軍削減と、同年一〇月のソ連による人工衛星打ち上げ成功（スプートニク・ショック）とによって生じた、米国の対日防衛に関する日本側の不安と、一九五八年八月の第二次台湾海峡危機に伴って米国側で極大化した日本中立化への懸念が、日米両国に相互不安を招来して安保改定を実現させたと指摘している。[17]

吉田氏の研究以降、米国が安保改定交渉の開始に同意した背景として第二次台湾海峡危機が注目を集めた。西村真彦氏は、第二次台湾海峡危機に際しても日本政府が西側陣営の一員としての姿勢を堅持したことが、米国の安保改定交渉開始への決定を後押ししたと評価した。その上で、特に事前協議制度をめぐる日米交渉に着目しつつ、安保改定によって日米安保体制と東アジアの安全保障との関係性が決定づけられる経緯を丹念に明らかにした。[18] 他方、米国政府の対日政策という観点では、山本章子氏が米国軍部の動向に焦点をあてつつ、アイゼンハウアー（Dwight Eisenhower）政権の海外基地政策の一環として安保改定交渉を捉え直した。[19] また、萩藤大明氏は主にアメリカ外交史の観点から、米国の対中・対朝鮮半島戦略といった戦後東アジア政策の長期的展開との相互連関の所産として、安保改定を帰着点とする日米安全保障関係の構築が進んだ経緯を論じている。[20]

加えて、鍛治一郎氏は日米安保条約上の主要な外交交渉について、条約期限の観点から再解釈してきた。鍛治氏は、米国側は日米安保条約を維持するための安定装置として、日本側は対等な日米関係を構築する手段として、それぞれ条約期限の問題を捉えており、その両者のせめぎあいのなかで日米間の同盟関係が発展してきたと主張する。特に、岸政権の安保改定への取組みを条約期限の視角から掘り下げた点は、本書との関係からも示唆に富むものである。[21]

このように、安保改定研究は近年特に外交史研究の性格を強めている。一方で、内政面については、国内冷戦論に基づく自民党と社会党左派の政権交代のない五五年体制構図が、所与の前提として分析に投影されがちである。その結果、安保改定をめぐる国内政治過程については、社会党左派主導の基地反対運動や核兵器禁止決議案の国会提出といった中立主義的行動が、日米交渉の背景の一つとしてわずかに言及される程度へと後景に退いている。

その帰結として、先行研究では安保改定をめぐる国内政治過程について、安保闘争に象徴される保守、革新間の対決構図が強調される反面、各政治主体の政策対立の実態や、これと不可分の関係にあった政党配置ないし政権枠組みの可変性認識といった政党政治上の諸相が研究上の空白となってきた。それは、安保改定と日本の国内政治過程に関する分析が、やや過度に岸個人の属性や彼の視点に還元して進められたことと無縁ではなかろう。だからこそ、先行研究では、日米両政府が安保改定交渉の開始で合意した後の国内政治過程――具体的にいえば、与党自民党内の派閥間権力対立と社会党左派を中心とする革新陣営の安保闘争――が注目されてきた。そして、その反作用として、安保改定交渉の開始以前に、これを日米双方に必要とさせた日本の国内政治過程、特に自社両党間、及び各党内における政策対立や、その安保改定交渉開始後の展開が等閑視される傾向にある。

しかも、現に政党史研究の視座からは、安保改定研究が依拠してきた国内冷戦論に基づく政権交代のない五五年体制構図について、修正が施されている。例えば、五五年体制の成立過程を検討した中北浩爾氏は、社会党の左右統一の際には政権担当に堪えうる「保守と紙一重」の現実的政策が重視されたこと、保守合同では、左右両社会党が躍進する状況で特に「社会党政権」の樹立を阻止するため、憲法改正及び再軍備ではなく、経済自立の達成や福祉国家の建設といった経済・社会政策の合意形成が重視されたことを明らかにし、「社会党政権」の実現可能性という認識要因を一九五〇年代における有力な政治力学として浮き彫りにした(22)。

さらに、保守合同でも社会党の左右統一でも、外交・安全保障政策に関する党内の合意形成を欠いたことがつとに指摘されている(23)。だからこそ、自由党と日本民主党という「外交をめぐって大幅に異なる立場をとる二つの保守政党が合同して結成された自由民主党は、外交をめぐる党内の合意調達が困難を極めた」。自民党は「安保改定に向かう中で実質的に一つの党に進み、保守本流の政治主体が形成され、強い政権党となった」と仮説的に指摘する通史的研究もあるが、そうした外交・安全保障政策の合意形成過程に関する実証的な考察は加えられていない(24)。

以上の安保改定に関する研究史の整理から見えてくるのは、先行研究が国内冷戦論に基づく五五年体制構図を投影したまま、政党史研究との対話を欠いて外交史研究に特化してきたために、安保改定をめぐる政党政治や政策対立の実相を把握することが研究上の課題として積み残されているということだ。総じていえば、日米双方に「日米安全保障関係を持続性あり且信頼性ある基礎に置く」ための安保改定が必要だと認識させたところの、日本の国内政治過程の実相が依然として詳らかになっていないのである。日本の離反及び中立化の阻止が安保改定の眼目だったことを踏まえれば、日米安保体制の安定的持続に不可欠とされた、同体制を支える国内政治基盤の整備に関する実証的検討は極めて重要であろう。

3　視角と目的

そこで本書では、以下に述べる二つの視角に基づき、政党政治の側面から安保改定をめぐる政治外交過程を再検討したい。それにより、上記の研究上の空白を埋め、日米安保体制を支える国内政治基盤が整備される経緯を明らかにしたい。

まず第一に、「独立の完成」という争点領域（イシュー・エリア）の史的展開に着目することで、政党政治としての安保改定過程の相貌を浮かび上がらせたい。

これまでも、一九五〇年代に「独立の完成」が政治課題となった点は通史等で指摘されてきた。[25]だが、こうした研究では、『独立の完成』に必要なものは、なんといっても憲法改正と軍隊の建設、そして双務的な日米安保であった」という視座から、「独立の完成」が鳩山一郎や岸のような、反吉田保守勢力の独占的スローガンだとみなされ、革新陣営の「独立の完成」構想は掘り下げられてこなかった。[26]

これに対し、本書では、「独立の完成」とは特定の政策構想ないし志向性を具体的に指すものではなく、また、その実現可能性も問わずに、あくまで争点領域たる「場」（アリーナ）であって、そこで問われる内容も時期により千変万化するものとして捉えたい。その上で、「社会党政権」の実現可能性に裏打ちされた政権枠組みの可変性認識に特に注意を払いつつ、「独立の完成」という争点領域の史的展開に着目して政党政治としての安保改定過程を論じたい。

第二の視角は、政治主体として、特に岸、改進党（系）、社会党右派の動向及び相互関係に着目することである。社会党右派（右派社会党）と、非自由党系保守勢力を糾合して一九五二年二月に結党された改進党は、国内冷戦論に基づく五五年体制構図の死角であり、安保改定研究でも、敷衍すれば日本政治外交史研究でも埋れた存在といえる。

だが、本論で見ていくように、そもそも改進党と社会党右派こそ、旧安保条約の是正としての「安保改正」を真っ先に主張し、かつ岸が「独立の完成」を目指す上で連携を試みた政治主体だった。そして、それにもかかわらず、この両者は岸の安保改定に最後まで反対し、彼を大いに苦しめた。

実際に岸は、自らの首相在職中、全精力の七割ないし八割を注ぎ込んだという安保改定について、元来旧安保条約の是正は社会党の主張だったことを強調し、安保改定に社会党が反対して安保闘争が発生したのは「国際共産主義者の使嗾」によるものだと指弾する。その上で岸は、「とにかく一番苦労したのは、足元を固めるための〔自民党の〕党内調整」だったと振り返っている。曰く、「党内において一番の問題は、（中略）要するに改進党系の諸君が、初めから安保改定には熱心ではなかったからね。河野君は、最初はこれに全面的に賛成しておったけれども、途中で反対の立場に立った」[27]。

このように、岸は後年の回想で、元来「安保改正」を主張してきた政治主体が自らの安保改定に悉く反対に回った背景を、「国際共産主義者の使嗾」と政権党の派閥対立に求めている。そして、安保改定をめぐる国内政治過程の研究は、こうした岸の視点に立って進められてきたきらいがある。

これに対し、本書では改進党（系）及び社会党右派の動向、特に彼らの「安保改正」論の展開にも光をあてたい。それにより、「独立の完成」という争点領域のなかで展開された、安保改定をめぐる錯綜的な政策対立の様相が浮かび上がるだろう。そしてそのことは、安保改定問題の淵源を辿りつつ、岸を取り巻く政治的状況ないし制約を構造的に視野に収め、彼の構想及び政治行動を体系的に跡付けることにもつながると考えられる[28]。

なお、本書はあくまで「独立の完成」という争点領域の史的展開を跡付けるものであり、岸の「独立の完成」構想及び彼の政治行動の解明自体を主たる目的とはしていないことを強調しておきたい。本書の関心は、岸の構想及び政治行動の不易流行が、「独立の完成」という争点領域の史的展開にいかなる影響を与えたのかという点に尽きる。

このように、本書では「独立の完成」という争点領域の史的展開に着目し、安保改定をめぐる政治外交過程について、岸、自民党、社会党による一体の相互作用として総体的に把握することにより、政党政治の側面から安保改定過程を捉え直したい。以上により、日米安保体制の安定的持続を可能にした政治基盤が整備される経緯の解明を通じて、同体制の確立を国内政治過程の観点から論じることが本書の目的である。

そのことは、戦後史における安保改定の意義を問い直すことにもつながるだろう。通史的には、五五年体制の成立後、「六〇年安保」で岸率いる「伝統的国家主義／対米自主」路線と、社会党左派を中心とする「社会民主主義／対米独立」路線が衝突して共倒れし、漁夫の利を得た「経済中心主義／対米協調」路線（吉田路線）が、池田勇人政権の「政治の季節」から「経済の季節」への転換（「チェンジ・オブ・ペース」）のなかで再浮上したと指摘される。そして、これを契機に、戦後日本政治は「分極型の政治」から「コンセンサスの政治」へと変容し、「私益政治の発展」としての「六〇年体制」が固まったという。(29) 以上のように、通史上、日米安保体制が国内的合意といった政治基盤を得て確立したのは、安保闘争後に「チェンジ・オブ・ペース」を図った――故に、岸政権との断絶性が強調される――池田政権の取り組みによるものだと評価されてきた。

これに対し、本書は戦後日本の政治外交路線が決定づけられる経緯について、内政と外交を共に視野に収めつつ、岸政権の安保改定過程から池田政権初期までを通観して捉え直す点で重要な意義を持つ。加えて、国内冷戦論を脱し、政府及び政権党たる保守勢力に加えて社会党を政治外交過程の主要なファクターに組み入れることは、「暗黙のうちに六〇年安保期の党派対立のイメージを戦後外交論の形成期に逆投影する形で立論がなされ」てきた日本政治外交史研究の射程を拡げ、方法論を豊かにする一助ともなろう。

4　本書の構成と史資料

以上を踏まえた上で、本書の構成を述べたい。

本書は、全五章から成る。第一章では、講和・安保条約の発効前後から五五年体制の成立に至る日本の国内政治過程を分析することで、岸の動向を跡付けつつ、「独立の完成」に関する政策構想の諸相と焦点を論じる。これにより、安保改定をめぐる政治外交過程の起点を示したい。

第二章では、「独立の完成」を掲げた鳩山政権及び石橋湛山政権期に日米関係の再検討が争点化した経緯を考察する。岸政権発足以前に争点化していた日米関係の再検討について、その諸構想を明らかにしつつ、これらとの比較のなかで岸の構想の特徴を析出したい。

本書の転回点をなす第三章では、岸政権発足から一九五八年一〇月の安保改定交渉開始に至る政治外交過程を考察する。特に岸政権の内政、外交のなかで、安保改定をめぐる争点及び対立構図が変容する経緯を明らかにしたい。

第四章では、安保改定交渉の開始後、自民党及び社会党で進められた党内調整について、外交・安全保障政策に関する党内合意形成という視座から再検討する。

第五章では、一九六〇年一月の新安保条約調印から一九六一年六月の池田訪米及び七月の第二次防衛力整備計画決定に至る政治外交過程を考察する。本章では、安保闘争による岸退陣の後、安保改定のフィードバックに着目しながら、「独立の完成」をめぐる政策構想及び国内政治基盤がいかなる帰結を迎えたのか、論じたい。

本書では、外務省外交史料館所蔵の外交文書群、国立国会図書館憲政資料室、国立公文書館、東京大学、法政大学、山口県田布施町郷土館などに所蔵される個人文書、米国国立公文書館所蔵史料などの未刊行史料を用いた。また、刊行史料として米国国務省、在外公館、統合参謀本部の文書史料を活用した。その他、政党機関紙、当時の政治家などの日記、論説及び寄稿文、回想録及び口述記録などを利用した。加えて、適宜新聞資料を用いている。なお、読者の便宜に供するよう、日本国内の文書館で入手可能なもの、またはすでに刊行史料に所収されている史料は、国内外で原史料を収集したものであっても、可能な限り国内文書館の所蔵先または刊行史料名を典拠として記載している。

最後に、本書における分析、叙述面であらかじめ断っておかねばならないことを述べておきたい。

まず、本書でいう安保改定とは、一九五八年八月に方針が固まった日本国憲法と抵触しない相互援助型の新安保条約への改定を指す。他方、この安保改定に向かう政治外交過程において多種多様に登場した、旧安保条約の是正を目指す諸構想は「安保改正」論などと表記し、前者とは区別する。安保改定は現在の日米安保条約の締結及び批准によって現実のものへと結実したが、「安保改正」論には多分に反実仮想的な構想が含まれることに注意されたい。

また、一九五〇年代の社会党の外交・安全保障政策について付言すると、左右統一後の社会党は、公式見解として、日米両政府の合意による旧安保条約の終了を目指した。これを「安保解消」論という。これに対し、社会党左派は米国の同意を要しない旧安保条約の一方的な「破棄」ないし「廃棄」を主張した[30]。本書では、史料原文で「廃棄」と記載されている部分の直接引用を除き、社会党左派の議論は「安保破棄」論と呼称している。その上で本書では、こうした「安保解消」論及び「安保破棄」論は、先述した「安保改正」論には含まれない、別個のものとして扱う。

次に、本書は上記の課題に照らして、安保改定をめぐる日米両政府の政策過程及び外交交渉の解明それ自体を目指すものではない。従ってこの方面の叙述は先行研究に全面的に依拠しており、外交史研究の脈絡で新たな議論を提示することは本書の関心の外にある。これに関連して、本書は外交をめぐる国内政治過程——いわゆる「内交」問題——を扱うことから、「対米協調」、「対米自主」、「対米独立」という、戦後前半期の政治外交路線の巨視的把握のた

めに使われてきた分析枠組を活用している。(31)

最後に、本書の分析対象はあくまで日本本土における議会制民主主義の枠内での政党政治の階層に集約されるものである。「民族の解放」を訴えて国際共産主義運動に共鳴した日本共産党の動向や、当時の「独立の完成」論議の核心の一つを占めた沖縄、小笠原及び北方領土等の問題、安保闘争に代表される院外大衆運動については、行論上必要な範囲で論じるのみである。その意味で、本書の射程には大きな制約があることを、予めお断りしておく。

注

(1) 楠綾子『占領から独立へ―一九四五―一九五二―』(吉川弘文館、二〇一三年)、三―五頁。

(2) 本書における日米安保体制の定義は、吉次公介『日米安保体制史』(岩波書店、二〇一八年)、iv頁を参考にしている。

(3) 「日本国とアメリカ合衆国との間の安全保障条約」一九五一年九月八日(細谷千博・有賀貞・石井修・佐々木卓也編『日米関係資料集―一九四五―九七―』東京大学出版会、一九九九年〔以下、『日米関係資料集』〕、一三五―一三六頁所収)。「日米行政協定(日本国とアメリカ合衆国との間の安全保障条約第三条に基く行政協定)」一九五二年二月二八日(『日米関係資料集』一四六―一七八頁所収)。藤田吾郎「日米安保体制の成立と戦後日本の治安問題―間接侵略への対応とその帰結一九四五―一九五二年―」(早稲田大学博士論文、二〇二一年)、二頁。池宮城陽子『沖縄米軍基地と日米安保―基地固定化の起源 一九四五―一九五三―』(東京大学出版会、二〇一八年)、二頁及び一六九頁。日米行政協定については、明田川融『日米行政協定の政治史―日米地位協定研究序説―』(法政大学出版局、一九九九年)を参照。

(4) 石井修『冷戦と日米関係―パートナーシップの形成―』(ジャパンタイムズ、一九八九年)。また、この問題について、安保改定に先立つ草創期の日米安保体制をジョン・アリソン駐日米国大使(John M. Allison)に注目して論じた研究に、池田慎太郎『日米同盟の政治史―アリソン駐日大使と「一九五五年体制」の成立―』(国際書院、二〇〇四年)がある。

(5) アメリカ局安全保障課長「日米相互協力及び安全保障条約交渉経緯」一九六〇年六月(「一九六〇年一月の安保条約改定時の核持込みに関する『密約』調査報告対象文書」一―二所収)。

（6）安保闘争に関する研究及び評論には枚挙にいとまがないが、本書では以下のものを挙げるにとどめる。日高六郎編『一九六〇年五月一九日』（岩波書店、一九六〇年）。信夫清三郎『安保闘争史―三五日間政局史論―』（世界書院、一九六一年）。谷川雁・吉本隆明・埴谷雄高・森本和夫・梅本克己・黒田寛一『民主主義の神話』（現代思潮社、一九六〇年）。渡辺治『日本国憲法「改正」史』（日本評論社、一九八七年）。道場親信「ゆれる運動主体と空前の大闘争―『六〇年安保』の重層的理解のために―」（『年報日本現代史第一五号　六〇年安保改定とは何だったのか』現代史料出版、二〇一〇年、八一―一四六頁）。Packard, George, R. III, *Protest in Tokyo: The Security Treaty Crisis of 1960* (Princeton, NJ: Princeton University Press, 1966). なお、近年では海外研究者を中心に、安保闘争がその後の戦後日本に与えた影響について、改めて問いなおす研究が相次いでいる。猿谷弘江『六〇年安保闘争と知識人・学生・労働者―社会運動の歴史社会学―』（新曜社、二〇二一年）。Kapur, Nick, *Japan at the Crossroads: Conflict and Compromise after Anpo* (Cambridge, MA: Harvard University Press, 2018). Gatu, Dagfinn, *Japan in Upheaval: The Origins, Dynamics and Political Outcome of the 1960 Anti-US Treaty Protests* (New York, NY: Routledge, 2022).

（7）坂本義和「日本における国際冷戦と国内冷戦」（『岩波講座現代六　冷戦―政治的考察―』岩波書店、一九六三年、三三一―三七〇頁）、三三九頁、三四九―三五五頁。

（8）升味準之輔『現代日本の政治体制』（岩波書店、一九六九年）、一九五―一九六頁。

（9）酒井哲哉『近代日本の国際秩序論』（岩波書店、二〇〇七年）、二〇―二二頁。なお、国内冷戦論の視角で対日講和と政党政治の相互関係を検討したものとして、五十嵐武士『対日講和と冷戦―戦後日米関係の形成―』（東京大学出版会、一九八六年）、第四章。

（10）代表的な研究として、堀江湛・池井優編著『日本の政党と外交政策―国際的現実との落差―』（慶應通信、一九八〇年）。岩永健吉郎『戦後日本の政党と外交』（東京大学出版会、一九八五年）。有賀貞「日米安全保障条約の改定」（細谷千博・有賀貞編『国際環境の変容と日米関係』東京大学出版会、一九八七年、一一五―一四三頁）。

（11）岩永、前掲書、第三章。有賀、前掲論文。

（12）原彬久『戦後日本と国際政治―安保改定の政治力学―』（中央公論社、一九八八年）、四頁、及び四六一頁。

（13）原彬久、前掲『戦後日本と国際政治』、及び同『日米関係の構図―安保改定を検証する―』（日本放送出版協会、一九九一年)。

(14) 原彬久、前掲『戦後日本と国際政治』一一五 - 一一六頁及び四七三頁。

(15) 坂元一哉『日米同盟の絆—安保条約と相互性の模索—』(有斐閣、二〇〇〇年〔増補版:有斐閣、二〇二〇年〕)。

(16) 波多野澄雄『歴史としての日米安保条約—機密外交記録が明かす「密約」の虚実—』(岩波書店、二〇一〇年)。

(17) 吉田真吾『日米同盟の制度化』(名古屋大学出版会、二〇一二年)、第一章。

(18) 西村真彦「一九五七年岸訪米と安保改定(一・二・三)」(『法学論叢』第一七八巻第六号、一〇二 - 一二二頁:第一七九巻第二号、一三〇 - 一五八頁:第一七九巻第四号、一三二 - 一四三頁、二〇一六年)。同「安保改定と東アジアの安全保障—一九五六 - 一九六〇年—」(京都大学博士論文、二〇一八年)。同「安保改定時の事前協議制度交渉—『朝鮮議事録』、『同意』、偵察飛行—(一・二)」(『法学論叢』第一八三巻第六号、八二 - 一〇八頁:第一八四巻第四号、四一 - 六四頁、二〇一八 - 二〇一九年)。同「安保改定に向けた米国の決定—一九五〇年代台湾海峡危機の影響—」(『年報政治学 二〇二一 - I コロナ禍とジェンダー』筑摩書房、二〇二一年、三九九 - 四二〇頁)。

(19) 山本章子『米国と日米安保条約改定—沖縄・基地・同盟—』(吉田書店、二〇一七年)。

(20) 萩藤大明「冷戦初期の日米関係—米国の東アジア政策と日米安全保障体制の構築 一九四五 - 一九六〇年—」(神戸大学博士論文、二〇二〇年)。

(21) 鍛治一郎「安保条約の条約期限に関する考察(一・二)」(『阪大法学』第六九巻第五号、五五 - 八二頁:第六九巻第六号、九一 - 一一九頁、二〇二〇年)。同「一九五七年岸訪米における二段階安保改定構想の検討」(『阪大法学』第七一巻第三・四合併号、二〇二一年、三六三 - 三八七頁)。同「重光葵外相の安保改定構想における相互防衛の検討」(『ROLES REVIEW』第三号、二〇二三年、二三 - 四三頁)。

(22) 中北浩爾『一九五五年体制の成立』(東京大学出版会、二〇〇二年)、二四七 - 二五二頁及び二五七 - 二六五頁。

(23) 一九五〇年代における保守政党の外交・安全保障政策及び保守合同の政治過程に関する代表的な研究は、管見の限り以下の通りである。植村秀樹『再軍備と五五年体制』(木鐸社、一九九五年)。大嶽秀夫『再軍備とナショナリズム—保守、リベラル、社会民主主義者の防衛観—〔文庫版〕』(講談社、二〇〇五年)。北岡伸一『自民党—政権党の三八年—〔文庫版〕』(中央公論新社、二〇〇八年)。河野康子「外交をめぐる意思決定と自民党—外交調査会を中心に—」(奥健太郎・河野康子編著『自民党政治の源流―事前審査制の史的検証―』吉田書店、二〇一五年、二四九-二九〇頁）。小宮京『自由民主党の誕生―総裁公選と組織政党論―』（木鐸社、二〇一〇年）。小宮京・伏見岳人・五百旗頭薫編著『自民党政権の内政と外交―五五年体制論を越えて―』（ミネルヴァ書房、二〇二三年）。武田知己『重光葵と戦後政治』（吉川弘文館、二〇〇二年）、第二部。竹中佳彦「中道政治の崩壊―三木武夫の外交・防衛路線―」（『年報近代日本研究一六　戦後外交の形成』山川出版社、一九九四年、一三一-一六五頁）。御厨貴「昭和二〇年代における第二保守党の軌跡」（『年報近代日本研究九　戦時経済』山川出版社、一九八七年、二八九-三二六頁）。宮崎隆次「日本における『戦後デモクラシー』の固定化―一九五五年体制の成立―」（犬童一男・山口定・馬場康雄・高橋進編『戦後デモクラシーの成立』岩波書店、一九八八年、一五一-二二三頁）。村川一郎「改進党史」（『北陸法学』第四巻第一号、一九九六年、二五-八〇頁）。矢嶋光『芦田均と日本外交―連盟外交から日米同盟へ―』（吉川弘文館、二〇一九年）、第六章。吉田龍太郎「芦田均の国内外情勢認識とその帰結―第二保守党における行動の制約と戦後政治空間への適応―」（慶應義塾大学博士論文、二〇一九年）。渡辺治「保守合同と自由民主党の結成」（渡辺治他著『戦後改革と現代社会の形成』岩波書店、一九九四年、一五九-二一六頁）。また、一九五〇年代の社会党の外交・安全保障政策を論じる研究としては、管見の限り以下のものが代表的である。岡田一郎「日本社会党と安保闘争」（『歴史評論』第七二三号、二〇一〇年、二四-三三頁）。木下真志「『転換期』の日本社会党と戦後政治―『左派連合』の動向を中心にして―」（『成蹊法学』第五三号、二〇〇一年、四一-一四三頁）。楠精一郎「右派社会党の安全保障政策」（『年報近代日本研究一六　戦後外交の形成』山川出版社、一九九四年、一六六-一八八頁）。ストックウィン、J・A・A著、福井治弘訳『日本社会党と中立外交』（福村出版、一九六九年）。中北浩爾「戦後日本における社会民主主義政党の分裂と政策距離の拡大―日本社会党（一九五五-一九六四年）を中心として―」（『国家学会雑誌』第一〇六巻第一一・一二合併号、一九九三年、六五-一一八頁）。同「日本社会党の分裂―西尾派の離党と構造改革派―」（山口二郎・石川真澄編『日本社会党』日本経済評論社、二〇〇三年、四五-七四頁）。原彬久『戦後史のなかの日本社会党』（中央公論新社、二〇〇〇年）。松本浩延「浅沼稲次郎の政治指導―一九五五-一九六〇年―（一・二）」（『同志社法學』第七〇巻第一号、四三-八九頁：第七〇巻第三号、七一-一一四頁、二〇一八年）。山口二郎・石川真澄編『日本社会党』（日本経済評論社、二〇〇三年）。吉次公介「日本社会党の対アジア外交政策―一九五〇年代前半を中心に―」（『沖縄法学』第三〇号、二〇〇一年、五九-九一頁）。

(24) 五百旗頭真『日米戦争と戦後日本〔文庫版〕』（講談社、二〇〇五年）、二五八－二七三頁。同編『戦後日本外交史〔第三版補訂版〕』（有斐閣、二〇一四年）、二八二－二八九頁。添谷芳秀「戦後日本外交の構図」（『法學研究』第六五巻第二号、一九九二年、七九－一〇一頁）。河野康子『戦後と高度成長の終焉〔文庫版〕』（講談社、二〇一〇年）、一七四－一九五頁、及び同、前掲「外交をめぐる意思決定と自民党―外交調査会を中心に―」二五一頁。

(25) 代表的な研究として、池田慎太郎『独立完成への苦闘―一九五二－一九六〇―』（吉川弘文館、二〇一二年）。

(26) 池田、前掲『独立完成への苦闘』二一三－二一六頁。

(27) 岸信介『岸信介回顧録―保守合同と安保改定―』（廣済堂出版、一九八三年）参照。原彬久編『岸信介証言録〔文庫版〕』（中央公論新社、二〇一四年）、三九五頁及び四〇〇頁。

(28) 岸信介研究には枚挙にいとまがないが、戦後の保守合同及び安保改定と関係するものに絞ると、管見の限り代表的な研究は以下の通りである。池田慎太郎「岸信介―アジア重視と日米協調―」（増田弘編著『戦後日本首相の外交思想―吉田茂から小泉純一郎まで―』ミネルヴァ書房、二〇一六年、一三一－一五二頁）。大日向一郎『岸政権・一二四一日』（行政問題研究所、一九八五年）。北岡伸一「岸信介―野心と挫折―」（渡邉昭夫編『戦後日本の宰相たち』中央公論社、一九九五年、一二一－一四八頁）。権容奭『岸政権期の「アジア外交」―「対米自主」と「アジア主義」の逆説―』（国際書院、二〇〇八年）。城下賢一「岸信介と保守合同（一・二）」（『法學論叢』第一五七巻第三号、七六－九四頁：第一五七巻第五号、九八－一一三頁、二〇〇五年）。田名部康範「岸信介の二大政党制論―公職追放解除前から自由民主党結成まで―」（『同時代史研究』第一号、二〇〇八年、四八－六二頁）。中北浩爾「自民党型政治の定着―岸信介と党組織―」（『年報日本現代史一三　戦後体制の形成―一九五〇年代の歴史像再考―』現代史料出版、二〇〇八年、一－二八頁）。中村隆英・宮崎正康編『岸信介政権と高度成長』（東洋経済新報社、二〇〇三年）。長谷川隼人「岸内閣期の内政・外交路線の歴史的再検討―『福祉国家』、『経済外交』という視点から―」（一橋大学博士論文、二〇一五年）。同「岸信介の経済再建構想と日本再建連盟（一・二）」（『一橋法学』第一四巻第三号、一〇一一－一二六頁：第一五巻第一号、二五三－二七二頁、二〇一五－二〇一六年）。同「経済再建のための保守合同―保守政党の再編過程における岸信介の認識と行動の再検討―」（『一橋法学』第一六巻第三号、二〇一七年、二六五－三一八頁）。原彬久『岸信介―権勢の政治家―』（岩波書店、一九九五年）。なお、岸研究の潮流をみると、長年にわたって通説的見解を占めた、強固な反共主義に立って「独立の完成」のために改憲再軍備及び安保改定に邁進する「ハイ・ポリティクス」な岸像と、近年注目されている、経済自立を求めて保守合同を主導し、福祉国家の建設や経済外交の展開といった「ロー・ポリティクス」を重視する岸像との乖離が進んでいる。本書は岸研究ではないが、一言すれば、改憲再軍備といった政治軍事的自立と経済自立は、共に岸の「独立の完成」構想の両輪であり、彼の政党政治観も含めて、各々が相互に連関している点に妙味がある。以上の点に留意し、本書では岸の戦後政治構想の史的展開を、体系的かつ包括的に示していく。

(29) 五百旗頭、前掲『日米戦争と戦後日本』二六九－二七三頁、及び同編『戦後日本外交史』二八八－二九〇頁。樋渡由美『戦後政治と日米関係』(東京大学出版会、一九九〇年)。北岡伸一「自由民主党―包括政党の合理化―」(神島二郎編『現代日本の政治構造』法律文化社、一九八五年、二五－一四一頁)。渡辺治「安保闘争の戦後保守政治への刻印」(『歴史評論』第七二三号、二〇一〇年、四－二三頁)。

(30) 曾禰益「社会党政権下の国際関係」(『月刊社会党』第一二号、一九五八年、二〇－二六頁)。

(31) この三分類に対しては、「協調」や「自主」の定義や内容が曖昧であるとか、現実の政府の外交を説明できていないといった批判がなされ、近年の実証研究では使用頻度が著しく減っている〔保城広至「『対米協調』／『対米自主』外交論再考」(『レヴァイアサン』第四〇号、二〇〇七年、二三四－二五四頁)〕。本書では、こうした批判の有効性に対する評価はさておき、次の二つの理由で上記の三分類を活用している。それは、まずもって、戦後日本の政治外交史については、管見の限り、「経済中心主義／対米協調」路線、「伝統的国家主義／対米自主」路線、「社会民主主義／対米独立」路線に代替しうる効果的な分類ないし分析枠組がまだ案出されていないことによる。その上で、本書は、この三分類がそもそも現実の対外政策というより、むしろ戦後の政治外交上の方向性をめぐる国内の諸構想及び路線対立とその展開を巨視的に説明するための分析枠組であり、だからこそ、基本的に野党勢力だった「社会民主主義／対米独立」路線も、他の二つの路線と同列に分析の射程に置かれていたことを重視している。そこで著者は、本書が外交史というよりも、主として外交をめぐる政党政治を扱うこと、一九五〇年代という流動的な時代には、政治主体の個性といった属人的要素が重要な役割をもつこと、「対米協調」、「対米自主」、「対米独立」という認識及び表象自体が実際に国内の政治力学として作動していたことを鑑み、上記の三分類を活用している。

第一章　五五年体制の成立と「独立の完成」

本章は、「独立の完成」をめぐる諸々の政策構想の史的展開に着目して、講和・安保条約の発効前後から五五年体制の成立に至る日本の国内政治過程を考察するものである。この時期、独立直後の内憂外患と、多党分立及び少数与党政権化によって政局が混迷するなか、保守合同の主導者として岸信介が登場することとなる。

以下、第一節では、当時の主要政党の「独立の完成」をめぐる政策構想と党内状況を概観する。その際、公職追放を解除され、政界に復帰した直後の岸の「独立の完成」構想も併せて提示しておきたい。第二節では、吉田茂政権が少数与党政権となって政局が混迷するなか、MSA問題を契機に保守合同及び社会党統一への取り組みが緒につく経緯を、改進党及び右派社会党（右社）の動向を中心に据えて詳述したい。このMSA政局、なかんずく改進党及び右社の動向が、岸をしてその政策構想を変容させ、保守合同の緊要性を痛感させることとなる。続く第三節では、その岸の保守合同構想を析出した上で、日本民主党結成及び吉田政権退陣に至る政治過程を見ていくこととしたい。その上で、第四節では社会党統一及び自由民主党結成に至る政治過程を考察する。

以上により、本章では岸の動向に注目しつつ、五五年体制の成立過程における「独立の完成」に関する政策構想の諸相と焦点を論じることで、安保改定をめぐる政治外交過程の起点を示したい。

第一節　独立後の諸政党と政策構想

1　独立当時の諸政党

一九五二年四月二八日、日本は敗戦以来六年八ヶ月にわたる占領を脱し、主権を回復した。五日後の五月三日には、皇居前広場にて昭和天皇臨席の下、独立記念式典が開催された。この式典が、国民感情への配慮から新憲法施行五周年と抱き合わせて開催されたところに、戦後日本政治の方向性が顕れていた。「寛大な講和」を勝ち取り、日本を独立に導いた吉田首相は、三万人もの参加者を前に、「独立成るに際しわれわれは自立独歩の精神を堅持し、名誉ある新日本建設の大業に精進」するとの式辞を残した。かくして、日本は主権回復を果たした。(1)

だが、この主権回復の内実は、「独立の完成」とは程遠いものだった。そのことは、「独立はできたが、独立の実がなければならない」という吉田の言葉が雄弁に物語る。(2)この老宰相に講和花道論を退けさせ、独立後の政権続投へと突き動かしたものは、単独講和で積み残した課題を解決し、「独立の実」をあげんという決意にほかならない。他方、政策決定の外にいるものには、「向米一辺倒」の吉田こそが「独立の完成」を妨げていると映った。そして占領を脱したことにより、吉田政権の政策決定過程の遮蔽性が音を立てて崩れ始めた。「独立の完成」を求める政党政治の鳴動が始まったのである。

実際、この時期から吉田の政権基盤にはほころびが目立ちはじめ、日本の国内政治情勢は風雲急を告げていた。日本社会党が一九五一年一〇月に講和・安保論争で左右両派に分裂した一方、一九五二年二月には非自由党系の「進歩的保守勢力」を糾合した改進党が結党された。さらに、公職追放の解除に伴い鳩山一郎、河野一郎、三木武吉、石橋湛山といった有力政治家が政界復帰を果たし、自由党内での吉田の求心力すら低下し始めていたのである。そこで以下では、講和独立時点での主要な政党及び政治勢力の動向を一瞥しておきたい。

吉田率いる与党自由党は一九四九年一月総選挙以来、衆院で絶対多数を保ち、占領下にあって安定政権を維持してきた。独立にあたり、自由党は政策方針を相次いで発表したが、そこでも米国をはじめとする自由諸国家との緊密な協力、自由活発な経済活動を基調とした生産力増強と貿易振興による経済の発展を強調している。その上で、安全保障面では国内治安の維持及び民生の充実に応じた自衛力の漸増的強化を主張した(3)。

では、自由党は草創期の日米安保体制にいかなる認識を有していたのか。やや時期は下るが、一九五三年一〇月に政務調査会が発行した『防衛論争の解説』を見てみよう。それによれば、日本は自由諸国の一員という立場を明らかにし、米国と協調することによってのみ安全保障を確保できるという。なぜなら、「今日では、もはや一国限りの防衛は不可能であり、まさに集自衛《ママ》団の時代である。(中略)旧い封建的な主権尊重の観念にとらわれることなく、むしろ主権の一部を放棄しあって集団的な共同防衛体制をとるに至っているのである。今日の日米協力もまたこのような世界の実情を背景としてなされている」からだという。こうした立場の自由党は、旧安保条約への批判に対しても、「日本の安全を保障するために、駐留する米軍に国際法に基く一定の特権を認めたからといって、(中略)日米安全保障条約が屈辱的であるという議論は当たらない。ましてアメリカが日本に従属を強いるものであるという議論に至っては謀略的反米宣伝以外何物でもない」と一蹴し、日米安保体制の正当性を擁護していた(4)。

こうした立場の背景には、冷戦に適応した吉田の「集団安全保障(5)」観があった。向米一辺倒とも評された吉田の指導下にあって、「自由活発な経済活動」に基づく経済復興を最優先とし、当面は憲法改正を見送りつつ米国の再軍備要求に極力抵抗することが自由党の基本姿勢とされた。経済的相互依存と共同防衛体制の構築が進む冷戦秩序では、超大国との同盟関係が不可欠となり、必然的に国家主権は一定の制約を被る。吉田は日本を取り巻く国際環境が主権国家の「自主」や「独立」を相対化する「同盟」の時代に入ったことを適確に看取し、日本の戦後を切り拓いてきた。自由党の方針にはそうした吉田の政策志向が強く反映されていたといえよう。(6)

しかしながら、当然全ての政党、政治勢力が吉田と同様の時代認識を持ち合わせたわけではない。独立後の政党政治でまず自由党と正面から対峙したのは、左派社会党(左社)である。鈴木茂三郎委員長の下、彼らは階級政党論の立場から、「旧地主勢力と最も反動的な金融資本家勢力の結集点」たる自由党及び「吉田反動内閣」との対決姿勢を鮮明にした。「平和と独立」を奉ずる同党は、講和・安保条約の双方に反対し、全面講和、中立堅持、軍事基地反対、再軍備反対から成る平和四原則を外交方針の基調とした。そして、日本労働組合総評議会(以下、総評)の支持のもと、アジア・アフリカ諸国に代表される第三勢力型の中立を志向し、安保条約の「破棄」及び非武装中立を訴えた。「国に独立がなく、他国に従属するような状態では、社会主義の完全な実現は困難」だと考える左派社会党からすれば、「講和、安保両条約の発効は、(中略)祖国の独立を政治的にも経済的にも否認するもの」である。それゆえ、「平和と独立をたたかいとる」にはまずもって「安保破棄」が不可欠なのである。(7)このように、左派社会党は「独立の完成」に鋭敏であり、その前提条件として何よりもまず「安保破棄」を要求してゆく。党内では、戦前以来の労働運動家を多く含む主流派の鈴木派、戦前の企画院官僚だった和田博雄を領袖に勝間田清一、佐多忠隆らが集う和田派、松本治一郎を領袖に岡田春夫、田中稔男らを擁する最左派の平和同志会などが割拠していた。

この自由党と左派社会党の間で中間勢力と呼ばれたのが、改進党と右派社会党である。改進党は一九五二年二月一日、国民民主党を中心に、新政クラブ、農民協同党、旧民政党系の公職追放解除者といった非自由党系保守勢力を糾合する形で結成された。同党には、芦田均、大麻唯男、松村謙三、北村徳太郎、三木武夫、中曽根康弘らが集い、多士済々であった。改進党は綱領及び政策大綱にて、「進歩的国民勢力の前衛」として「日本民族の独立自衛を完う」し、「協同主義の理念に基き、資本主義を是正」することを謳った。特に、「独立国家の完成」を政策大綱の第一項に掲げ、対共産圏との関係構築を念頭におく自主外交の確立、「民力に応ずる民主的自衛軍」の創設、相互防衛協定への速やかな「安保改正」、憲法を含む占領下の諸法令、諸制度の全面的再検討を盛り込んだことは、大いに耳目をひいた。(8)

こうして、改進党は自由党に代わり得る有力な保守政党として船出を迎えた。だが、寄り合い所帯ゆえの複雑な党内事情が彼らの行く手を阻んだ。まずもって、総裁空席のままでの結党を余儀なくされ、六月にようやくその座に元外務大臣重光葵を迎えるという顚末が、党の先行きに不安を抱かせた。実際、爾後の改進党は保守提携や積極的再軍備を訴える芦田や大麻ら右派と、三木幹事長や北村、中曽根のような、修正資本主義、対米自主、アジア外交重視の野党派・左派が対立を深めていく。(9)とりわけ、北村に私淑していた中曽根は、自衛軍創設による自主防衛及び米軍撤退、旧安保条約の内乱条項削除及び条約期限の明記、旧安保条約の双務的かつ対等な同盟条約化を持論とし、「安保改正」論を改進党の外交・安全保障政策の中核へと引き上げていくのである。(10)

改進党に紐帯があるとすれば、それは資本主義の是正、すなわち吉田政権の「自由放任の浪費経済」を排した、協同主義の理念に基づく経済の総合計画化と経済自立の達成にあった。北村の言葉を借りれば、改進党は古い資本主義、自由競争主義、大経営者の政党たる自由党と無産階級を代表する社会主義政党の中間で、組織も力もない中小企業、ホワイト・カラー、庶民を背負う政党だという自己認識をレゾン・デートルに、独立後の政局に臨んだ。(11)

他方、右派社会党は講和・安保条約の賛否をめぐる社会党分裂を受けて一九五一年一〇月に結党された。同党は、

「帝国主義的資本主義」と「新しい帝国主義である国際共産主義」に対抗する民主社会主義を標榜し、国民政党論に立って議会主義を重視する姿勢を明瞭にした。右社は、日本を共産勢力の前に無防備のまま晒すことは直接侵略を招く一方、再軍備によって脆弱な経済をこれ以上逼迫しては間接侵略を誘発するという判断から、「再軍備よりも国民生活の安定」をスローガンに掲げた。彼らは日本の安全保障について、国連による集団安全保障の確立を究極の理想としつつ、現段階では国連憲章に基づく地域的安全保障取極によって「自由世界」の共同防衛を図ることが必要だとした。ゆえに右社は、日米安保体制に関して米国による安全保障の必要性を認めつつ、「不平等な」安保条約の「改正」を求めた。そのほか、個別的及び集団的自衛権の保有と自衛力の保持、経済再建と生活水準の向上による自衛力涵養の条件整備、間接侵略に対応するための警察予備隊程度の治安力保持が彼らの安全保障政策の内容であった(12)。

では、こうした右派社会党は独立直後の政党配置においていかなる位置を占めたのか。浅沼稲次郎書記長は一九五二年五月一七日の米大使館員との会談で、右社は占領期中期の日米関係を体現する政党だと特徴付けている。浅沼曰く、初期の純粋形の占領改革に固執する左社に比べて、右社は共産主義勢力の脅威が存在する限り中立主義は危険な幻想だと考えており、有効な「集団安全保障」体制に基づく自由世界との提携、特に米国との安全保障関係と穏健な再軍備を支持している。日本は可能な限り早く自国防衛に責任を持つべきだが、それまでは旧安保条約に基づく米国の対日防衛が明らかに望ましいという。彼はそのほか、右社は吉田政権との外交政策上の相違は大きくないが、民主陣営と共産陣営の間に中立はあり得ないと考える点で左社との間には本質的な相違があると言い切った。中国共産党政権を事実でなく期待に基づいて対処することは危険であって、中国貿易に依存しない経済安定のための援助が必要だと説く浅沼の姿は、後年の彼の行動に照らして甚だ興味深いものがある(13)。

このような政策的志向性を持つ右社は、社会党分裂の直後という事情もあり、当面のところ左派社会党との統一よりも民主社会主義勢力の結集を急務とする方針を示している。(14) ただ、この右派社会党の内情も改進党と同様に複雑であった。右社の派閥には旧日労系の系譜にあって河上丈太郎、浅沼稲次郎、三輪寿壮、河野密らを擁する主流派の河上派と、旧社民系の流れを汲む最右派で、片山・芦田の両中道連立政権の副総理を務めた西尾末広が率いる西尾派がある。そしてこの両派閥とは別に、水谷長三郎が左社との再統一を目指す統一会を取りまとめていた。

このうち、一九四五年秋の社会党結党当初、旧日労系は浅沼以外の幹部が悉く公職追放の憂き目にあったため、実権は専ら西尾派にあった。だが、一九四八年の昭和電工事件による西尾逮捕及び除名ののち、西尾派は逼塞を強いられたうえ、旧日労系の面々が公職追放から解除されるに及んで、右派社会党は「日労天下」といわれる河上派支配の状況を呈していた。こうした経緯から、河上派と西尾派には政策的にも感情的にも常にしこりが存在した。浅沼曰く、結党直後の右社では、改進党との連立政権も選択肢に入れる三輪寿壮らの勢力が多数派を占めていた。そして、水谷率いる統一会や、単独政権の樹立を目指して右派社会党の独自路線を重視し、改憲再軍備にもやぶさかでない西尾派との三つ巴の複雑な対立構図のなかで、浅沼が調整役を果たしていたようだ。このさなか、一九五二年八月の党大会で西尾の復党とともに河上の委員長就任が実現し、右派社会党も次第に陣容を整えていった。(15)

ところで、こうした主要政党の動向に加え、公職追放解除者が続々と政界復帰を果たしたことは、自由党内部にも政策及び権力構造上の重大な変化をもたらしていた。一九五一年六月から八月にかけて追放解除を受けた鳩山一郎、河野一郎、三木武吉、石橋湛山ら自由党鳩山派の政界復帰がそれである。終戦直後の混迷のなかで自由党を旗揚げし、一九四六年四月の総選挙で勝利しながら、「鳩山政権」樹立直前に公職追放された彼らにとって、吉田は一時的に党総裁職を預かる「管理人」に過ぎない。その吉田がいまやワンマン体制を築いて長期本格政権を率い、権勢をほしいままにしている。この間、鳩山派は大野伴睦がなんとかまとめていたものの、自由党内で不遇をかこい続けていた。

鳩山らの追放解除後は派閥としていかなる方向性を歩むのか、彼らは早急に決定せねばならなかった[16]。

一九五一年六月一一日、鳩山派は追放解除予定の幹部を含めて鳩山邸に参集し、自由党に復帰するか、新党結成に踏み切るか、今後の対応を協議した。党人政治家であり、鳩山派の参謀格たる三木武吉は、「アメリカの支配の下に、吉田という政治に全然理解のない人間がリーダーとしてやっている。(中略)独立日本に相応しいものを作ろうとしても、こんな自由党ではやれない」と反吉田の姿勢を鮮明にし、俄然新党結成を訴えた。彼らには、吉田への感情的反発だけでなく、吉田政治そのものへの不満も大きかった。この激論のさなか、最後に発言を求められた鳩山は、立ち上がりぎわに脳溢血で倒れた[17]。鳩山派はやむなく新党結成を断念して自由党に復帰したが、講和独立を実現しても鳩山に政権を返上しない吉田への憤怒を燻らせ、徐々に党内野党の性格を強めていく。

では、鳩山派の政策構想とは一体どのようなものだったのか。鳩山自身は、いわば天皇制のもとでの共和主義的自由を信奉し、強固な反共主義に基づく改憲再軍備を標榜していた。彼の見るところ、講和後の政治課題はナショナリズムに訴える国際共産主義勢力の赤化戦略から日本を防衛することである。そのためには「真の祖国愛」が必要であり、再軍備して民主国家群の防衛機構に参加し、共同防衛の一役を担わなければならない。再軍備には経済力強化、憲法改正、徴兵制を伴うが、不人気な吉田政権ではこうした明確な再軍備政策は実行不可能であろう。そこで、自分に政権を返上させて総選挙に臨み、自由党が多数派を占める状況を創出したいというのが彼の主張であった[18]。

鳩山も留意したように、再軍備のためには経済力の強化が欠かせない。鳩山の側近で、講和独立を「紙の上の独立」と切り捨てた石橋湛山は、米国特需依存からの脱却と国内資本の開発による生産力増強こそ日本の喫緊の課題であり、経済力の培養なくして分配も再軍備も不可能だと訴えた。曰く、「生産が豊かに、国民が富めば、国防も自力で行えるし、あえて他国に経済援助を求める要もない。かくて初めて国の独立は保てる」。このように、自由党鳩山派は、ドッジラインを堅持して輸出振興と外資導入を重視した吉田の「貿易主義」的経済政策を鋭く批判し、改憲再軍備を掲げて対決姿勢を強めていた[19]。

2　岸の政界復帰

以上のように、講和独立によって占領権力の庇護を失った吉田自由党政権は、党外からは左右両社会党と改進党に、党内からは鳩山派に攻め立てられた。そしていまひとつ、吉田政権に対抗する「下からの」政治勢力が現れた。岸信介率いる日本再建連盟がそれである。

一九五二年四月一九日、日本再建連盟は草の根国民運動の組織として発足した。同連盟は、新しい時代感覚に基づく政界の「更新」、憲法改正による独立体制の整備、共産主義の侵略排除と自主外交の堅持による平和国家建設、日米経済提携の深化とアジアとの通商による産業経済の興隆、革新政策によって農漁山村の振興、中小企業の育成、勤労大衆の福利増進を推進し、民生の安定を期すことから成る五大政策を掲げていた[20]。

東条英機内閣の閣僚としてアジア太平洋戦争の開戦詔書に副署し、商工大臣ないし軍需次官として戦時経済を担った岸は、巣鴨の獄窓から、敗戦直後の食糧不足とインフレ、そして政情不安によってこれに有効な対策を打てない戦後政界を目の当たりにし、強力な指導態勢と民主政治の明朗化の必要性を痛感した。米国の占領政策目的は日本の弱体化だと捉えた岸にとって、敗戦後の日本国民が「一種の気抜け状態」にあることは憂慮に堪えぬことであった。だからこそ、岸は巣鴨からの釈放が視野に入るにつれて、「国民運動を起こさなければならん（中略）政治が悪いといっても、やはり国民の中から盛り上がる力をつくりあげていかなければならない」との思いを強くした。再建連盟発足に際し、「私は巣鴨生活で過去一切は精算した積り《ママ》だ。たからかに日本再建をとなえる資格はある」と豪語した岸

には、戦争指導者の戦後政界復帰に対する自己正当化の論理が垣間見える。(21)

それでは、岸は独立直後の状況をいかに評価していたのか。彼が一九五二年七月発行の『日本週報』に寄稿した「予の日本再建の構想」を見てみよう。岸によれば、経済面で米国による特需の増減に一喜一憂して外資導入に依存し、駐留軍に頼らねば外国の侵略から自衛することもできない現状は、「松葉杖に縋った独立」であった。独立態勢の整備を図る上で第一に必要なことは国家防衛の問題である。自国の国土を自らの手で衛る能力は持たねばならぬ。然るに米国軍隊の保護のもとに日本の防衛を委ねていることは民族の独立精神の麻痺であって、独立国家の体を成さない。そして、独立した以上は憲法も日本国民の総意に基づく改正が必要である。このように述べて、岸は「松葉杖に縋った独立」への不満と、国民の「気抜け状態」「民族の独立精神の麻痺」への危機感を露わにしていた。(22)

ただし、岸の日米関係に対する考え方は当初から現実を弁えていた。そもそも日本再建連盟の結成に際し、五大政策には日米経済提携の深化が明記されていたし、彼自身「対米協力は絶対必要だ。政治的にも経済的にも不可分一体となって行くべき」だと言明している。「冷戦の推移は巣鴨でのわれわれの唯一の頼みだった。これが悪くなってくれれば、首を絞められずに済むだろうと思った」という述懐からは、自身の来し方と独立日本の方向性を二重映しに捉えながら、冷戦下における米国との提携関係に国権回復の余地を見出す、戦後の岸の原点が垣間見える。(23)

やや時期は下るが、岸は一九五四年八月に駐日米大使館員と会談した際、以下のような日米関係観を開陳している。曰く、確かに日本は米国に依存しており、日本の経済的生存は米国資本の導入にかかっている。ただ、たとえ経済的・軍事的実力が対等でなくとも、日米関係は独立した、対等な主権国家同士の関係でなくてはならない。日本は独立した外交方針を持ち、日本国民が日米の緊密な関係こそ日本自身の利益になると確信して自身の運命を決めなくてはならぬ。その上で、論理的に達する唯一の結論が米国との緊密な協力だという手順を踏むように、日米関係の基本的精神を変えなければならないという。このように、岸の日米関係観は、後年の彼の言葉を借りれば、「対米一辺倒のなかのナショナリズム」というべきものであった[24]。

以上の日米関係観に立って、岸は日本の経済再建には米国の経済力を極度に利用すべきであり、外資導入はやむを得ないと考えていた。米国の特需ないし外資導入に依存する「松葉杖に縋った独立」からの脱却を声高に唱える岸も、現状では日米経済提携による外資導入が必要だという現実を認めざるを得ない。その上で、岸は外資導入にあたり、日本の政局安定、国内治安の確保、勤労意欲の高揚が不可欠だと条件づける。ここに、大きくみれば岸の「独立の完成」構想のための国内政治基盤という問題が立ち現れるわけである[25]。

岸は英国流の二大政党対立による国政運営を理想とし、「保守党と革新的政党の二大政党が対立し、互いに牽制し合って中庸を得、民主政治の根本理念である『最大多数の最大幸福』を達成すること」を目指した。岸にとって、日本再建連盟は左右の過激主義、共産党による破壊から民主主義を守り、保守政党としての吉田自由党に対峙する「国民的革新党」を生み出す国民運動だった。その際、岸は「国民的革新党」のための連携相手に改進党左派と右派社会党を想定していた。すなわち、強い国民組織の上に立った「右派社会党から改進党の左を包含した性格の新党」結成が日本再建連盟発足の目的であり、三輪寿壮、西尾末広、河野密ら右派社会党の面々にも声を掛けたという。そして岸は、新党が結成された場合、改進党右派にも呼びかけ自体はするが、「改進党左派の行き方をすべきものと思う（中略）主導権は左派が握るべき」との見解を示した。岸は「容共左派」を除いた「国民的革新党」と保守政党による求心的な保革二大政党制が望ましく、その際は前者と手を握りたいと考えていたのである[26]。

このように、岸もまた「独立の完成」を経済面及び軍事面の双方で捉え、憲法改正や、再軍備による自主防衛を唱えた。ただし、経済復興のための当座の外資導入を典型として、岸は日米協力の必要性自体は認めており、日米関係を独立対等な主権国家同士のものとして再構築したいと望んでいた。そして、そのための強力な指導態勢と民主政治の明朗化を求める岸は、求心的な保革二大政党制による「強力な政治」を欲した。当時の岸から見れば、対米協調、改憲なき漸進的再軍備、自由放任主義経済を推し進める吉田自由党は、二大政党の一方として相対すべき対象であった。他方、階級政党論に立ち、非武装中立を目指す左派社会党は、断固対決すべき相手であった。階級融和、産業平和を念頭におく岸には、「進歩的国民勢力の前衛」として「独立国家の完成」を掲げ、対米自主外交、再軍備及び相互防衛協定への「安保改正」、修正資本主義を主張する改進党（特に左派）と、民主社会主義を掲げて国民政党論に立つ右派社会党こそ、「国民的革新党」として連携する相手と捉えられたのである。

ただし、この日本再建連盟は当初の会長候補であった重光を改進党に奪われ、厳しい船出を余儀なくされた。そして同連盟は、現時点では国民運動を優先すべきという岸を押し切って、早くも一九五二年七月初旬には政党としての届出を行い、次期総選挙に打って出ることとなる(27)。

以上、主要政党及び政治勢力の政策構想と党内情勢を概観したが、当時の政党配置に関して興味深いことは、保守政党としての自由党と左派社会党及び共産党の間で、改進党と右派社会党が中間勢力という位置付けにあったことである。後述のように、岸と同じく自由党鳩山派も改進党及び右派社会党と連携して吉田率いる自由党に立ち向かう戦略を持っていた。実際、結党直後の右社では、改進党との連立政権も選択肢に入れる三輪寿壮らの勢力が有力だったし、改進党の三木武夫幹事長も米大使館員との会談の中で、右社と政策が近似しているため改進党は独自色の提示に苦しんでいること、右社が外交政策及び労組との関係においてより成熟するならば、両党の連立政権を歓迎するなどと発言している(28)。この時点では、自由党鳩山派、改進党及び右派社会党が連携する機運は相当程度あったといえよう。

図式的に単純化するならば、対米協調の程度を引照基準とする直線上の右端に保守政党としての吉田自由党が、左端に左派社会党及び共産党が位置し、その間に岸の日本再建連盟、自由党鳩山派、改進党、右派社会党といった各政党・政治勢力が連続的に並ぶという、グラデーション状の政党配置が当時の共通認識だったとみてよい。

3　政局の混迷と岸

かくして、講和独立とともに吉田政治に対する包囲網が敷かれ始めた。この状況を、改進党左派に属した中曽根は「マッカーサーの占領軍の権力を背景にしていたから吉田政治は続いていたのです。（中略）占領軍が撤退する段階になると、その政治力は急激に落ちたね。その矢先に憲法問題、防衛問題、外交政策の難題が次々と浮上してきた」と回想する。(29) この状況で吉田が打った起死回生の策こそ、いわゆる「抜き打ち解散」である。

一九五二年八月二八日、吉田は側近数名のみに諮った上で突如衆議院を解散した。一九五三年一月に任期切れが迫るなか、各政党、特に自由党鳩山派の選挙準備が整う機先を制しての衆院解散である。鳩山派は自由党本部と別の選挙本部を設置し、徴兵制論議を取り下げつつ吉田に対抗して日ソ国交回復を説き始めた。これに対し、吉田は投票日の二日前に石橋及び河野を自由党から除名するという懲罰的措置で報いた。各既成政党すら予想外の早期解散に戸惑うなか、草の根国民運動の方針を転換して政党になったばかりの日本再建連盟にこの選挙戦は過酷なものだった。一〇月一日の投開票の結果、追加公認を含めて自由党は二八五議席から二四二議席、改進党は六七議席から八九議席となった。これに対し、右派社会党は三〇議席から六〇議席に、左派社会党は一六議席から五六議席にそれぞれ躍進した。また、前回総選挙で三五議席を得た共産党は議席を全て失い、日本再建連盟も独自候補は一名しか当選しなかった。新聞各社は、国民は政局の安定を望んで自由党に単独過半数を与えたが、一〇〇議席以上の獲得を見込んだ改進党は伸び悩み、左右両社会党は躍進したとの評価を下した。ただし、自由党は改選前議席から四三議席も減らし、過半数を上回ること一〇議席にも満たない。さらに党内では吉田系と鳩山系が数の上で拮抗することとなった(30)。

こうして吉田政権は凋落への道を進み、政局の混迷が始まった。まず自由党内で鳩山派が反旗を翻した。総選挙で伸び悩んだ改進党が野党路線を鮮明にするなか、一九五二年一〇月二四日、鳩山派の強硬派三木武吉と安藤正純が五四名から成る民主化同盟を自由党内に結成し、党内野党化したのである。民主化同盟は一一月、中小企業の倒産や自殺はやむを得ないとの失言に対する池田勇人通産相不信任案の採決に欠席し、その可決を許した。続いて一二月には、政府提出の補正予算案に対し、改進、右社、左社の野党三党共同修正案に同調する構えを見せて吉田を揺さぶった。民主化同盟幹部は石橋及び河野の復党、改進党との協力による政局安定、「独裁的側近政治」を廃した党内民主化、「独善的秘密外交」の改善という条件を突きつけ、一二月一六日の自由党議員総会で石橋、河野の復党が承認された(31)。

このように改進党及び左右両社会党と自由党民主化同盟が連携し、政局が流動化するなか、一九五三年二月二八日には衆議院予算委員会にて右派社会党の西村栄一の質問に対し、吉田が「バカヤロウ」とつぶやく事態が発生した。これを受けて野党三党が衆院に提出した吉田首相懲罰動議が、三月二日に民主化同盟及び自由党広川派の採決欠席によって可決されると、彼らは吉田を退陣に追い込むべく、三月一四日に内閣不信任案を提出した。未だ自由党内の混乱に収拾がつかないから衆院解散はないとみた、間髪入れぬ野党の攻勢である。民主化同盟のうち、三木、河野、石橋ら二二名は病気療養中の鳩山を担いで自由党を脱党の上、分党派自由党（鳩山自由党）を結成し、広川派と組んで内閣不信任案に同調した。鳩山らは改進党との連立を主眼に、右社との連携も想定して新党結成に踏み切ったのである。こうして上程された同不信任案は賛成二二九、反対二一八の僅差で可決されたのだが、意気軒昂な吉田は即座に衆院を解散した。前回総選挙から半年にして、今度は衆参両院での選挙戦に突入したのである(32)。

この間、岸は欧州諸国を歴訪していたが、衆院解散を受けて急遽帰国した。そして、これまで批判の対象としてきた自由党から総選挙に出馬することとなった。一九五二年一〇月総選挙で日本再建連盟が惨敗し、政治活動の足場を失った岸にとって、既成政党への入党はやむを得ないとしても、候補にはまず改進党と右派社会党が考えられたことだろう。このうち改進党については、総選挙で伸び悩んだことに加え、日本再建連盟会長の椅子を蹴って総裁の座に収まった重光への反感が強く、岸はその軍門に下ることを肯んじなかったと考えられる。(33)

もう一方の右派社会党については、岸は追放解除を控えた一九五二年四月の時点で、すでに盟友の三輪寿壮を介して入党を打診していた。三輪が中心となり、河上丈太郎らも含めて党内で岸入党が協議されたが、結局実現しなかった。それは、最右派の領袖西尾が拒絶したからである。西尾は、「岸君は社会主義者ではない。彼は徹底した資本主義者で、社会主義者にはなれんよ」と言って、岸入党を頑強に拒んだという。(34)二人は表面上は政策的に近似するのだが、かつて権力の側に立って統制経済を推し進めた岸と、あくまで社会改良を志す西尾は、政治的志向性の点で最後まで折り合えなかった。「容共左派」との対決が譲れない一線である岸には、もはや自由党入党しか選択肢がなかったといってよい。

以上のような経緯で、岸は実弟佐藤栄作の仲介を得て自由党に入党した。一九五三年一月一〇日に吉田と会談した岸は、四日後に記者団に対し、「保守政党の進歩的な脱皮と革新政党の国民政党への成長とによって保守、革新二大政党の対立を実現」することが持論であり、保守陣営の再編成を促進すべく自由党に入党するのだと説明した。その上で岸は、これからの保守政党は社会主義的計画経済の考え方も採用する必要がある。「改進党のような中間政党は速かに〔ママ〕解消して左派は社会党へ、右派は保守党へ」一本化されるべきだと語った。(35)

岸の方針転換をどう読み解けば良いのか。まずもって、岸が自由党への入党を正当化したいのは当然である。ただ、改進党が伸び悩み、右派社会党が躍進する一方、自由党内に遠心力がはたらく状況を鑑みると、彼からみて、「国民的革新党」の中核が改進党から右派社会党に移った模様である。岸は、改進党はもはや意義を失った中間政党だとみなし、自由党及び改進党右派と、右派社会党及び改進党左派による保革二大政党制を想定し始めたようである。

いずれにせよ、岸はこれまで散々論難してきた吉田率いる自由党から衆院選に出馬した。岸が戦後政界での初当選を飾った四月一九日の衆院選は、自由党一九九、改進党七六、左派社会党七二、右派社会党六六、鳩山自由党三五という結果に終わった。与党自由党が単独過半数を大きく割り込んだ一方、野党は改進党が改選前議席を守りきれず、右社微増、左社躍進という成績となった。他方、五日後の参院選は、自由党四六、改進党八、左派社会党一八、右派社会党一〇、鳩山自由党〇となり、自由党は改選前から一二議席増加したほか、伸び悩んだ改進、右社、鳩山自由党を尻目に、左社は改選前議席を九つ上回る成果を得た。左派社会党の鈴木委員長は、改進党の不振は中間政党がもはや存在意義を失いつつあることを示唆しており、自由党を中心とする保守政党と左社中心の革新政党による、英国の保守・労働両党のような二大政党対立の時代を迎えたのだと胸を張った(36)。

他方、緒方竹虎副総理は予想以上の自由党の粘り腰をみて吉田政権継続に自信を示した。鳩山自由党、改進党、総評が模索した吉田倒閣のための重光首班構想も左右両社会党の拒絶で不発に終わり、五月二一日には自由党単独での第五次吉田政権が発足した。衆議院で議長を改進党の堤康次郎、副議長を左社の原彪に奪われた少数与党政権の始動である。政局は、選挙後に提出された一九五三年度予算の政府原案が、七月以降改進党、鳩山自由党との折衝を余儀なくされ、特に改進党の要求に沿って大幅な修正を施される前代未聞の事態に陥るほど、混迷の度を深めていた(37)。

このように、講和独立から一年にして、経済自立及び政治軍事的自立の両面にわたる「独立の完成」が争点に浮上し、戦後政治は少数与党政権と多党分立による政局混迷に陥った。左派社会党が党勢を急拡大した一方、改進党及び右派社会党といった中間勢力の存在感もいまだに強く、両党間の政策距離も大きくなかった。では、ここからいかにして政党配置上の保守・革新の分極化がはじまるのか。次節では、一九五三年五月から一九五四年三月にかけて浮上したMSA問題とこれへの各党の対応を分析しながら、保守合同及び社会党統一への胎動を見ていこう。

第二節　MSA政局と保革対立構図の萌芽

1　MSA政局の始まり

日本の政局が混迷を深めつつあった一九五三年三月以降、朝鮮戦争休戦への動きが本格化しつつあった。日本経済が未だ米国の特需に依存するなかで、その激減を伴う朝鮮戦争休戦は深刻に受け止められ、東京証券取引所のダウ平均株価も大きく下落していた。こうしたなか、米国のダレス国務長官（John Foster Dulles）は一九五三年五月五日、相互安全保障法（Mutual Security Act, MSA）に基づき、日本へのMSA援助の意向を表明した。(38)

日米両政府は一九五二年夏以来、非公式にMSA援助について検討していたが、ダレス長官の声明を受けてこの問題は一気に表面化した。MSA援助とは軍事的義務の履行を条件とする米国の対外援助なのだが、朝鮮特需の減少を懸念する日本では、同援助は軍事援助ではなく、特需減少を補塡するための経済援助だと期待を集めたからである。吉田政権は六月三〇日にMSA交渉の開始を閣議了承し、七月一五日から東京にて日米交渉が始まった。しかし、経済復興と自衛力漸増を掲げ、より少ない防衛力増強でもってより多くの経済援助を獲得したい吉田政権と、日本の防衛力増強を図る米国側の立場の相違から、交渉は難航した。結局吉田政権は池田勇人自由党政調会長を米国に派遣し、米国国務省のロバートソン極東担当次官補（Walter Robertson）と協議させることになった。(39)

こうして始まったＭＳＡ政局では、下記に述べるように「独立の完成」が政策上の具体性を帯びて争点に浮上するとともに、保守合同及び社会党統一への転換点となった。それは、第一にＭＳＡ問題が、再軍備及び経済自立の両面にわたる日米関係のあり方を問う性格のものであり、「この〔ＭＳＡ〕問題に対する政党の態度如何はそれぞれ党の性格を示すものと見られるに至った」と指摘されるほど、論争的な争点と化したことによる。(40)第二には、こうした重要案件を司る吉田政権が弱体化していたため、日米交渉での立場を強めるためにも、さらには交渉で妥結したＭＳＡ協定の国会承認のためにも、保守三党、特に野党第一党たる改進党の協力が欠かせなかったことによる。政局混迷の際の重大な政策課題は、時にそれに堪え得るための国内政治基盤の整備を促す。このＭＳＡ政局も然りであった。事実、この政局のなかで中間勢力である改進党と右派社会党との政策距離は拡大し、政党配置は保革対決型へと再編されていく。そこで、以下ではＭＳＡ政局を、この両中間勢力の動向を中心に考察したい。

２　ＭＳＡ政局と改進党

改進党はこのＭＳＡ問題を極めて重要視した。その背景には、当時の彼らの苦境があった。非自由党系保守勢力を結集し、「進歩的国民勢力の前衛」たらんと旗揚げした改進党は、一九五二年一〇月総選挙で伸び悩み、さらに翌一九五三年四月総選挙では議席を減らした。改進党は右派社会党との政策的差別化の問題も含め、独自色を打ち出せないままであった。そのなかで浮上したＭＳＡ政局は、中曽根の言葉を借りれば、防衛問題は改進党の独壇場であり、「我々改進党にとっては独立体制をつくるためにも安全保障政策を強調することは、存在感を表す大事な要素であった」。しかも、野党第一党かつ中間政党として多党分立のキャスティング・ボートを握る位置にあったことも、改進党が弱者の功利を生み出す環境要因となった。(41)

このような事情から、改進党は相当の意気込みをもってＭＳＡ問題に臨んだ。重光総裁自身も防衛問題には非常に熱心だった。彼は一九五三年七月九日、党内の吉田打倒、健全野党路線論を抑え、日本側の防衛計画を明らかにして自衛軍を創設し、ＭＳＡ援助を受け入れるべきだと表明した。これを受けて、改進党は積極的再軍備論者の芦田均を委員長とする防衛特別委員会を設置し、九月二日には、自衛のための戦力保持は憲法九条に反しないとする清瀬理論に依拠する形で、直接侵略に対する自衛軍備の保持は自衛の限度内において合憲とする党の見解を発表した。次いで、重光は訪米を控えた池田の要望を受け入れ、九月二七日に吉田との直接会談に臨んだ。吉田は改進党の主張に譲歩し、在日米軍の撤退に即応すべく、自衛力増強のため長期防衛計画を策定すること、保安庁法改正により保安隊を改組し、間接侵略に加えて直接侵略にも対処できるようにすることの二点に同意を与えた(42)。

この吉田・重光会談に基づき、池田訪米後に保守政党間で保安庁法改正を中心とする防衛折衝が行われることとなった。改進党は一〇月九日、志願制に基づく自衛軍創設、直接及び間接侵略に対する国土防衛、他国領土への出動禁止、国防会議の設置などを骨子とする自衛軍基本法要綱を決定する。一〇月末の池田・ロバートソン会談終了を経て、改進党は一一月二四日、清瀬理論及び自衛軍基本法要綱に基づき、外国の直接及び間接の侵略に対する防衛を任務とした「軍隊」たることを基調に保安庁法改正を目指すこと、保安庁法は防衛に関する独立官庁としての設置法とその組織法の二法に分けて改正し、適切な名称に変更することの二点を防衛折衝の方針に決した(43)。

改進党が彼我の勢力差の大きい自由党と渡り合う際に重要だったのが、鳩山自由党の出方である。同党は九月二一日、石橋湛山政策委員長を中心に起草された「国防政策要綱」を承認した。この「石橋構想」は、自衛軍を保持し、旧安保条約第一条の外部からの直接侵略及び間接侵略に対して日本の防衛にあたること、自衛軍は「集団安全保障」の一環として創設されるものとし、その行動及び自衛権の行使は国連憲章を遵守すること、日米相互の義務を明確にすべく「安保改正」を行うこと、自衛軍の創設は現行憲法下でも日米安保条約及び保安隊が存在しているという既成事実に照らして実行することを骨子とした。旧安保条約の具体的内容と絡めて自衛軍創設を主張したことが、他党見解と比した「石橋構想」の特徴である。改進党にとって、元来気脈を通じる鳩山自由党は心強い援軍のはずだった。(44)

ところが、改進党の目算は狂った。鳩山自由党が落ち目にあるなか、吉田・重光会談の後、吉田が政権基盤のさらなる回復を目指して鳩山自由党の復党工作を進めたのである。鳩山は、吉田との会談に応じた鳩山は、防衛問題及び外交問題の調整に最善を期し、党内に憲法調査会及び外交調査会を設置することを条件に復党を了承した。当然ながら、改進党は重光総裁を中心に自由党への態度を硬化させた。党内の異論を抑えてまで吉田に協力してきた重光は、吉田・鳩山会談が行われた一一月一七日の日記にて、「斯様な吉田式術策は到底当面の目的（鳩自引き込み）すら達せぬものと云ふにある。況や今後の政局の安定を斯様な遣り方で実現し様と云ふのは無理である」と怒りをぶつけた。芦田の受け止めはさらに辛辣である。曰く、鳩山は「これで政治的には終止符であらう。『渇しても盗泉の水はのまず』と考える人が少ない」。(45)

こうした事情から、改進党は改めて野党路線を強化したほか、必死に鳩山自由党の全員復党の阻止を図った。その功も奏してか、吉田の下に復党することを拒否した三木武吉、河野一郎、松田竹千代ら八名は一一月二九日に日本自由党を結成し、鳩山、石橋ら二六人の復党組と袂を別つ。これにより、改進党は自由党の単独過半数回復は辛うじて免れた。改進党は吉田への敵意をむき出しにする日本自由党の参加を防衛折衝開催の条件とし、同党の結成を待って一二月五日から保守三党防衛折衝が開始された。(46)

だが、改進党が援軍とたのんだ日本自由党は所属議員八名の少数政党となったことに加え、石橋自身も自由党に復党したため、結局防衛折衝にさしたる役割を果たしはしなかった。現に鳩山復党後の自由党は、防衛折衝における改進党への態度が強硬になった。一九五三年一〇月に発行した『防衛論争の解説』によれば、自由党は当時の政府の憲法九条解釈に則り、「憲法を改正しないで自衛軍をもてるというのは憲法のこじつけ解釈」だと論じて清瀬理論を斥け、「自衛の目的であっても、近代戦を有効適切に遂行し得る武力は戦力であって、憲法に抵触する」と主張した。その上で、保安隊に直接侵略防衛の任務を加えて自衛隊という名称にしても、「戦力」に発展する装備や編成は到底持たせ得ないし、それゆえ憲法にも抵触しないという立場を強調したのである(47)。

このような自由党に対して改進党は抵抗戦術で臨み、自由党及び保安庁の提案に悉く反発してたびたび防衛折衝を休止させた。防衛折衝は保安庁法改正の形式、保安隊及び保安庁の名称と性格、国防会議の設置及びその構成を主な争点として、翌一九五四年三月八日の妥結まで断続的に一九回の協議が行われた。その合意点としては、まず保安庁法の改正形式について、改進党の要望通り独立官庁としての設置法とその組織法を分離することとなった。また、新たな実力組織は、間接侵略に加えて直接侵略からの防衛も任務とすることで一致した。ただし、その名称及び性格の面では、保安庁から省への昇格や、「国防省」ないし「防衛省」という名称を主張した改進党と、「自衛庁」を主張した自由党が対立し、結局改進党の譲歩により「防衛庁」に落ち着いた。保安隊を自衛軍に改組すべきという改進党及び日本自由党の主張は、軍隊としての性格を明確にせず「自衛隊」を推す自由党案に敗れた。なお、文民統制の要となる国防会議の設置及び構成についてでは、この時点では調整がつかなかった。この防衛折衝を受けて、吉田政権は三月九日に防衛庁設置法及び自衛隊法を閣議決定し、二日後の三月一一日には国会提出を済ませた(48)。

このように、改進党はMSA政局を極めて重要視し、存在感を発揮せんと積極的再軍備論を展開した。保守三党防衛折衝では、多数派工作に成功した自由党の前に多くの妥協を強いられ、軍隊の性格を明確にできなかったことは痛恨事だったものの、直接侵略からの防衛を可能とする防衛庁・自衛隊の設置が実現したことは改進党にとって重要な成果といえた。

3　MSA政局と左右社会党の接近

では、もう一方の中間勢力たる右派社会党は、この政局にどう対応したのか。

実は、MSA問題が浮上する以前から右社の党内事情は不透明感を増していた。先述の一九五二年八月党大会で河上委員長の就任及び西尾の復党が実現したのち、次第に党内で再軍備論争が高まっていたためである。自身の戦争責任を痛感する「十字架委員長」河上は、憲法改正及び再軍備を峻拒し、保守政党との連立にも反対の立場を鮮明にした。その一方で西尾は、講和独立後は再軍備と憲法の全面的再検討が必要だと考えていた。現に、西尾は一九五三年一月党大会にて、「政権をとろうとする公党は軽々しく再軍備反対、憲法改正反対を論ずべきではない」と訴え、再軍備反対を否定する運動方針修正案を提出した。これに対し、左派社会党との統一を主張する水谷ら統一会が、再軍備反対の姿勢を強調して地域的集団安全保障という党方針の削除を要求し、西尾修正案には弾劾を加える事態に陥った。西尾案は程なく取下げられたものの、一月党大会は右社内の混乱を象徴する場面となったのである(49)。

加えて、一九五三年四月の衆参両院選挙も右派社会党の政策志向に重要な変化をもたらした。従来、右社内では三輪寿壮を中心に社会党の左右統一に消極姿勢を示しつつ、改進党及び鳩山自由党との連携を視野に入れる勢力が優位を占めていた。実際、三輪は一九五二年一〇月の米大使館員との会談で、社会党の左右統一は現実的でないと言明している。それは左右両党間のイデオロギーの相違に加え、高野実率いる総評指導部が左社への労働者農民党(50)の合流及び共産党との限定的協力を志向し、左右統一に反対しているとの認識ゆえであった(51)。さらに翌一九五三年三月末の会談で三輪は、次期総選挙で自由党が一五〇議席足らず、改進党が約一〇〇議席程度、鳩山自由党が四〇数議席、右社が九〇議席、左社が七〇－八〇議席を獲得すると予測した上で、選挙後の連立交渉では自由党に残る非吉田系を取り込んだ上での鳩自・改進党の連立が最も現実味があり、右社も閣外協力の可能性があると告げている。特に、日本の憲法改正及び戦力創設を可能にするためには、米軍撤退を示唆するような威嚇でもって防衛問題を直視しない国内世論の考え方を改めさせるべきという三輪の発言からは、西尾派に限らぬ右社の改憲再軍備論が垣間見える。(52)

しかし、四月総選挙では予想に反して自由党が健闘し、改進党及び右派社会党は振るわぬ結果となった。とりわけ、再軍備反対を掲げて急伸した左派社会党に議席数で逆転されたことは右社に衝撃を与えた。党内では統一会を中心に左社への歩み寄りを求める声が高まり、河上委員長のもとで政策の左傾化が検討され始めた。(53)

こうした右派社会党の内情を尻目に、左派社会党は一九五三年三月の時点で、中立外交の前提条件として経済自立の完成を緊急の政策課題に挙げていた。すなわち、日本経済が対米貿易や米国による特需ないし外資導入に依存するなかで、再軍備反対及び保安隊解散、日米安保条約及び行政協定の「破棄」、米軍撤退のような同党の政策を実現するためには、アジア貿易の拡大、特に中ソとの貿易再開による通商関係の多角化と安価な原料輸入が必要だと主張したのである。こうした見解の左社は、五月一三日には早々にＭＳＡ援助反対を表明した。佐多外交委員長が起草した反対声明は、自由・改進両党や「独占資本家」が米国の極東政策に従って再軍備、海外派兵、「太平洋防衛同盟」の結成を図りつつ、米国ドルに依存した経済再建を目指していると断じた。その上で、東西両陣営の対立を緩和し、日米貿易と中国を含むアジア貿易の併用によって極東の平和保持を図るという左社の姿勢を鮮明にした。(54)

このように、「独立の完成」を目指す左派社会党はＭＳＡ問題を通じてまず経済自立を具体的に検討した。そして、この政局を奇貨として、いよいよ保革対決認識に基づき左右統一を模索し始めた。すなわち、四月の衆参両院選挙以来、自由党と左社による「保革二大政党」の対立構図を喧伝してきた鈴木委員長は、ＭＳＡ反対の共同闘争を右派社会党に持ちかけ、ついに七月一九日、左右両党の統一を目指すと公言したのである。[55]

その際、左派社会党は外交・安全保障政策において重要な転換を図っていた。他国に軍事的便宜を与えない自主的、一国的な中立という第三勢力型中立論から、保障中立論への転換がそれである。チャーチル英国首相（Winston Churchill）が一九五三年五月に新ロカルノ構想を提唱したこと、[56]七月に朝鮮戦争の休戦が成立したことを踏まえ、左社は九月二四日の中央執行委員会（以下、中執）で、「平和と独立」という党のスローガンを実現するため、関係諸国との中立条約の締結によって日本が中立を維持するという方針を承認した。翌一九五四年一月党大会に提出する外交方針案でも、「日本が自主的に非武装中立を宣言し、各国が日本の中立を認め」ること、「アメリカ隷属をはねのけ、完全独立の達成と（中略）自主中立による第三勢力の発展」を目指すとして、以下の具体的措置に基づく「不侵略保障体制」の構築を提唱した。すなわち、旧安保条約及び行政協定の「破棄」、在日米軍の撤退及び基地の撤去、中ソ両国との早期講和、日ソ不可侵の保障、日中相互不侵略条約の締結と合わせて、米国、中国、ソ連を含む関係諸国との個別的条約の中に日本の中立を保障する措置を盛り込むこととしたのである。この保障中立論への転換は党内で論議を呼んだが、一九五四年一月党大会で承認を得る。後述するように、この保障中立論は社会党統一に向けて外交・安全保障政策の調整を可能にせしめる左社の一手となった。[57]

こうしたなかで、右派社会党はMSA政局で極めて微妙な立場に立たされた。一九五三年五月二五日付で発表したMSA問題に対する右社見解には、その苦衷が見え隠れしている。まず右社は、経済自立の達成には米国の経済援助が必要だと認めた。ただし、今般のMSA援助は直接間接に日本の再軍備を強要するがゆえに反対するという。その上で、MSA援助は相互防衛援助協定を必要とするが、その親法たる日米安保条約及び行政協定に「屈辱的条項」が含まれている以上、まずは「安保改正」が不可欠だと結論づけたのである。なお、MSA交渉が始まった七月以降になると、保安隊から自衛隊への改組は国際情勢と日本の経済状況からみて危険であり、憲法違反であるがゆえに反対すると表明している。なんとも奥歯に物が挟まったような立論であった(58)。

このような右社の立場を受けて、左右両社会党は、MSA援助は軍事費増加によって日本経済と国民生活を圧迫し、中ソとの国交回復を不可能にするという論旨のMSA交渉打切り共同声明を発表した。左社のイニシアティブのもと、曲がりなりにも党分裂から二年弱にして左右両党が再軍備問題で足並みを揃え、保守三党に立ち向かう枠組みが形成されたわけである。この共同闘争を契機として、同年九月には右社内に「統一問題調査研究会」が設立された。その後、一〇月の両党委員長・書記長会談を経て、一一月には左右両党小委員会で統一問題の初会合が開催された。右社は、河上委員長が再軍備促進の保守と再軍備反対の革新との決戦論を強調し、改進党との提携を拒否して左派社会党との協調を明確にしたほか、三輪寿壮も左右統一志向に舵を切り、爾後の統一交渉を主導していくこととなる(59)。

このように、MSA政局を通じて右派社会党ではそれまで有力だった改進党との提携論が後景に退き、左派社会党との左右統一論が台頭した。その一方で、右社はこの政局において、保守三党防衛折衝に取り組んだ改進党や、明確な反対姿勢を示して左右両社会党の共同闘争にイニシアティブを発揮した左社に埋没し、存在感を発揮できなかった。しかも、左社主導の左右統一問題まで浮上している。この現状への不満から右社の独自色を示すべく局面打開を図ったのが、西尾派の二巨頭たる曾禰益と西村栄一である。

4　曾禰の奮起

二人が照準を定めたのは、翌一九五四年一月党大会に提出する運動方針の原案策定作業だった。元外交官出身であり、社会党の外交政策において国際政治の現実面に誤りなきを期すべく入党したという曾禰は、このとき右派社会党の国際局長を務めていた。その彼は、一九五三年一〇月一九日、政策審議会に外交方針（「国際情勢の概観及び外交方針」）案、いわゆる「曾禰私案」を提出した。曽禰はまず、左社が唱えるような中ソによる非武装日本の保障中立は、「アジア赤化の直接間接の侵略の危険」があると一蹴した。その上で「独立の完成」の項を設け、国連憲章に基づく対等な二国間の地域的集団安全保障へと「改正」した上での日米安保条約の暫定的容認、国際情勢の進展及び日本の「自衛力培養」に伴う米軍駐留の廃止、米国主体の「太平洋同盟」への不参加、国連加入後の「常設的国連警察軍」への参加を提起した。国連の集団安全保障に基づいて、容共でも向米一辺倒でもない形で自由主義陣営に立つべきだというのが「曽禰私案」の骨子であった。(60)

　この「曾禰私案」に呼応して、西村は国連の集団安全保障機構の一環を担い、祖国防衛の使命を自覚する進歩的な「自国防衛の自主的な自衛力」を持つべきだと強調した。彼は、「保守反動勢力」による再軍備は「米国の傭兵化」につながるとして忌避する一方、「容共左派」が唱える非武装中立論も「共産主義勢力の侵略性」に対する防衛が必要だとして断固排撃する。彼は言う。「自国の安全の保障を他国にのみ依存する国家は事実上他国の支配となり従属下に立たざるを得ない」。民主社会主義に基づく進歩的な「自国防衛の自主的な自衛力」及び「独立国家の自衛軍」こそ必要であり、「いかなる努力を拂っても何とかして安保条約のきずなから脱しなければならない」〔傍点は原文ママ〕。このように、現時点では日米安保条約による安全保障上の利益を享受しつつも、具体的に民主社会主義国家として自衛態勢の確立をはかりながら、全ての外国軍隊の撤退を要求すべきというのが西村の立論だった。(61)

　この「曾禰私案」は日米安保条約の暫定的容認及び「自衛力涵養」による米軍撤退と、「常設的国連警察軍」への参加の点で大きな波紋を呼んだ。浅沼書記長は一一月二七日の中執で、「曾禰私案」は日米軍事同盟化や再軍備の肯定と受け取られると異議を唱えた。「武装なき平和はあり得ない」という曾禰、西村の反論も虚しく、河上、三輪ら右社首脳は同案から日米安保条約の暫定的容認、「常設的国連警察軍」への参加の二点を削除した。曾禰は米軍撤退後の自衛措置も検討すべきだと反発し、国際局長職の辞表を提出して抗議した。[62]

外交方針策定で敗れた曾禰と西村は、続く防衛方針（「平和・安全保障及び自衛に関する方針」）策定作業に雪辱を期した。一二月二二日、彼らは「曾禰私案」を改訂して再度政策審議会に提出する。曾禰は「自衛力の培養」を強調した上で、理論上は「自衛力」の中に直接侵略に対する防衛力も含むと明記し、現時点では憲法上認められる治安力保持の限りで「自衛力の培養」を図るとの論理構成をとった。さらに、国連憲章に基づく地域的集団安全保障の採用と旧安保条約の「改正」を主張した。同防衛方針案は一二月二六日の中執で、一部字句の修正の後承認された。[63]

こうして、「曾禰私案」は一部修正されながらも、ついに中執の運動方針原案として一九五四年一月党大会に提出された。大会には改憲反対、日米安保条約の否認を明記した統一会の運動方針修正案と、ＭＳＡ援助受入による自衛組織の確立、国民が欲する場合には自衛態勢の整備のための憲法改正に反対しないこと、防衛政策を検討する特別委員会の設置の三ヶ条から成る西尾派の修正案が提出された。最低限の目標として「曾禰私案」の大会承認を目指す西尾派は、確実に中執原案を承認するならこの修正案を撤回すると河上派に持ちかけた。そして、同派の支持を得て、「曾禰私案」に沿った運動方針原案の大会承認にこぎつけたのである。[64]

この結果に、新聞各紙は「実質的な西尾派の勝利」、右派社会党の右傾化だと評価を下した。曾禰も以下のように回想している。曰く、「この大会で、運動方針のなかに僕らが主張した地域集団安全保障の必要を認めさせた。日米安全保障体制については、内容に不満があるが、日本の防衛のためには限定された自衛力が必要であると共に、地域集団安全保障、形を変えるならば日本とアメリカとの防衛協力は必要であるという運動方針を、（中略）右派の運動方針に認めさせた」。[65]「西尾派の勝利」の立役者として、曾禰の感慨はひとしおであった。

5　ＭＳＡ政局の帰結

以上、本節ではＭＳＡ政局について改進党及び右派社会党の動向を中心に分析してきた。改進党はＭＳＡ問題を極めて重要視し、存在感を発揮せんと積極的再軍備論を展開した。実際、改進党は右派社会党との差別化に成功したし、自由党との協力は改進党の保守政党としての性格を明確化せしめた。激しい攻防を繰り広げる保守三党が、曲がりなりにも再軍備問題で政策調整を実現させたことの意義も大きい。

ただし、この保守三党防衛折衝が自由党、改進党の政策の相違をほぼ無くし、保守合同の機運を高めたという指摘には留保が必要であろう。(66)当然ながら防衛折衝における争点及び合意点は狭義の防衛政策に限られ、保守合同ないし提携に向かう内政外交上の基本政策の一致が見られた形跡はない。むしろ自由党の多数派工作とこれに対する改進党の抵抗戦術は、両党間にわだかまりを残した。後述するように、改進党内では自由党との保守合同を志向する芦田ら右派と、党の独自路線を重視する三木武夫、中曽根ら左派の対立がさらに激化していくのである。

片や、右派社会党では一九五三年四月の総選挙後、改憲再軍備及び保守政党との提携を忌避する河上委員長の指導力が、旧日労系を中心に次第に発揮され始めた。このことは改進党との政策距離を拡げたし、左派社会党が持ちかけたＭＳＡ反対共同闘争や左右統一交渉の提案に歩み寄る素地となった。わけても、左社が保障中立論を打ち出したことは、具体的な安全保障の担保を重視する右派社会党からみれば好ましい変化だった。

だが同時に、党内では左右統一への反対勢力も顕在化し始めた。西尾派の蠢動がそれである。党の独自路線を重視する西尾派の働きかけにより、一九五四年一月党大会で「自衛力の培養」を強調した右社は、軍事的自立としての「独立の完成」を運動方針に埋め込むことになった。これを主導した曽禰は、爾後佐多、勝間田清一、岡田宗司、田中稔男ら左社の外交論客と渡り合いながら、西村とともに民主社会主義国家日本の再軍備を志すのである。

重要なことは、右派社会党を外交・安全保障政策の面で改進党に接近せしめたのが、かつての三輪や浅沼のような、改進党及び鳩山自由党との連携志向を懐中に抱いていた頃の旧日労系ではなく、右社の独自路線を重視する西尾派だったことである。今後論じていくように、西尾は片山・芦田中道連立政権時代の副総理・官房長官期よりも柔軟性を欠き、やや原理主義的に行動していく。表面的には政策的に近似する岸の右社入党を頑強に拒んだのはその好例といえる。保守側との接触面が西尾派となった右社は、確かに政策上は改進党及び鳩山自由党に接近したけれども、政局上は河上派主導のもと左社との連携へと舵を切り、社会党の左右統一に向けた軌道が構築されていくのである。

いずれにせよ、「独立の完成」を争点としたMSA政局は中間勢力と位置付けられてきた改進党と右派社会党との懸隔を深めた点で、保革対立構図という政党配置を鮮明にした。他方で、この保革双方で内部対立も先鋭化し、保守合同及び社会党統一の困難さを浮き彫りにした。こうしたなか、一九五三年四月の衆院初当選以来鳴りを潜めていた岸が政治活動を活発化させていく。そこで次節では、衆院初当選時点に戻って岸の保守合同構想を析出しつつ、一九五四年一一月の日本民主党結成及び吉田政権退陣に至る政治過程を見ていきたい。

第三節　岸の保守合同構想と日本民主党の結党

1　岸、政界の表舞台へ

衆院初当選後の岸は、混迷する政局を凝視しつつ、折に触れては小論を寄稿し、米大使館員との意見交換に臨んだ。

そこでは、爾後保守合同を主導していく彼の政策構想がよく示されている。その骨子は、日本という国家が生き残るには一〇年前後の長期的な保守政権による政局安定が必要であり、その指導下で共産主義への対抗措置、一定の統制を含む計画経済、憲法の全面改正、選挙法改正といった「日本再建のためのプログラム」を講じるべきというものである。その際、岸の特徴はこの諸政策の遂行に優先順位をつける点である。以下、具体的に見ていこう。

各政党がMSA政局で凌ぎを削っていたこの時期、岸は経済自立に主たる関心を置いた。彼の見るところ、日本が直面する内外の困難とは、「第一はわれわれが真の独立をつくりあげることの問題、次に（中略）経済自立の問題」である。岸は、この「独立および経済自立の問題」は「よく考えてみると、一つの問題」だといい、「真の独立」の問題に属する憲法改正及び自衛態勢の整備にも一応言及してはいる。(67)

だが、岸の寄稿文や演説の紙幅は圧倒的に経済自立の問題に充てられている。岸は言う。「一国の独立の裏付けは自立経済の確立」にあり、「経済の自立なくしては真の独立はあり得ない」。資源狭小、人口過多のなかで戦後復興に取り組まざるを得ない窮状にあるのに、自由放任主義経済を重視し、米国の特需を唯一の頼りとする日本の現状を、岸は以前から極めて憂慮していた。その彼をして、朝鮮戦争休戦問題に端を発した経済危機とMSA政局は、米国の外資導入に依存する負の側面をまざまざと痛感させた。頑健な反共主義者たる岸のことだから、経済危機が共産主義の浸透を招きうることは、当然彼の警戒感を掻き立てただろう。(68)

だからこそ、岸は「独立の完成」には一刻も早い経済自立が緊要だと考えた。そしてその処方箋として、国家が経済活動に計画性を付与するものとしての修正資本主義及び福祉国家の建設を訴えた。岸曰く、食糧などの輸入超過にある日本経済には国際収支の均衡と生産力の増強による輸出振興が不可欠である。その際、日本製品の国際競争力を向上させるうえで、労働者が「賃上げ要求を年中行事のようにして、ストライキやサボタージュに依って生産を停止したり其の能率を低下せしめる」ことは許されず、企業の繁栄が自らの利益になると彼らに体得させる必要がある。それゆえ岸は、産業平和策の観点から、占領下の労働法制を国情に合わせて改正するだけでなく、社会保障制度の拡充によって福祉国家を建設する必要があるとみていた。このように、「真の独立」の前提となる経済自立のためには、吉田政権のような自由放任主義の総花的政策ではなく、極度の重点主義で最も効率的に産業政策を遂行すべきというのが岸の主張の根幹だった。(69)

その岸からみて、経済自立の実現には求心的な保革二大政党制による「強力な政治」、なかんずく保守結集による政局安定が欠くべからざるものだった。この時期、岸は二大政党制に関する持論を、「交錯する保革二大政党制」として以下のように定式化している。曰く、正常な議会政治の運営には保守と革新をそれぞれ代表する二つの政党が必要である。その際、革新政党は共産党に対し明確な線を引き、社会主義の公式論にとらわれず右へ相当の基盤を持つ国民政党となり、保守政党も暴力主義、議会否認に一線を引き、労働者或いは広く勤労階層に対しても社会政策的見地に立って左へ懐を開くべきである。政権が交代しても政策に大きな変動が生じないことが重要であって、「両方の—例えば保守政党の一番左にいるものは、革新党の一番右にいるものよりも、むしろ左にいるといった具合に各政党が交錯し」「資本主義政党でもその左の線にあるものは、社会主義政党の右の線にあるものよりは進歩的であり、革新的である」のがよい。(70)

ただし、改進党と右派社会党の離間をみた岸は、いま一度二大政党制の中身について変化を加えている。すなわち岸は、自由党、改進党、鳩山自由党に政策的相違や根本的立場の懸隔は無く、感情的対立や支持基盤の違いが尾を引いただけの保守分裂に合理的根拠はないと断じた上で、保守三党の連携協調に基づく「一大新保守党」論へと立場を変えたのである。岸が、日本再建連盟は「改進党左派の行き方をすべきものと思う（中略）主導権は左派が握るべき」と述べ、改進党と右派社会党を連携相手とする「国民的革新党」構想をぶち上げたのはたった一年前のことである。岸が自由党入党に際し、改進党左派は社会党へ、同党右派は保守政党へ一本化すべきと発言したのも僅か数ヶ月前のことである。「自由党と改進党は同じ保守党ではないかといわれるが、これは違う。プログレッシヴ・パーティとコンサヴァティヴ・パーティという違いがある」と訴える改進党左派の北村徳太郎を前に、滔々と保守結集を説く岸の変わり身の早さは瞠目すべきものがある。(71)

もっとも、以上のような経済自立のための保守合同、「交錯する保革二大政党制」がこの当時の岸の主な関心事だとしても、彼が「真の独立」の問題を論じないわけではない。岸の問題意識の核心は、占領政策によって「民族的自信が弱められ、独立の気魄が打ち砕かれて」いることにあり、日本国憲法に凝固するものである。岸は言う。民族的自信と独立の気魄を取り戻し、祖国再建の大業を成し遂げるには、「吾々国民の自由意思に基く吾々の憲法を持たねばならぬ。（中略）民族の魂が表現せられた（中略）日本の土と血に繋って居る民主主義を内容とする憲法」が必要である。その観点から、岸は、祖国の自衛は独立国の義務であり、「他国の軍隊を国内に駐屯せしめて其の力に依って独立を維持するというが如きことは真の独立国の姿ではない。他国の軍隊を駐屯せしめる為めに物心両方面から忍び得ないような犠牲を何時までも甘受すべきではない」と訴え続けた。「松葉杖に縋った独立」から脱却して「真の独立」を目指すべきという日本再建連盟期以来の主張は健在なのである。(72)

以上のように、岸の「独立の完成」構想は修正資本主義及び福祉国家の建設から成る経済自立と、これを前提条件とする「真の独立」、すなわち自主憲法の制定や、自衛態勢の整備及び米軍撤退の二本立てで構成されており、これを実現するための国内政治基盤として、強力な指導態勢と民主政治の明朗化をもたらす「交錯する保革二大政党制」が想定されていた。その彼は、爾後保守合同及び吉田倒閣に動く。では、岸は吉田政権下の日米関係及び日本政治の何を問題視したのか。

岸と吉田を分かつ最大の相違点は、主権国家の自律性に対する意識であった。岸には、一国の総理が最も重要とすべきは安全保障だという信念があった。その岸から見ると、「吉田さんがつくった安保条約では、日本がアメリカに占領されているようなものなんです。（中略）そんなもので日本が安全であるとはいえない。日本の独立を擁護し、独立の基礎を確立するということが、全ての政治の出発点」のはずであった。しかれども、いまや「集団自衛の時代である。（中略）主権の一部を放棄しあって集団的な共同防衛体制をとるに至っているのである。今日の日米協力もまたこのような世界の実情を背景としてなされている」とみなす吉田政権は、岸から見れば、「占領憲法」改正にも再軍備にも消極的な態度をとり、国民に国際情勢の深刻さや国防政策の緊要性を啓蒙して愛国心を涵養せしめる責任を放棄している。そもそも、講和独立後も続投した吉田政権の存在そのものが「占領期の遺物」であり、多党分立による政局混迷と左翼勢力の台頭を招いているのではないか。岸の目には、「独立の完成」にも、そのための政局安定にも障害となっている吉田政権は打倒しなければならず、新時代の新たな政治指導が求められていると映った。[73]

かくして、岸は「独立の完成」のための保守合同構想を携え、政局の表舞台に登場した。初当選以来、実弟佐藤栄作自由党幹事長への配慮もあって事態を静観していた岸は、一九五三年一一月九日、東京虎ノ門の晩翠軒に日本再建連盟以来の同志たる武知勇記、三好英之、川島正次郎のほか、福田赳夫、船田中、井野碩哉、赤城宗徳ら自由、改進、鳩山自由党にまたがる三〇名以上を集めた。そして、「経済自立、憲法改正、再軍備は目前に迫った重大問題である。そのためにはすべからく今までの行きがかりを捨て速かに保守の大同団結を実行すべき」と述べて、保守再編に乗り出すと表明した。この動きに、「日本の現状を考えると、ほんとうに保守勢力を脱皮させた形で結集しなおすことが必要だ。（中略）君は前から保守勢力の結成ということを高い理想の見地から言っている」と声をかけ、保守合同の

実現を誓い合ったのが芦田均と石橋湛山である。こうして、いわゆる「新党三人組」が立ち上がった。(74)

2　社会党統一交渉の始動

年が明けると政局は一層緊迫度を増した。まず、一九五四年二月に保全経済会事件及び造船疑獄が発覚した。捜査の手は徐々に自由党の佐藤幹事長及び池田政調会長ら政権中枢に伸び、吉田政権の屋台骨を揺るがした。また、三月一日に発生した第五福竜丸事件は広島、長崎に続く「三度目の被曝」として日本国民の反核感情を刺激し、米軍基地反対闘争と結びついて反米感情及び中立主義的思潮を高めた。そのさなか、ＭＳＡ協定が三月八日に調印されるや、吉田政権は三月九日に防衛庁設置法案及び自衛隊法案を閣議決定し、三月一一日には国会に提出した。(75)

この事態を受けて、左右両社会党は二月下旬、ＭＳＡ反対の共同闘争から一歩前進し、吉田政権打倒及び共同政権樹立を目指しはじめた。二月二六日に左社の鈴木委員長、和田博雄書記長と右社の河上委員長、浅沼書記長が会談し、倒閣のための共闘強化、ＭＳＡ協定や警察法改正などの重要法案への反対、内閣不信任案の提出で一致した。このさなか、三月八日には左右両党の共同闘争及び政策協議の場として、両社結集連絡小委員会も発足する。その後、後述するように保守合同の動きが顕在化すると、一大保守政党の誕生に対抗する必要性から、左右両社会党の統一機運は勢い付いた。四月九日の両社結集連絡小委員会は、政治、外交、経済、国民生活の四項目から成る政策協定で合意したほか、「両党の政策上の対立点である防衛、外交問題についても話し合いをする段階に来た」として、「今後は統一のための話し合いを進める」ことを申し合わせた。そしてこの合意に基づき、左社の伊藤好道政審会長、佐多外交委員長、右社の水谷政審会長、曾禰国際局長の四者で両党間の基本政策の調整にあたることとなった。(76)

ただし、この動きに右派社会党の西尾派が立ちはだかった。彼らは五月六日、「社会党統一問題への考察」というパンフレットを発表した。「社会党はもはや戦前のごとき単なる反対の党、批判の党であってはならない。政局担当に耐え得る党でなければならない」という西尾は、「無原理、無原則、無条件統一に反対なのである。（中略）左様な統一は統一ではなくして単なる異質物の混合体に過ぎない。（中略）合同後においてもやはり以前と同じように党内の争いが続いて再分裂の可能性がある」と強調している。西尾の見るところ、階級政党論か国民政党論かという党の性格とともに、政策面では政権担当を前提とした政策協定が必要であり、特に外交・安全保障政策の調整が決定的に重要だった。野党として自衛隊を憲法違反だと断じておきながら、政権を担当したら自衛隊を黙認するなどということは不可能であり、現在の右派社会党の線まで左社が妥協したとしても尚政局担当に堪え得ない。このように、西尾派は国民政党論を唱え、一貫して政権担当を見据えた政策の現実化を主張し続けた(77)。

これに対し、伊藤、水谷、佐多、曾禰は四月以降、精力的に両党の基本政策調整にあたり、八月に入ってこの四者協議の中間報告が公表された。それによれば、両党間の相違点は、右社側が地域的安全保障、反共「民主主義陣営」との協調を主張し、旧警察予備隊程度の治安力は必要だと考えるのに対し、左社側が非武装の「不侵略保障体制」、米国からの離脱を中心とする「自主中立」を主張し、自衛隊解散を目指している点だという。これを受けて、八月一六日に鈴木左社委員長は、日本は依然として「アメリカ帝国主義」の占領下にあるのに、対米従属から離脱して民族の独立を目指す意欲が右派社会党には欠けている、右社の地域的集団安全保障構想は韓国、台湾を含む反共「太平洋同盟」を認めるものだと批判し、この中間報告を読む限り両社会党の統一は困難だと声明した。これに右社側は猛反発し、左右統一への模索はまたも頓挫した。ただし、この四者協議では東西両陣営が加わる相互安全保障方式、すなわち新ロカルノ構想に基づく「日米中ソ集団安全保障体制」論が初めて登場している。前年九月以来、左社が保障中立論を採用したことが突破口となって、両党間の外交・安全保障政策の相違自体は確実に埋まりつつあった(78)。

3　保守合同の難航

このように社会党の統一機運が高まるなか、保守合同への動きも本格化する。自由党の緒方副総理は吉田の了解のもと、三月二八日に自改両党の解党による新党結成、総裁公選から成る緒方構想を発表し、次いで四月一三日には爛頭声明を発して自由党から公式に新党結成を呼びかけた。爾後、保守合同への動きは保守三党間の正規の協議（新党交渉委員会、「上からの保守合同」）と、岸、芦田、石橋を中心とする新党結成促進協議会（「下からの保守合同」）が並行して進んでいく。このうち新党交渉委員会は、造船疑獄への指揮権発動を受けて左右両社会党が共同提出した吉田内閣不信任案に、改進党及び日本自由党が同調したためその発足自体が大幅に遅れた。保守二党論を唱える改進党左派は、両社提出の不信任案に党として賛成することを主導し、保守合同に楔を打ったのである。こうした勢力を抱える改進党は、新党交渉に際して吉田退陣を前提条件とするよう求めたが、当然自由党は難色を示した。五月二九日にようやく開始された新党交渉委員会も、三木武夫が吉田退陣による「指導者の更新」を主張したため自由党が反発し、六月二三日には決裂してしまう。以後、「上からの保守合同」は、改進党への切り崩しによる多数派工作で吉田政権の延命を図る自由党主流派と、反吉田「救国新党」結成を目指す改進党、日本自由党、自由党鳩山派に物別れしていく(79)。

これに対し、岸らの新党結成促進協議会はあくまでも「保守大合同」を目指した。岸としては吉田退陣問題に旗幟を鮮明にしないことで保守三党の間を取り持ち、その大同団結に望みを繋いでいた。だが、八月一〇日に、吉田が造船疑獄は流言飛語であり、信念をもって指揮権発動を行ったなどと放言し、与野党の激しい反発を招いた。吉田退陣論がいやがうえにも高まるなか、六月下旬の新党交渉委員会の決裂以来着々と進められた改進党と自由党鳩山派の連携工作も、九月一九日の鳩山・重光会談にて新指導者、新組織、新政策による反吉田「救国新党」の結成で一致をみた。これを見た岸は九月二一日、衆参一二九名（自由党九〇、改進党二一名等）を擁し、新党結成促進協議会を新党結成準備会に切り替えた。だが、自由党もすかさず挙党一致して参加する方針を決め、主導権の奪還を図った。さらに、一〇月に入り吉田に退陣の意思がないことが報道されたことは、岸らの立場を一層厳しくした。彼の「保守大合同」構想は、片や自由党主流派の圧力に晒され、片や保守二党論の「救国新党」論者から妨害され続けて苦境に陥った。[80]反吉田「救国新党」樹立が現実味を帯びるなかで、岸、石橋、芦田は自らが少数派に転落したことを悟った。彼らは一〇月以降断続的に善後策を協議したが、見解は割れた。元来鳩山の最側近たる石橋が反吉田「救国新党」への参加に傾いたのに対し、芦田は「私は素志は大保守党にあるので、（中略）自由党主流との話合によって出来る限りは纏めたい」と粘った。ここに至って、岸も吉田退陣、鳩山担ぎ上げをやむなきと考え、一〇月二〇日の新党結成準備会拡大大会にて抜打ちで代表委員を鳩山、岸、石橋、芦田、金光庸夫の五名に決定した。これを自由党に対する反党行為とみなした池田幹事長は、一一月八日に岸及び石橋の除名処分に踏み切った。[81]

それでも岸と芦田は、日本民主党の結党に際して将来的な自由党との合同の余地を残すべく奔走した。だが、この機に乗じて改進党は松村幹事長を中心に「保守大合同」への反対の立場を強め、芦田を党議違反のかどで処分しようとまで画策した。[82]さらに、一一月一五日の岸、石橋、芦田、鳩山、重光、松村、三木武吉による七者会談では、この七人を新党創立役員にすべしという岸らの主張に対し、松村が芦田ではなく三木武夫を役員とし、かつ改進党からの役員を増やすよう要求した。岸は、「今に及んで猶駆引ばかりやっているとは何事だ、俺は政治を止めると言って憤慨して、涕を出し」た。芦田は泣いている岸をなだめながら、「一体改進党幹部連は、半《マ》ヶ《マ》年間新党準備会に働かせて傍観し乍ら、今頃這入りこんで新党の主導権などという。それは無銭遊興じゃないか」と松村を面罵した。憤懣やるかたない芦田は、「これ程寄木細工の政党は又とない」とその日の絶望を記している。[83]岸の見るところ、「松村氏には、〝新党は結局自分の言った通りの形に落ち着いたではないか〟というゆとりというか優越感があった」[84]。結局芦田は新党創立役員に残ったものの、改進党から大麻唯男、苫米地義三が新たに創立役員に加わり、松村も政調会長という要職を手にした。岸は日本民主党幹事長のポストを確保したとはいえ、その後の党運営に難渋することが容易に予想された。

以上、吉田政権退陣に向かう日本民主党結党の顚末を概観したが、「保守大合同」を目指していた岸からすれば、それは本意ではなかった。しかも、「救国新党」構想に乗り遅れた岸に党内主導権の確保は容易でない。一一月一五日の七者会談はその現実を岸に突きつけた。実際、岸は「日本民主党には大して僕は期待していなかった」という。彼の回想を借りれば、岸は「自由党と一緒になって保守大合同をする一つのケルンだと考えていた。(中略)やはり日本民主党が中心になって、しかも立党精神そのものになって(中略)できるだけ早い機会に保守合同をする」のだと、同党結成を受け止めるしかなかった[85]。

4　日本民主党の結党と「安保改正」

このように、日本民主党の結党にあたり政局の敗者となった岸にとって、政策の勝者になることは政治家としての沽券に関わる問題であり、次の「保守大合同」に向けて重要性を増した。では、修正資本主義及び福祉国家の建設による経済自立と、これを前提条件とした「真の独立」から成る岸の「独立の完成」構想は、日本民主党の「立党精神」にどこまで反映されたのだろうか。以下、いったん話を四月まで巻き戻し、同党の綱領及び政策大綱が策定される過程を見ていきたい。

岸らの新党結成促進協議会は、一九五四年四月二八日に議員大会を開き、新たな安定政権を樹立して憲法をはじめとする占領下の諸法令諸制度の根本的改革を行うこと、自衛体制を確立して総合計画に基づく自主経済政策を推進し、積極かつ進歩的諸政策を断行して日本の独立と国民生活の安定向上を目指すと宣言した。この大会宣言に基づき、五月二九日には「政治の刷新浄化」「自主的国民外交の推進」「自立経済の確立と民生の安定」「自主的防衛体制の確立」「憲法の改正」の五項目から成る「新党政策大綱」を発表している。このうち、「自立経済の確立と民生の安定」の項には経済政策の総合計画化、労使協力体制の確立、社会保障制度の整備充実が採り上げられ、「自主的防衛体制の確立」には、国力に相応した自衛軍の創設、駐留軍及び基地の撤退促進という内容が並んだ。この政策大綱案に基づき、新党協議会は七月五日付「新党の使命と当面の国策に対する態度」において、彼らが目指す「保守新党」の使命を以下のように定式化した。曰く、「新たなる民族主義」に基づいて「占領時代の弊風を改め健全なる社会を建設し、特需依存経済を脱却して自立経済を確立し、自衛の体制を整備して真に独立国家の完成を目ざし、外は自由国家群と相携えて、アジア諸国との善隣外交と経済提携を回復し、進んで両陣営の対立を緩和して、東亜の安定と世界平和に寄与せん[86]」。

このように見ると、新党結成促進協議会の五月二九日付「新党政策大綱」及び七月五日付「新党の使命と当面の国策に対する態度」は、岸の「独立の完成」構想が忠実に反映されたものといえる。また、かつて岸が率いた日本再建連盟の五大政策が全般的に盛り込まれたことも興味深い。ただし、「経済の自立なくしては真の独立はあり得ない」と考える岸にとって、当面の優先事項はあくまでも修正資本主義及び福祉国家の建設による経済自立の達成だった。

他方、外交・防衛問題も「保守大合同」に向けての一大政策争点だったことは言うまでもない。七月五日に決定された「緊急政策大綱」では、五月二九日案の「自主的防衛体制の確立」を具体化する形で、「概ね三ヶ年間に、陸上兵力については駐留軍撤退を可能ならしむる自衛体制を整備すると共に陸海空軍については国力に応じた少数精鋭主義による均衡を得た文官優位の民主的自衛軍の確立を図る」と記された。けれども、九月七日付案では「国土防衛については国力に応じ、均整を得た少数精鋭主義の自衛軍を整備し、速かに駐留軍の撤退を可能ならしむることを目標とする」へと修正されている。在日米地上軍撤退及びこれを可能にするための自衛体制整備の年次目標が消えた一方、撤退させる在日米軍は陸上兵力に限定せず、国土防衛は自衛軍で行う旨を明示したのである(87)。

ところで、注目すべきはここまで岸の言説や新党結成促進協議会の政策案のどこにも、旧安保条約の是正といった「安保改正」問題への言及がないということだ。実は、新党結成促進協議会が初めて政策案に「安保改正」を明記したのは、自改両党との折衝を見据えて新党結成準備会に改組した後のことである。すなわち、同準備会が一〇月四日に「緊急十大政策要綱」を作成した際、「自衛体制の整備に伴い日米安全保障条約及び行政協定の改訂を図る」「日米協力の基本線を確立し、実情に即した共同防衛政策をとる」と明記される形で、ようやく「安保改正」論が登場した。だがそれは、政策本意というよりもむしろ、冷戦秩序に適応した「集団安全保障」ないし共同防衛論を主張して日米協力の重要性を説く自由党と、日米安保条約の速やかな相互防衛協定への切替えという「安保改正」論を掲げる改進党に両論併記の形で配慮した、「保守大合同」を目指す政局上の苦心の策であった。実際、池田幹事長主導で自由党が新党準備会になだれ込んだのち、一〇月一一日に公表した「新党政策大綱」では、「自由党主流の二、三人から自由党的方針の主張があったが、大体その人達の希望を容れた」形で、「安保改正」への言及が削除されたのである(88)。

その後、反吉田「救国新党」としての日本民主党結党に舵を切った岸ら新党結成準備会は、一一月一五日の七者会談ののち、改進党、日本自由党との政策協議を開始した。準備会側は一一月一八日の協議で、新党の綱領及び政策大綱は一〇月一一日付「新党政策大綱」に基づき策定することへの了解を取り付けた。この協議において主要な争点となったのが憲法改正及び「安保改正」の問題である。一一月二〇日の政策協議において、改進党左派は再軍備のための憲法改正という趣旨を中和しようと試みた。また、中曽根は「日米安保条約の改訂」を持ち出した。彼は後年、この協議で「旧安保条約は、内乱条項と期限が無期限の二点で不平等条約だと主張しました」と回想している。これに対し、芦田は中曽根の「安保改正」案が具体性に欠けるうえ、親米派の吉田政権を新党が揺さぶっているように見えては米国の心証を害し、日米関係に大きな影響を与えるなどと猛反発した。鳩山、重光、石橋も芦田の意見に賛成したという。結局、憲法改正問題に関する新党準備会側の見解を残す代わりに、旧安保条約は片務的、保護的であるとの意見を採用して「双務的条約に改訂する」という一文を挿入し、ようやく一致をみた。(89)

こうして、日本民主党は一一月二四日に結党の日を迎えた。綱領では、占領以来の諸制度の革正による独立自衛の完成、自主国民外交の展開、総合計画による自立経済の確立と福祉国家の建設が盛り込まれた。また、政策大綱には政・官界刷新、現行憲法及び占領下諸制度の改革、積極的自主外交の展開、防衛体制の整備などの項目が並んでいる。このうち経済・社会政策に関しては、健全財政の確立及び金融政策への総合計画性の付与、特需依存からの脱却と正常貿易の振興、友愛互助の精神に基づく福祉国家の建設を目途とした社会保障制度の整備充実、労働生産性の向上を図るための労働運動の正常化と労使協力体制の確立が掲げられた。他方、積極的自主外交の項では、日ソ国交回復及び日中貿易の促進といった鳩山自主外交の方針が打ち出された。その上で、懸案の防衛体制の整備の項は、最終的に「国力に応じ均整を得た少数精鋭の自衛軍を整備して、直接間接の侵略に備え、逐次駐留軍の撤退を可能ならしめることを目途とし、自主防衛の体制を整備する。之れに応じて、現行の日米安全保障条約を双務的条約に改訂する」という文言に落ち着いた。改進党左派の努力が実り、日本民主党の政策大綱に「安保改正」論が明記されたのである。(90)

以上、日本民主党の綱領及び政策大綱の策定過程を概観してきた。これを踏まえ、以下では次章以降に安保改定をめぐる政治外交過程を俎上に載せるにあたり、岸の「独立の完成」構想の視座から二点ほど論点を析出しておきたい。

まず第一に、日本民主党の綱領及び政策大綱には岸の政策構想が多く採用されたということである。特に、「真の独立」の前提として重視した経済自立に関して、岸は健全財政の確立及び金融政策への総合計画性の付与、特需依存からの脱却と正常貿易の振興、福祉国家の建設を目途とした社会保障制度の整備充実、労働生産性の向上を図るための労働運動の正常化と労使協力体制の確立を政策大綱に盛り込むことに成功した。彼自身は新党交渉の総務担当として各党との折衝、特に総裁・人事問題といった権力闘争に忙殺されているのだが、大蔵官僚出身の側近福田赳夫が彼の意をよく呈し、岸の政策構想を反映させたといえる。日本民主党の結党大会で、鳩山総裁が吉田外交の批判及び中ソ両国との貿易促進を、重光副総裁が自主外交の確立、占領政策の是正、自衛軍創設を中心に独立日本の自主性回復を強調したことに比して、岸が「自分は政策とくに経済政策について新党の政策を明らかにしたい」と挨拶したことは、彼がいかに経済自立に意を用い、その政策構想が多く盛り込まれたかを物語っていよう(91)。

他方、第二の論点として指摘すべきは、日本民主党の政策大綱に「安保改正」を挿入させたのは岸ではなく、改進党左派だったということである。よく知られるように、岸は後年のオーラル・ヒストリーで、日本民主党の政策大綱に「安保改正」を入れたのは岸かと問われ、「政策の問題は、大部分私の考えでした」、この時点でいずれ安保改定をやろうと考えていたと答えている(92)。だが、以上の経緯から明らかなように、岸が「安保改正」を積極的に採り上げ、新党の政策大綱に盛り込もうとした形跡はない。そもそも、管見の限りこの時期に至るまで岸は旧安保条約の具体的な問題点、あるいは「安保改正」に言及すらしていない。敷衍すれば、岸は憲法改正と「安保改正」及び日米安保体制の問題を、元々は別の次元で考えていたといえよう。もっとも、それは彼が「安保改正」問題に全く関心を持たなかったことを意味するのではない。「経済の自立なくしては真の独立はあり得ない」と考える岸にとって、まずは「総合計画による自立経済の確立と福祉国家の建設」こそが優先されるべき政策課題であった。日本民主党政策大綱への「安保改正」挿入は改進党左派が主導し、岸はそれに便乗したとみるべきだろう(93)。

かくして、一九五四年一一月二四日、鳩山総裁、重光副総裁、岸幹事長による日本民主党が衆議院一二一、参議院一八の勢力で結成された。これを受けて吉田政権は一二月七日に退陣し、一二月一〇日には鳩山政権の発足を迎える。そして岸は経済自立の達成にひとつの目処をつけ、政権党の幹事長として再度「保守大合同」を目指していく。そこで次節では、岸の政策構想の変化にも注目しながら、一九五五年秋の社会党統一及び自由民主党結党に至る政治過程を考察していきたい。

第四節　社会党統一と保守合同

1　岸の変化

一九五四年一二月一〇日、重光葵副総理兼外相、一万田尚登蔵相、石橋湛山通産相、河野一郎農相、高碕達之助経済審議庁長官らを主要閣僚とする鳩山政権が、衆議院一二一、参議院二一（追加入党三名を含む）の勢力で発足した。左右両社会党が一二月九日の衆院首班指名選挙において、翌年三月上旬までの総選挙完了を条件に鳩山に票を投じた賜物だった。衆院第一党を自由党が占めるなか、もとより鳩山政権は選挙管理内閣とならざるを得ず、早期の解散総選挙は必至である。鳩山は一九五五年一月二四日に衆議院を解散し、二月二七日に総選挙が行われる(94)。

この間、一九五五年度予算案の編成作業及び長期経済計画の策定が緒についている。このうち前者について、岸は一万田蔵相に対し、日本民主党政務調査会の提言に基づく予算案を編成するよう要請している。これを受けて、一月一八日に閣議決定された予算編成大綱では、吉田政権以来の緊縮財政を堅持しながらも、輸出振興に加え、住宅建設の拡充、失業対策の強化、中小企業対策の充実による民生の安定が強調された。他方、長期経済計画は高碕経審庁長官の下で一九五四年一二月二七日に試案が取りまとめられ、こちらも翌年一月一八日に「総合経済六カ年計画の構想」として閣議了解された。この構想は、完全雇用の達成、特需なしでの国際収支の均衡、健全財政と健全金融といった経済自立を実現するため、経済政策に総合性と計画性を付与することを打ち出した。住宅建設及び失業対策といった社会保障政策への予算大幅増額などには選挙対策の側面もあるが、岸の経済自立構想が政府の施策として着実に具現化されたとみてよいであろう。ただ、次章で述べるように、その財源を防衛関係費の抑制、特に在日米軍に対する防衛分担金の減額で捻出しようとしたことは、鳩山政権を危殆ならしめることとなる(95)。

二月二七日の衆院選は、日本民主党一八五議席、自由党一一二議席、左派社会党八九議席、右派社会党六七議席という結果に終わった。日本民主党は改選前から六〇議席以上も伸ばす躍進で比較第一党となったものの、単独過半数の獲得にははるかに及ばなかった。これに対し、吉田政権下で一強多弱の政党配置を形成してきた自由党は惨敗した。左右両社会党に目を転ずると、左派社会党が三たび躍進を遂げて右派社会党との勢力差が明瞭になったほか、共産党、労働者農民党などとの合計議席で衆院定数の三分の一を超え、改憲阻止勢力の確保を実現した。

この結果を受けて、日本民主党の三木武吉総務会長は四月一二日、いわゆる三木車中談話を発表する。民主・自由両党による保守結集が必要であり、その形式は合同、連立、提携のいずれでもよいこと、日本民主党が解党しても差し支えないこと、保守結集実現のためなら鳩山内閣総辞職も止むを得ず、後継首班は緒方自由党総裁でも吉田の政権復帰でも構わないことなどを骨子とするこの談話は、一年前の緒方爛頭声明と攻守所を変えたものであり、政界に大きな波紋を呼んだ。第一次保守合同が吉田及び池田・佐藤といった自由党主流派と、自由党鳩山派、改進党、岸ら新党結成準備会から成る反吉田混合部隊とが繰り広げる、保守勢力内部の政策対立及び権力闘争の所産だったことに比して、以下見ていくように、三木談話を契機とする爾後の第二次保守合同は社会党統一への動きと相互に連関しており、特に「社会党政権」の実現可能性という問題が陰に陽に介在していくのである。(96)

こうした局面の転換は岸の主張の変化からも読み取れる。まず、左右両社会党の総選挙及び春の統一地方選挙における躍進を受けて、彼が七月に発表した寄稿文を見てみよう。岸曰く、米国は左派勢力の躍進に関心を持ち、保守勢力はいつまで政権を担当できるものかと懸念している。昨今の左派勢力の進出は真剣に対決を講じなければならない段階に来ており、保守勢力が一層進歩的な政策でもって近代的政党に脱皮する必要があるという。(97)しかも、岸には外交・安全保障政策への言及が増えていく。例えば、二月にジョン・アリソン駐日米国大使（John M. Allison）と会談した岸は、日米関係を刺激する在日米地上軍の撤退を促進するため、米国は経済援助などを減らしてでも日本の防衛力増強に寄与してほしいと要望している。(98)岸の経済自立構想の具現化、鳩山自主外交の本格化、左派社会党の躍進を原動力とする改憲阻止勢力の衆院三分の一確保という状況を踏まえると、以上の発言からは、岸が「独立の完成」のための次の段階たる「真の独立」、すなわち政治軍事的自立を見据えはじめており、そのためにも「交錯する保革二大政党制」の緊要性を訴えているのだと解せよう。

2　左右統一への道

現に、左右両社会党は吉田政権退陣、鳩山政権発足に前後して統一への動きを加速させていた。一九五三年七月の鈴木声明以来、一九五四年八月の挫折を経て三度目の左右統一への取り組みである。一九五四年九月初旬に英国労働党代表団が来日して社会党統一の必要性を強調したことを契機に、同年秋の吉田退陣に至る保守分裂政局のなかで、両社は再び共同政権の樹立を目指した。左右両社会党は一一月二〇日に「両社共同政権の新政策大綱」の発表にこぎつけたのち、翌一九五五年一月一八日には両党で臨時党大会を開き、「社会党統一実現に関する決議」を採択した。ついに両社は左右統一を公約に掲げて衆院選を戦う段階に至ったのである。(99)

左右統一機運が進展した背景には、まずもって総選挙を前にした「鳩山ブーム」への対抗心があった。加えて、衆院一二一議席の日本民主党でも鳩山政権を発足できたのだから、社会党も統一すれば「社会党政権」に近づけるのではないかという観測があったことも指摘すべきだろう。果たして一九五五年二月総選挙の結果、左右両党の合計議席で自由党を抜き、野党第一党を確保できる情勢になったことは、彼らの「社会党政権」への期待を高めた。このように、「社会党政権」の実現可能性という認識こそが左右統一を促進していくのである。(100)

かくして本格化した統一交渉では、外交・安全保障の基本方針(「国際平和確立の方途」)の策定が天王山と目され、同策定作業を所掌する綱領・政策小委員会が最前線の位置を占めた。伊藤左社政審会長、水谷右社政審会長を長とするこの小委員会では、五月一〇日以降、左社の伊藤、勝間田総務局長及び佐多外交委員長、右社の河野密教育宣伝局長、曾禰国際局長を中心に調整が続いた。曾禰の回想によれば、左右統一促進派の伊藤、河野を間に挟み、統一慎重派の勝間田及び佐多と曾禰の間で激論が交わされたという。(101)

先述したように、一九五四年八月までの左右両党四者協議において、新ロカルノ構想に基づく「日米中ソ集団安全保障体制」論が案出されていた。だが、まさにこの新ロカルノ構想をめぐる見解の相違が懸案となった。左派社会党は、「安保破棄」を大前提に、米中ソなどとの個別的不可侵協定締結を基礎にした、日本の非武装中立の保障としての新ロカルノ構想を検討していた。これに対し、右派社会党は日米安保条約及び中ソ同盟条約が存在する現状を受け容れたうえで、両者の補完ないし「傘」として日米中ソ間の相互不可侵及び相互安全保障を基礎にした「地域的集団安全保障体制」を構築し、その後国際情勢の緊張が緩和した際には両条約の「同時解消」を図るという立場であった。この両見解の調整が難問であった。[102]

曾禰を中心として、右派社会党側は「社会党政権」の樹立を念頭に、外交・安全保障政策の現実化及び具体化を重視した。「独立の完成とは、右社としては（中略）アメリカからの所謂、『従属関係』を断ち切ること丈けで万事終れりとの意味ではないと共に、独立の達成は、同時に独立を守り通すこと即ち安全保障が具体的に備われねばならないと言うことを意味する」「日米安保条約は（中略）日本を安全ならしめている効果もあると云えないではない。（中略）安保条約の廃棄と中ソと非武装日本との不可侵条約という方式では、現実に政権を担当する政党としての具体策にはならない」といった発言には、彼ら右社の考え方が極めて明瞭に示されている。左社側は、「（『安保破棄』、米軍撤退には）十年か三十年かかるかも知れない（中略）左社としては決して無防衛、無抵抗主義や絶対平和主義ではない。しかし、現段階における再軍備はアメリカの『傭兵的再軍備』でありアジアの緊張の悪化と日本の不安全の種となる」と反論したものの、「安保破棄」及び米軍撤退への具体策は示せないままであった。[103]

こうして綱領・政策小委員会での論議は膠着状態に陥った。これを受けて、外交・安全保障政策の調整は両社の政審会長と、国際局長及び外交委員長たる伊藤、佐多、河野、曾禰の綱領調整四人委員会に場を移して検討された。議論の末、九月一日付で「国際平和確立の方途」は下記のように成文化された。すなわち、「完全なる独立の達成」の項を設け、「具体的な安全保障を備えつつ（後記参照）日米安全保障条約及び行政協定を解消する」必要性が説かれた。そのうえで、「当面の安全保障」として、「（イ）日本を中心とする関係諸国なかんずく中ソとの間に、個別的不可侵の取極めに努めつつ日米中ソを主要参加国とする集団的不可侵及び安全保障条約を結ぶ。（ロ）日米安全保障条約及び行政協定は、右の両陣営の加わった集団安全保障条約との見合において解消する。その際、中ソ友好同盟条約も解消するものとする」ことが盛り込まれた。また防衛方針として、「現在の再軍備に反対する」「当面自衛隊の拡大阻止と漸減をはかる」「国内治安については、民主的な機動力ある警備組織を整える」ことが取り決められた。[104]

このように、「国際平和確立の方途」では左右両派の折衷案として、日米両政府間の合意による安保条約の「解消」を規定した。また、この「安保解消」への道筋に関しては、「日米中ソ集団安全保障体制」確立との「見合」、「その際」の中ソ同盟条約「解消」と記して多様な解釈を可能とした。これに限らず、綱領調整四人委員会は統一綱領及び政策大綱の各懸案事項を次々と協議し、伊藤と曾禰が成文化を担当していく。そのいずれも、左右両社間の懸隔を糊塗する曖昧な表現で落としどころを見出し、統一への障壁を取り除く作業となった。こうして、社会党の左右統一は、「独立の完成」にはまずもって「安保破棄」が前提条件と考え、中ソによる保障中立を重視する左社と、「独立の完成」には日本の安全保障の担保が不可欠と考える右社との外交・安全保障政策上の相違を実際上は埋めないまま、そのきわどい接点の上に実現した。そして後述のように、「安保解消」への道筋という問題こそ、安保改定をめぐる社会党最大の争点を画することになる。[105]

重要なことは、社会党統一が右社に対する左社の大幅な妥協ないし譲歩によって成就したことである。実際、統一綱領及び政策大綱の原案は、右派社会党が比較的円滑に承認した一方、左社では山川均、向坂逸郎ら社会主義協会によって立つ学者グループや、地方支部から猛烈な反発を受けた。曾禰と渡り合った勝間田によれば、「これ〔統一綱領・政策大綱〕はまぁ右社の方の考え方で、（中略）あんまり綱領〔問題〕で統一を壊したくないという配慮もあってですね、綱領っていうのはかなり穏健な綱領になった」という。[106]

特に、左右統一に慎重な西尾派の曾禰が、「統一の立役者」の一人と評されて統一綱領及び政策大綱の起草に中心的役割を果たしたことは注目に値する。事実、曾禰自身もこの統一について、「右派としては非常な成功であった」

と語る。すなわち彼は、実現困難な「ロカルノ方式の両陣営を含む安全保障体制」の確立を「安保条約の解消」の条件とすることで、「左派の安保破棄・非武装中立論を押さえ」「〔安保条約が〕理想的なものに変わるまでの間は、安保条約は有効だという」理論構成にした。これには流石の西尾も反論できなかったと振り返るのである。(107) 爾後、曾禰は一九五三年秋の「曾禰私案」のような持論を封印しつつ、この理論構成に基づく「日米中ソ集団安全保障体制」論を盾に、社会党の左傾化に対抗していく。このように、左右統一では勢力比において左派が優位だったにもかかわらず、相当程度右派の主張が取り入れられた。社会党統一は、従来の研究で指摘されてきたほど左社の優位に進んだわけではなかったのである。(108)

3　保守合同の実現

以上に述べた社会党の左右統一は、第二次保守合同実現の決定打となった。この間、日本民主党と自由党は六月三〇日に新党政策委員会の設置に合意し、七月六日から同月二八日まで計一〇回もの政策協議を行っていた。だが、自由党では吉田派が、日本民主党では旧改進党系が反対姿勢を明確にし、三木武吉らを除く鳩山派も慎重姿勢をとっていた。まず、自由党に対する「プログレッシヴ・パーティ」、社会連帯主義の政党だと自認してきた旧改進党系は、左派を中心に「保守二党論」を唱えていた。彼らは自由党との連立には賛成しても、保守合同で改進党の路線が中和され、その影響力を失うことは甘受できなかった。反対に、自由党吉田派には三木武吉や河野一郎の風下に立つことへの嫌悪感と、鳩山の「人気取り政策」に対する不満があった。ゆえに、仮に保守合同が成ったとしても、新党は吉田政権期の対米協調路線を骨格にしたいと考えていた。双方の間には、憲法改正、米中ソとの関係構築に関する「〔改進党〕革新派の主張する左寄りの政策と自由党側の主張する右寄りの政策との対立」が存在したのだった。加えて、新党の総裁問題が焦点となるなか、ようやく首相の座を摑んだばかりの鳩山の心中にも穏やかならざるものが生まれた。特に八月四日の記者会見で彼は保守合同に否定的な発言を行い、岸ら推進派を強く刺激していた(109)。

だが、社会党統一によって状況が一変した。旧改進党左派として保守合同に反対していた中曽根は、以下のように回想する。曰く、「吉田自由党に対して鳩山民主党をせっかく作ったのに、一緒になるなんて考えられない。(中略)安易に保守合同をやるのは反対だと、私は主張しました。ところが、一九五五年一〇月一三日に社会党が左右両派を統一して、情勢が一変した。(中略)保守二党体制ならばいいが、あの頃の自由党と社会党では対米政策がまるっきり違っていました。だから、社会主義を標榜するような政党に政権を渡すのは、非常に危険だった。したがって、社会党が統一したとき、我々も保守合同に賛成せざるを得ないのはもう間違いなかった(110)」。

こうして保守合同は、鳩山政権の継続を認めつつ暫定的に鳩山、緒方、三木武吉、大野伴睦を総裁代行委員に据え、翌年春の党大会で総裁公選を実施するという総裁問題棚上げにより、一一月一五日の自由民主党結党に至った。このように、社会党統一に伴う「社会党政権」誕生への危機感が、最終的に保守合同を促進したのである(11)。

ところで、この第二次保守合同の政策上の争点は何だっただろうか。七月の新党政策委員会における協議では、容共社会党の天下や、共産革命による民族の自滅を防ぎ、民族の独立と再建を図らねばならぬとか、容共勢力を排し、総評以外の労組の支持を受け得る進歩的政策を樹立すべきといった発言が相次いだ。特に政策委員会の中心人物の一人となった民主党の福田赳夫は、長期経済計画による経済自立、福祉国家の建設を新党の政策にすべきと強調したという。こうした協議内容を踏まえてか、七月二八日に新党政策委員会が「新党の使命」「新党の性格」とともにまとめ上げた「新党の政綱」では、「経済自立の達成」「福祉社会の建設」の項が真っ先に並べられた。他方、現行憲法の自主的改正や、「集団安全保障体制の下、国力と国情に相応した自衛軍備を整え、駐留外国軍隊の撤退に備える」ことを明記した「独立体制の整備」の項は、選挙で票にならないという理由で同文書の末尾に回された。しかも、日本民主党政策大綱に明記されていた「安保改正」も「新党の政綱」には盛り込まれず、これを詳細にした「一般政策」のなかで、わずかに「防衛分担金の削減、基地の減少、日米安全保障条約及び行政協定の改訂を促進する」と表記されるにとどまった。文字通り、第二次保守合同の陰で改進党の路線は中和されたのである。(112)

以上の総裁・人事問題と政策調整を経て、一一月一五日、ついに自由民主党の結党が実現した。「新党の使命」「新党の性格」「新党の政綱」の三文書も、それぞれ「党の使命」「党の性格」「党の政綱」として結党大会で採択され、自由民主党の立党精神を成した。このようにみると、吉田政権への対抗に彩られた第一次保守合同に比して、第二次保守合同では社会党への対抗という意識から、「進歩的な政策」としての経済自立の達成及び福祉国家の建設により一層重点が置かれたといえよう。

岸は念願の「保守大合同」が実現したことを受けて、以下のようにその感慨を記している。曰く、自分は日本再建連盟以来一貫して政界再編成による清新強力な国民政党の結成と、これを通じた憲法改正と防衛態勢の確立、計画経済推進による経済自立の達成などを主張してきたが、この構想が自民党の政策の中軸を成した。自民党の政策の眼目は民族の完全独立の達成と国家の再建であり、一部大資本家の利益擁護でも階級的立場の擁護でもなく、常に国民的立場に立脚し、全て国家的国民的な基調の進歩的政策を目指す。(113)こう述べたうえで、岸は、保守勢力の再分裂はあり得ず、むしろ社会党分裂の可能性が大きいと指摘する。すなわち、自民党は政策面で「完全な合意」に達して結党した一方、社会党は根本的な政策の相違、特に外交政策の不一致を積み残したまま、政権獲得の展望のみを紐帯に統一している。それゆえ、自民党が「人気のある進歩的な政策」を推し進めていけば、政権獲得の好機が遠のくにつれて社会党は再び分裂すると豪語するのである。(114)

実際、駐日米国大使館も左右統一に先立つ四月の時点で、社会党の展望については岸と同様の評価を下していた。曰く、社会党の台頭は保守政党の敵失の所産でしかないし、イデオロギー上の相違に妥協を許さず、しかもそれが単なる領袖間の個人的争いに正当化事由を与えて対立を拡大再生産する党風は不変である。政策面で未だ真の合意がないことは、例えば「日本の完全独立」のように、目標は示されてもそこに至る方法論が欠如していることから明らかだ。統一が実現してもその提携は不安定で、妥協の余地のない重要争点をめぐって再び分裂が起こるだろう。結局社会党の役割とは、保守合同に何らかの刺激を与え、保守勢力をして福祉政策により一層注力させることでしかない。これに対し、保守勢力には社会党に欠けるところの、統治経験や政治権力への知恵という強みがある。(115)

ただし、米大使館は自民党も寄合い所帯であり、保守合同の固定化には時間がかかると冷徹に受け止めた。自民党は党内情勢が安定化しない限り外交・安全保障政策を果断には遂行し得ないため、まず進歩的政策でもって内政問題を主戦場に社会党と対峙するだろう。実際、保守政党と社会党の穏健な勢力の間では、保守政党が進歩的な福祉政策を導入して左傾化し、社会党はより賢明な政策を採用して右傾化することで、その政策上の相違を狭めることが、憲政史上初めて保革二大政党対決の時代に入った日本の議会政治には不可欠だという了解があるという。(116)

4　五五年体制の原風景

このように、岸及び米大使館の認識に照らして社会党統一及び保守合同の政治過程を鑑みると、五五年体制は経済自立と政治軍事的自立から成る「独立の完成」を政策的含意としたうえで、保守政党が進歩的な政策を採用し、社会党は右派を中心に「社会党政権」を目指して政策を現実化するという、岸の言葉で言えば「交錯する保革二大政党制」が埋め込まれる形で成立したといえよう。これを裏書きするように、社会党統一は左社の大幅な譲歩により、右社の見解が反映された「安保解消」及び「日米中ソ集団安全保障体制」の構築で決着したし、自由民主党の結党でも社会党への対抗意識から、内政面を焦点として「進歩的な政策」、福祉国家の建設が打ち出されたのである。

ただし、米大使館が的確に看取したように、「交錯する保革二大政党制」の成否は、自民党にせよ社会党にせよ、外交・安全保障政策における党内合意形成の醸成にかかっていた。社会党統一の場合、完全な合致というよりは妥協による懸隔の糊塗という趣が強い。保守合同にいたっては、フィリピン賠償及び日ソ国交回復の問題が論点化したとはいえ、外交・安全保障に関する基本政策が主要な争点になった形跡すら管見の限り見られない。のちに「独立の完成」をめぐる政策構想が帰着する安保改定問題も、改進党が置き土産のように提起した「安保改正」論が、その具体的な内容が詰められることもなく自由民主党の「一般政策」に滑り込んだのみである。戦後処理と国権回復が重大な政治課題であった一九五〇年代、重要な外交交渉のたびに自民党でも社会党でも激しい政策論争が勃発し、党分裂の危機に瀕したのは、こうした五五年体制成立の経緯に起因しているといえよう。

ともあれ、講和独立から三年半にして、日本の政党配置は中間勢力が存在感を示す多党分立から、進歩的国民政党として福祉国家の建設を掲げる自民党と、「社会党政権」を目指す社会党による保革二党制に再編された。経済自立のための政策の具現化に目処をつけ、「交錯する保革二大政党制」への端緒を摑んだ日本政治の中心的争点は、岸の言葉を借りれば「真の独立」、すなわち政治軍事的自立へと移り、「安保改正」問題が浮上していく。かつて岸が「独立の完成」のための提携相手とたのんだ改進党と右派社会党は、共に「安保改正」を懐中に抱いて自民党と社会党に入り、旧自由党系と旧左社系の中間で「交錯する保革二大政党制」の求心性を担保する要石となった。そして、自民党は統治経験や政治権力に関する知恵で、対する社会党はその理論でもって「独立の完成」に挑むのである。そこで次章では、鳩山及び石橋両政権の自主外交の展開に焦点を当て、日米関係の再検討が俎上に載る過程を考察したい。

注

(1)『朝日新聞』一九五二年三月九日付朝刊一面及び五月三日付夕刊一面。『読売新聞』一九五二年五月三日付夕刊一面。

(2)『朝日新聞』一九五二年四月二八日付夕刊一面。

(3) 自由党議員総会「講和条約の締結に伴う新政策」一九五一年一〇月一〇日(大嶽秀夫編『戦後日本防衛問題資料集　第二巻』三一書房、一九九二年、一一一－一一二頁所収)。自由党「第五回大会宣言」一九五二年一月二一日(宮本吉夫『新保守党史』時事通信社、一九六二年、一九〇－一九二頁所収)。

(4) 自由党『政調シリーズ一　防衛論争の解説』(自由党、一九五三年)、一二一－一二三頁。

(5) 当時の日本では、とりわけ現実政治の場において、「集団安全保障」という概念が現在よりも広い意味で用いられていた。集団安全保障とは通常、国際機関において加盟国が侵略の禁止や紛争の平和的解決を取り決め、これに違反した侵略国には加盟国の内部で集団的に制裁を加えるという国際安全保障の形態のことであり、国際連盟及び国際連合といった普遍的国際機関の安全保障方式を典型例とする。ところが、当時は冷戦の勃発で国連の集団安全保障体制が機能不全に陥るなか、国連憲章第五一条を援用した、加盟国の外部の仮想敵に対処する同盟網ないし集団的防衛機構が張り巡らされる過渡期であった。しかも、当時の日本には、同盟及び集団的防衛といった用語で外交・安全保障政策を表象することが憲法九条の観点から差し控えられ、かつ、旧安保条約が国連憲章とも憲法九条とも整合性のとれない「駐軍協定」の性格を帯びたために、外交・安全保障政策の法的正統性が求められるという固有の事情があった。そのため、特に現実政治の場では、主権国家体制を前提とする伝統的国家安全保障と国連の集団安全保障体制の中間にある様々な国際安全保障の形態が、国連憲章に正統性の根拠を置く「集団安全保障」として議論されがちだった。以上の同時代性に鑑み、本書では自主防衛、中立、国連による(地域的)集団安全保障のほかに当時様々に論じられた、伝統的国家主権への一定の制約を前提とする国際安全保障の形態―同盟及び集団的防衛などを含む―も、総じて「集団安全保障」と表記している。

(6) 楠綾子、前掲『占領から独立へ』二六五－二六九頁、三〇六頁、三一五－三一六頁。

(7) 左派社会党「一九五二年度運動方針書」一九五二年一月(大嶽秀夫『戦後日本防衛問題資料集　第三巻』三一書房、一九九三年、一八八－二〇五頁所収)。

（8）改進党「改進党結党宣言他」一九五二年二月一一日（大嶽、前掲『戦後日本防衛問題資料集　第三巻』二七－二九頁所収）。

（9）村川、前掲「改進党史」四六－四八頁。武田、前掲書、一九八－二〇四頁。

（10）中曽根康弘著、中島琢磨他編『中曽根康弘が語る戦後日本外交』（新潮社、二〇一二年）、九八－一〇八頁。

（11）岸信介・北村徳太郎・嘉治隆一「保守統一への途—人物中心の再編成はさけよ—」（『改造』第三四巻第八号、一九五三年、八四－九一頁）。

（12）社会党（右派）国際委員会「平和安全保障と自衛に関する党の態度」一九五一年一二月一八日、及び右派社会党「第九回党大会宣言」一九五二年一月二五日（大嶽、前掲『戦後日本防衛問題資料集　第三巻』一一六－一一九頁所収）。

（13）Despatch 131, U.S. Embassy in Tokyo to Department of State [Hereafter cited as Desp. 131, Tokyo to DoS], "The Policies and the Future of the Right-Socialist Party; Interview with Mr. Inejiro ASANUMA", May 27, 1952, *Records of the U.S. Department of State Relating to the Internal Affairs of Japan, 1950–1954*, (Wilmington, DE: Scholarly Resources, 1986) [Hereafter cited as *RDOS, IAJ 1950–1954*], Reel. 3.

（14）『朝日新聞』一九五二年一月二一日付朝刊一面。

（15）Desp. 131, Tokyo to DoS, May 27, 1952, op. cit. 楠精一郎、前掲論文参照。原彬久、前掲『戦後史のなかの日本社会党』一一九－一二一頁。

（16）冨森叡児『戦後保守党史〔文庫版〕』（岩波書店、二〇〇六年）、六四－七一頁。楠綾子、前掲『占領から独立へ』九二－九六頁。

（17）冨森、前掲書、六四－七一頁。

（18）鳩山一郎「国民と共に難に赴かん」一九五一年八月六日（大嶽、前掲『戦後日本防衛問題資料集　第二巻』一〇四－一〇五頁所収）。Desp. 271, Tokyo to DoS, "Political Maneuvering within the Liberal Party", June 20, 1952, *RDOS, IAJ 1950–1954*, Reel. 3. なお、近年の鳩山研究としては、増田弘・中島政希監修『鳩山一郎とその時代』（平凡社、二〇二一年）、及び中島信吾「鳩山一郎—『吉田のすべて反対』を求めて—」（増田編著、前掲『戦後日本首相の外交思想』七九－一〇八頁）を参照。

(19) 石橋湛山「安保条約下の日本経済」一九五一年一〇月一五日（大嶽、前掲『戦後日本防衛問題資料集　第二巻』一〇六－一〇八頁所収）。Desp. 302, Tokyo to DoS, "Views of Mr. Ishibashi on the Current Situation within the Liberal Party", August 11, 1952, *RDOS, IAJ 1950–1954*, Reel. 3. 長谷川、前掲「岸信介の経済再建構想と日本再建連盟（一）」一〇五－一〇八頁。

(20)『毎日新聞』一九五二年四月一五日付朝刊一面。田名部、前掲論文、五〇－五一頁。

(21) 原彬久、前掲『岸信介』一四七－一四九頁。岸信介・矢次一夫・伊藤隆『岸信介の回想〔文庫版〕』（文藝春秋、二〇一四年）、一一〇頁。『東京新聞』一九五二年四月二五日付朝刊二面。

(22) 岸信介「予の日本再建の構想—一掃せよ！アメリカまかせの年の暮—」（『日本週報』第二一二号、一九五二年、二六－三〇頁）。

(23)『東京新聞』一九五二年四月二五日付朝刊二面。原彬久、前掲『岸信介証言録』六一－六二頁、及び前掲『岸信介』一二五－一三〇頁。

(24) Desp. 230, Tokyo to DoS, "Conversation with Shinsuke KISHI", August 18, 1954, *RDOS, IAJ 1950–1954*, Reel. 6. 岩川隆『巨魁—岸信介研究—』（ダイヤモンド社、一九七七年）、一七一－一七三頁。

(25) 岸、前掲「予の日本再建の構想」、及び同「アジアに孤立せず」（『先見経済』第三〇六号、一九五二年、一三－一四頁）。

(26) 岸、前掲「予の日本再建の構想」二九－三〇頁。『朝日新聞』一九五二年七月二五日付朝刊一面。原彬久、前掲『岸信介証言録』八五頁、及び同『岸信介』一四六－一五七頁。田名部、前掲論文、四九－五一頁。長谷川、前掲「岸信介の経済再建構想と日本再建連盟（二）」二五七頁。

(27)『毎日新聞』一九五二年七月三日付夕刊一面。『朝日新聞』一九五二年七月五日付夕刊一面。

(28) Desp. 198, Tokyo to DoS, "Evaluation of Developments within the Progressive Reform Party", June 9, 1952, *RDOS, IAJ 1950–1954*, Reel. 3.

(29) 中曽根、前掲書、八七頁。

(30)『朝日新聞』一九五二年一〇月三日付朝刊一面。総選挙の大勢判明後の読売新聞社の集計によれば、追加公認前の自由党獲得議席二四〇の内訳は、吉田系八六名、鳩山系七八名、中間派七六名だという（『読売新聞』一九五二年一〇月三日付朝刊一面)。
(31)『朝日新聞』一九五二年一二月一七日付朝刊一面。
(32)同前紙、一九五三年三月一七日付朝刊一面。『読売新聞』一九五三年三月二日夕刊一面及び三月一一日付夕刊一面。
(33)後年岸は、重光が改進党総裁に就任した際には激怒し、愛想が尽きたので絶交を宣言したと回想している(「岸信介回想録　四」(『毎日新聞』一九七七年五月一〇日付朝刊二面掲載))。
(34)岩見隆夫『岸信介―昭和の革命家―』(学陽書房、一九九九年)、一七四―一七五頁。
(35)『朝日新聞』一九五三年一月一五日付朝刊一面。
(36)同前紙、一九五三年四月二一日付朝刊一面及び二面、四月二六日付朝刊一面及び夕刊一面。
(37)中北、前掲書、三三―三七頁。
(38)『朝日新聞』一九五三年四月一日付朝刊四面及び四月三日付朝刊四面。中北、前掲書、二三頁。植村、前掲書、一三九―一五一頁。吉次公介「MSA交渉と再軍備問題」(豊下楢彦編『安保条約の論理―その生成と展開―』柏書房、一九九九年、一〇七―一六〇頁)、一一一―一一五頁。
(39)『朝日新聞』一九五三年六月三〇日付夕刊一面及び七月一五日付夕刊一面。中北、前掲書、四二―四三頁及び四七―四八頁。植村、前掲書、一四八―一五〇頁。なお、一九五三年一〇月から始まる池田・ロバートソン会談については、吉次、前掲「MSA交渉と再軍備問題」及び坂元、前掲書、第二章を参照。
(40)『読売新聞』一九五三年一二月二四日付朝刊一面。
(41)中曽根、前掲書、九八―一〇〇頁。Desp. 163, Tokyo to DoS, "The Progressive Party's Use of its Key Position", July 21, 1953, *RDOS, IAJ 1950–1954*, Reel. 5.
(42)『朝日新聞』一九五三年七月一〇日付朝刊一面及び九月二七日付夕刊一面。『読売新聞』一九五三年九月三日付朝刊一面。中曽根、前掲書、九八―一〇〇頁。宮本、前掲書、一三一―一三四頁。
(43)改進党防衛特別委員会小委員会「自衛軍基本法要綱草案」一九五三年一〇月九日(大嶽、前掲『戦後日本防衛問題資料集第三巻』五二七―五二八頁所収)。宮本、前掲書、二四九―二五〇頁。『読売新聞』一九五三年一一月二五日付朝刊一面。
(44)『朝日新聞』一九五三年九月二一日付朝刊一面及び九月三〇日付朝刊一面。

(45) 重光葵著、伊藤隆・渡邊行男編『続　重光葵手記』（中央公論社、一九八八年）〔以下、『続　重光葵手記』〕、六一五－六一六頁、一九五三年一一月一七日の条。芦田均著、進藤榮一編纂者代表『芦田均日記　第五巻』（岩波書店、一九八六年）〔以下、『芦田均日記　第五巻』〕、六三頁、一九五三年一一月一八日の条。『朝日新聞』一九五三年一一月一七日付夕刊一面。

(46) 『朝日新聞』一九五三年一一月一七日付夕刊一面、一一月一九日付朝刊一面、一一月三〇日付朝刊一面及び夕刊一面。

(47) 自由党、前掲『防衛論争の解説』三五－三七頁。『朝日新聞』一九五三年一二月一四日付朝刊一面。植村、前掲書、一九二－一九五頁。

(48) 宮本、前掲書、二五一－二六一頁。植村、前掲書、一九一－一九九頁。中島信吾『戦後日本の防衛政策―「吉田路線」をめぐる政治・外交・軍事―』（慶應義塾大学出版会、二〇〇六年）、第二章。

(49) 楠精一郎、前掲論文、一七九頁。『朝日新聞』一九五三年一月二〇日付朝刊一面。

(50) 芦田内閣の予算案への対応をめぐって、社会党から分裂した最左派の面々が、黒田寿男を「主席」として一九四八年に結党した政党。一九五七年一月に解党し、所属議員は同年三月に社会党に復帰した。

(51) Desp. 852, Tokyo to DoS, "Right-Socialist Leader's Views of Japanese Left-Socialists", October 30, 1952, *RDOS, IAJ 1950–1954*, Reel. 3.

(52) Desp. 2003, Tokyo to DoS, "Views of Juso MIWA on Election Outcome", April 2, 1953, *RDOS, IAJ 1950–1954*, Reel. 4.

(53) 楠精一郎、前掲論文、一七九－一八二頁。Desp. 2809, Tokyo to DoS, "The Socialist Parties in the April Elections for the Lower House", June 29, 1953, *RDOS, IAJ 1950–1954*, Reel. 5.

(54) 『朝日新聞』一九五三年三月二三日付朝刊一面。『読売新聞』一九五三年五月一四日付朝刊一面。

(55) 『毎日新聞』一九五三年七月二〇日付朝刊二面及び九月三日付朝刊一面。

(56) チャーチル英国首相は一九五三年五月及び同年一〇月に、一九二五年のロカルノ条約方式の取り決めを東西両陣営にまたがる形で新たに欧州に設けることを呼びかけた。また、イーデン英国外相（Anthony Eden）もジュネーブ会議帰国後の一九五四年六月、東南アジアにおける新たなロカルノ方式の相互安全保障体制の構築を提唱した。こうした東西両陣営が加わる相互安全保障方式が当時新ロカルノ構想と呼ばれ、日本の安全保障論議において一時期吹聴された（『読売新聞』一九五

三年五月二二日付夕刊一面、同年一〇月七日付夕刊一面、一九五四年六月二四日付朝刊二面。『毎日新聞』一九五四年六月二四日付朝刊三面）。

(57)『読売新聞』一九五三年九月二四日付夕刊一面、一二月二七日付朝刊二面、一九五四年一月二四日付朝刊一面。鈴木茂三郎「自主・中立と不可侵条約」（『政界往来』第二〇巻第一号、一九五四年、二〇―二五頁）。『党活動』一九五三年一二月三〇日付一一―一二面。高賢来「一九五〇年代における日本社会党の安全保障政策と国際政治」（『年報地域文化研究』第一三号、二〇一〇年、四五―六二頁）、四八頁。ただし、左派社会党では左右統一と社共共闘をめぐり、綱領論争が展開された。

(58)右派社会党政策審議会「ＭＳＡに対するわが党の態度」一九五三年五月二五日（大嶽、前掲『戦後日本防衛問題資料集第三巻』一六二頁所収）。『朝日新聞』一九五三年七月二〇日付夕刊一面。

(59)『朝日新聞』一九五三年九月五日付夕刊一面。曾禰益『私のメモアール―霞が関から永田町へ―』（日刊工業新聞社、一九七四年）、一八三―一八六頁。楠精一郎、前掲論文、一七九―一八三頁。

(60)日本社会党政策審議会「国際情勢の概観及び外交方針（案）」（「浅沼稲次郎関係文書」七九一所収、国立国会図書館憲政資料室所蔵）。曾禰、前掲書、一六一頁。『朝日新聞』一九五三年一〇月九日付朝刊一面及び一〇月二〇日付朝刊一面。楠精一郎、前掲論文、一七九―一八一頁。

(61)西村栄一「民主社会主義の立場とその自衛態勢」一九五三年一二月二六日（「浅沼稲次郎関係文書」七八八所収、国立国会図書館憲政資料室所蔵）。西村栄一「社会主義と自衛問題」（『政界往来』第二〇巻第一号、一九五四年、四〇―四六頁）。

(62)『朝日新聞』一九五三年一一月二七日付朝刊二面及び一一月二八日付朝刊一面。『読売新聞』一九五三年一一月三〇日付朝刊一面及び一二月一日付朝刊一面。楠精一郎、前掲論文、一八〇頁。なお曾禰は河上、浅沼の慰留を受け容れて辞表を撤回した（『読売新聞』一九五三年一二月二日付朝刊二面）。

(63)日本社会党政策審議会「平和・安全保障及び自衛に関する方針（案）」一九五三年一二月二八日（「浅沼稲次郎関係文書」七九一所収、国立国会図書館憲政資料室所蔵）。『読売新聞』一九五三年一二月二三日付朝刊一面及び一二月二七日付朝刊二面。

(64)『朝日新聞』一九五四年一月一七日付夕刊一面。

(65)同前紙、一九五四年一月二〇日付朝刊一面。『読売新聞』一九五四年一月二〇日付朝刊二面。曾禰、前掲書、一八五頁。

(66) 宮本、前掲書、二四九頁。
(67) 岸信介「日本の生きる道」(『風聲』第四号、一九五三年、四－一一頁)。なお、『風聲』はこの時期の岸の後援会(箕山会)の機関誌である。『風聲』は少なくとも第一一号まで発刊されたことが確認されており、このうち第三号と第一一号を除く九冊分は山口県田布施町郷土館に所蔵されている。史料調査の際には、館長をはじめ職員の方々に大変懇切に対応していただいた。また、古舘圭史氏は同館の所蔵史料について詳細にご教授下さった。記して御礼申し上げる。
(68) 岸信介「真の独立日本のために」(『風聲』第五号、一九五四年、四－七頁)。同「経済自立の要諦」(『風聲』第六号、一九五四年、四－六頁)。Desp. 1537, Tokyo to DoS, "Covsersation with Shinsuke KISHI: Merger Prospects, Yoshida's Trip, etc.", May 14, 1954, *RDOS, IAJ 1950-1954*, Reel. 6.
(69) 岸、前掲「経済自立の要諦」。岸信介「新保守党論」(『改造』第三四巻第六号、一九五三年、九〇－九五頁)。
(70) 岸、前掲「日本の生きる道」。岸、前掲「新保守党論」。岸・北村・嘉治、前掲「保守統一への途」。
(71) 岸信介「政局安定のために」(『風聲』第一号、一九五三年、四－七頁)。岸・北村・嘉治、前掲「保守統一への途」。岸、前掲「新保守党論」。
(72) 岸、前掲「真の独立日本のために」。
(73) 原彬久、前掲『岸信介証言録』四二一－四二三頁。Desp. 570, Tokyo to DoS, "Kishi's Views on Political Situation and Defense", September 29, 1953, *RDOS, IAJ 1950-1954*, Reel. 5. Desp. 230, Tokyo to DoS, "Conversation with Shinsuke KISHI", August 18, 1954, op. cit.
(74) 『毎日新聞』一九五三年一一月九日付朝刊一面及び同日夕刊一面。岸・矢次・伊藤、前掲書、一三六頁。
(75) 宮本、前掲書、二五〇頁及び二六一－二六二頁。池田、前掲『日米同盟の政治史』八五－九一頁。中北、前掲書、五九－六一頁。なおＭＳＡ援助は合計一億ドルの域外調達が見込まれたが、朝鮮戦争休戦による特需減少の代替には遠く及ばず、日本経済に対する寄与は微々たるものであった(中北、前掲書、二四頁)。
(76) 『読売新聞』一九五四年二月二一日付朝刊一面及び二月二七日付朝刊二面。『朝日新聞』一九五四年四月一〇日付朝刊一面。中北、前掲書、一三二－一三四頁。
(77) 西尾末広述、時局研究会編『社会党統一問題への考察—真の統一は如何にすれば可能であるか—』(時局研究会、一九五四年）。

(78)『毎日新聞』一九五四年七月一日付朝刊一面。『朝日新聞』一九五四年八月一一日付朝刊二面及び八月一六日付夕刊一面。ストックウィン、前掲書、一〇一－一〇三頁。

(79)中北、前掲書、一二二－一二三頁及び一二八－一二九頁。

(80)『朝日新聞』一九五四年九月二〇日付朝刊一面、一〇月五日付夕刊一面、一〇月六日付朝刊一面。

(81)岸信介『岸信介回顧録―保守合同と安保改定―』（廣済堂出版、一九八三年）、一三二－一三九頁及び一四七－一六一頁。『芦田均日記　第五巻』二七〇－二七四頁、一九五四年一〇月六日及び一〇月一二日の条、並びに二七八－二八〇頁、一〇月一九日及び一〇月二〇日の条。石橋湛一・伊藤隆編『石橋湛山日記　下』みすず書房、二〇〇一年［以下、『石橋湛山日記　下』］、六九五－六九六頁、一九五四年一〇月五日、一〇月六日、一〇月七日、一〇月八日の条。中北、前掲書、一六〇－一六八頁。

(82)岸、前掲書、一五五－一五七頁。石橋の見るところ、松村幹事長の態度は「要するに飽まで吉田個人をまず排撃せんとするもの」であった（『石橋湛山日記　下』六九五－六九六頁、一九五四年一〇月五日の条）。

(83)『芦田均日記　第五巻』三〇二－三〇三頁、一九五四年一一月一五日の条。

(84)岸、前掲書、一五六頁。なお、石橋湛山はこの紛糾を「要するに芦田氏一派対改進党革新派の感情の衝突なり」と記している（『石橋湛山日記　下』七〇四頁、一九五四年一一月一五日の条）。

(85)原彬久、前掲『岸信介証言録』一〇六頁。

(86)中北、前掲書、一二三－一二四頁。『読売新聞』一九五四年四月二八日付夕刊一面及び五月二九日付夕刊一面。「新党政策大綱試案」及び「新党政策大綱（世話人会決定私案）」［作成日不記載］、「新党の使命と当面の国策に対する態度」一九五四年七月五日（『石橋湛山関係文書』五八三所収、国立国会図書館憲政資料室所蔵）。

(87)『読売新聞』一九五四年五月二九日付夕刊一面。前掲、「新党政策大綱試案」及び「新党政策大綱（世話人会決定私案）」。「緊急政策大綱」一九五四年七月五日、新党協議会「新党の使命と政策大綱」一九五四年七月二八日、新党促進協議会「政策要綱（案）」一九五四年九月七日（『石橋湛山関係文書』五八三所収、国立国会図書館憲政資料室所蔵）。

(88)『読売新聞』一九五四年一〇月一二日付朝刊一面。新党結成準備会「緊急十大政策要綱（案）」一九五四年一〇月四日、新党結成準備会「新党政策大綱（案）」一九五四年一〇月一一日（「石橋湛山関係文書」五八三所収、国立国会図書館憲政資料室所蔵）。『芦田均日記　第五巻』二七三頁、一九五四年一〇月一一日の条。

(89)『朝日新聞』一九五四年一一月一九日付朝刊一面及び一一月二三日付朝刊三面。中曽根、前掲書、一一八－一一九頁。『芦田均日記　第五巻』三〇五－三〇七頁、一九五四年一一月二〇日の条。芦田は政策調整が妥結した一九五四年一一月二三日の日記に、「政策については〔改進党〕革新派の主張は多く破れて、憲法改正、自衛軍整備〔という芦田の持論〕も生きた」と記している（『芦田均日記　第五巻』三〇八－三〇九頁、一九五四年一一月二三日の条）。

(90)「日本民主党結党宣言他」一九五四年一一月二四日、及び「日本民主党政策要綱」一九五五年一月（大嶽、前掲『戦後日本防衛問題資料集　第三巻』六四－八三頁所収）。

(91) 城下、前掲「岸信介と保守合同（二）」一〇三－一〇五頁。長谷川、前掲「経済再建のための保守合同」二八八－二八九頁。『毎日新聞』一九五四年一一月二四日付夕刊一面。

(92) 原彬久、前掲『岸信介証言録』一〇七－一〇八頁。

(93) 中曽根によれば、岸とは日米安保条約の改定について、内乱条項、条約期限の問題を改めなければならないなどと語り合っていたという。彼曰く、「我々、改進党は野党で、出来た時から既に安保条約のことを問題にしていた。改定しなければならんという思いは、岸さんも変わらなかった。このときに限らず、岸さんとは頻繁に、安保改定のみならず、憲法改正など、いろいろな問題を話しました。安保については不平等条項を直さなければいかんという点で一致していました」という（中曽根、前掲書、一三七頁）。

(94) 中北、前掲書、一六七頁及び一七八－一八〇頁。『朝日新聞』一九五四年一二月一〇日付朝刊一面。

(95) 中北、前掲書、一八一－一八三頁。長谷川、前掲「経済再建のための保守合同」二九三－二九六頁。『朝日新聞』一九五四年一二月一三日付夕刊一面、一九五五年一月一八日付夕刊一面。『読売新聞』一九五四年一二月一七日付夕刊一面、一九五五年一月一八日付夕刊一面及び一月一九日付朝刊一面。

(96)『朝日新聞』一九五五年四月一三日付夕刊一面。『読売新聞』一九五五年四月一三日付夕刊一面。渡辺、前掲「保守合同と自由民主党の結成」一八三－一九五頁。

(97) 岸信介「保守結集について―それは国家的要請である―」（『風聲』第一〇号、一九五五年、四－六頁）。

(98) Desp. 1003, Tokyo to DoS, "Conversation with Kishi", February 24, 1955, *Records of the Department of State Relating to the Internal Affairs of Japan, 1955–1959* (Wilmington, DE: Scholarly Resources, 1990) [Hereafter cited as *RDOS, IAJ 1955–1959*], Reel. 25.

(99) 『朝日新聞』一九五四年九月六日付朝刊三面。中北、前掲書、一七五－一八〇頁。

(100) 『朝日新聞』一九五四年一二月一九日付朝刊一面。中北、前掲書、二四七－二四九頁。

(101) 曾禰、前掲書、一八八－一九二頁。

(102) 日本社会党（右）「社会党両派政策四者会談の中間報告」一九五五年七月一七日（「浅沼稲次郎関係文書」八六六所収、国立国会図書館憲政資料室所蔵）。曾禰、前掲書、一九〇－一九四頁。

(103) 綱領政策小委員会（右）「綱領政策合同小委員会中間報告（国際平和確立の方途）」一九五五年六月二九日（「浅沼稲次郎関係文書」八六六所収、国立国会図書館憲政資料室所蔵）。

(104) 両社綱領政策小委員会「国際平和確立の方途」一九五五年九月一日（「浅沼稲次郎関係文書」八六六所収、国立国会図書館憲政資料室所蔵）。日本社会党統一大会準備委員会「日本社会党綱領、運動方針、政策大綱」一九五五年一〇月一三日（「浅沼稲次郎関係文書」九〇六所収、国立国会図書館憲政資料室所蔵）。

(105) 『読売新聞』一九五五年八月二九日付夕刊一面、九月一日付朝刊二面、九月四日付朝刊一面、九月一〇日付朝刊一面、一〇月九日付朝刊一－二面。

(106) 『朝日新聞』一九五五年九月一九日付夕刊一面、九月二一日付朝刊一面、九月二九日付朝刊一面。国立国会図書館専門資料部政治史料課「勝間田清一政治談話録音速記録」（「政治談話録音」所収、国立国会図書館憲政資料室所蔵）、九〇頁。

(107) 『読売新聞』一九五五年八月二九日付夕刊一面。曾禰、前掲書、一九一－一九三頁。

(108) 社会党統一における左社の主導性を強調する研究として、原彬久、前掲『戦後史のなかの日本社会党』一〇七－一一六頁。

(109) 『朝日新聞』一九五五年六月一〇日付朝刊一面、八月四日付夕刊一面、八月六日付朝刊一面、一〇月二六日付朝刊一面。中北、前掲書、二三六頁及び二四九頁。

(110) 中曽根、前掲書、一一九－一二〇頁。

(111) 中北、前掲書、二四九－二五二頁。

(112) 自由民主党編纂『自由民主党党史　資料編』(自由民主党、一九八七年)、八－一〇頁及び九二－一〇一頁。宮本、前掲書、四〇八－四一一頁。中北、前掲書、一三六－一四〇頁。

(113) 岸信介「自由民主党の発足に当りて」(『風聲』第一一号、一九五六年。岸、前掲書、二二一－二二五頁所収)。

(114) Desp. 524, Tokyo to DoS, "Conversation with KISHI", December 20, 1955, *RDOS, IAJ 1955–1959*, Reel. 26.

(115) Desp. 1187, Tokyo to DoS, "The Japanese Socialist: A Tentative Evaluation", April 7, 1955, *RDOS, IAJ 1955–1959*, Reel. 25.

(116) Embassy Telegram 1138, Tokyo to Secretary of State [Hereafter cited as Embtel. 1138, Tokyo to SoS], November 16, 1955, Desp. 469, Tokyo to DoS, "The Two Party System and Parliamentary Government", December 1, 1955, *RDOS, IAJ 1955–1959*, Reel. 25.

第二章 「独立の完成」と日米関係の再検討

本章では、「独立の完成」を掲げた鳩山政権及び石橋湛山政権期に日米関係の再検討が争点化した経緯を考察する。この時期、鳩山自主外交の展開に加え、左右統一後の社会党が国政選挙、地方選挙で勢力を伸張させたことは、米国側に日米離間への警戒感を高めさせた。こうしたなか、「独立の完成」の争点は経済自立から政治軍事的自立、すなわち岸の言葉でいえば「真の独立」の問題へと移り、「安保改正」問題が俎上に載せられていく。

以下、第一節では一旦、一九五四年一二月の鳩山政権発足に戻り、一九五五年八月の重光・ダレス会談に至る日米関係の状況を分析する。第二節では、一九五六年七月の参院選で社会党が躍進して以降、日米関係の再検討が争点化していく経緯を考察する。

以上により、本章では、岸政権発足以前に争点化していた日米関係の再検討について、その諸構想を明らかにしつつ、これらとの比較のなかで岸の「安保改正」構想の特徴を析出したい。

第一節 鳩山自主外交と重光・ダレス会談

1 鳩山自主外交の船出

一九五四年一二月一〇日、日本民主党を与党とする鳩山政権が発足した。米国の良き友人と評された吉田の時代は、ここに幕を閉じた。これに先立つ一一月二四日の日本民主党結党大会で、鳩山総裁は「新党は何が故に生れたか。それは、いうまでもなく、独立の完成である」と宣言した。重光副総裁も、「占領政策時代の惰性を一掃し、(中略)独立日本の自主性を回復する」と決意を表明している。念願の政権を樹立し、「僕は吉田のすべて反対なことをやるよ」と語った鳩山の政治がいよいよ始まった[(1)]。

実際、鳩山政権は「独立の完成」に向けて矢継ぎ早に施策を講じた。長期経済計画の閣議了解(一九五五年一月一八日)は前章で見た通りだが、これに加えて、まず二月四日に日ソ国交回復交渉の開始が閣議決定された。さらに、五月四日に第三次日中民間貿易協定が締結され、日中間の経済・文化交流が画期的に進展した[(2)]。

これらの取組みのなかでも、長期経済計画に基づく防衛庁の「防衛六カ年計画」策定(三月一六日)は注目を集めた。長期防衛計画の策定は一九五三年九月の吉田・重光会談以来の懸案だったが、鳩山政権は吉田政権が準備していた「防衛五カ年計画」(一九五四年度〜一九五八年度)を一部修正したうえ、一九六〇年度までの計画として防衛庁での成案化を果たした。この長期防衛計画は、池田・ロバートソン会談以来実質的に対米公約となっていた陸上自衛隊一八万人の整備を優先して米地上兵力の撤退を促進せしめるとともに、財政面を考慮して海空防衛は引き続き米国に依存することを骨子とした[(3)]。

では、米国は「良き友人」吉田から鳩山への政権交代をいかに見ていたのか。吉田政権が崩壊に向かう一九五四年五月から一〇月にかけて、駐日米国大使館が相次いで国務省に打電した日本の政治情勢に関する報告書を見てみよう。

まず興味深いのは、「独立の完成」に対する米国側の認識である。「独立の完成」を旗印に片や反吉田の保守勢力が結集し、片や社会党が勢力を急伸させながら左右統一を図るこの時期の政局について、米国は日本の対米自主及び中立化志向の高まりだと極めて憂慮していた。特に米大使館は、目下の保守合同運動で誕生する新たな保守政権は、日本の独立性の向上を主張して米国の意に沿わぬ政策も遂行するなど、吉田政権よりも従順ではない、扱いにくい存在になると予測した。だが同時に、保守勢力は米国との経済関係や、米軍駐留及び軍事援助なしには、ごくわずかの経済自立及び安全保障さえままならないし、米国の協力なくして西側自由陣営における国際的立場も確保できないことをよく弁えている。ゆえに、日本は今後も経済及び政治軍事面で深く米国に依存せざるを得ないし、対米協調を外交方針の基軸にせざるを得ないだろう。(4)

こうした判断から、米大使館は、日本を米国及び西側自由陣営との長期的な提携関係に繋ぎとめられるかどうかは、今後数年間の対日政策にかかっていると捉え、日本の政治的経済的安定を優先すべきと国務省に提言した。広く知られるように、アリソン大使率いる米大使館の働きかけは功を奏し、アイゼンハウアー政権は一九五五年四月の対日政策基本文書NSC五五一六／一で再軍備圧力の緩和を打ち出した。そして、国際場裡での自由裁量を求め始めた日本のナショナリズムを対米協調の枠内で調整することが、対日政策方針の根幹に据えられたのである。(5)

このように、米国もまた日本の「独立の完成」を経済及び政治軍事面の双方で捉え、日米離間及び日本の中立化を鋭く警戒した。そして、日米関係の焦点は吉田政権期の再軍備及び経済復興の問題よりも、日本の政治軍事的自立及びこれへの対応の問題が前景化していくのである。

ところで、「独立の完成」を標榜した鳩山政権の外交には、第一に米国という制約要因があるのだが、加えて鳩山政権の内情自体も重要な意味をもった。鳩山政権は与党内を鳩山側近の三木武吉総務会長と岸が、閣内を同じく鳩山側近の河野一郎農相が差配した。だが、閣内では、中ソとの関係改善に積極的な鳩山首相と、その性急さに反発する重光外相との二元外交が往々にして顕在化し、自主外交の展開に大きな障害となった。しかも、憲法改正や自主外交といった気宇壮大な政治目標に比して、鳩山政権の権力基盤は脆弱であり、首相自身の病身と稚拙な政治手腕も相まって政権発足時から度重なる危機に陥った。実際、米大使館は一九五五年二月総選挙で日本民主党が躍進し、第一党の座を確保した直後でさえ、鳩山政権には辛辣な評価を下している。曰く、鳩山は比較的限定された知見しかない非常に情緒的な人物であり、取り巻きや世論の喝采に簡単に左右される上に、寄り合い所帯の日本民主党を抑えるだけの勢力もない。結局鳩山政権は占領の残滓からの解放を主張する一方、最も少ない対米協力で米国から最大の妥協を引き出すつもりだというのが米大使館の認識であった(6)。

2　重光の苦悩——防衛分担金問題——

このように、米国には鳩山の自主外交路線及び政権運営に対する猜疑心が芽生え始めた。そのさなかに浮上したのが防衛分担金問題である。前章で述べたように、経済自立を目指す岸の政策構想を採用した鳩山政権は、一九五五年一月の予算編成大綱で住宅建設の拡充、失業対策の強化、中小企業対策を打ち出し、社会保障の充実を選挙公約に掲げて総選挙を戦った。その際、財源に想定されていたのが防衛予算の抑制、なかんずく防衛分担金の削減であった。

当時、日本の防衛予算は防衛庁費と防衛支出金（日米行政協定第二五条に基づく在日米軍経費への日本側負担分）に大別されており、この防衛支出金の大部分を防衛分担金が占めていた。その額は毎年の交渉で決まるのだが、日本の防衛力増強を迫る米国側は、防衛庁費の増額分に紐づけて日本側に要求する防衛支出金の削減幅を決めていた。他方、米国は吉田政権末期から国際収支均衡のための緊縮財政を要求していて、日本政府は一九五四年度以降、「一兆円予算」の方針を堅持していた。緊縮財政を要求するが防衛予算は増額せよというのが米国側の姿勢である。防衛予算が予算全体の一割強を占めた当時は、米国の同意なしには予算編成が不可能といっても過言ではない状況だった(7)。

鳩山政権による防衛予算の抑制方針は、彼の自主外交路線に警戒感を抱く米国側の神経をより一層尖らせただろう。一月の予算編成大綱を受けて、アリソン大使とハル極東軍司令官（John E. Hull）は二月二日、外務省に対し、防衛支出金は五七二億円（防衛分担金五三二億円、施設経費四〇億円）とし、防衛庁費に最低でも九五二億円を計上すること、防衛庁費が九〇〇億円を超過した場合に限り、その九〇〇億円からの超過分の半額だけ防衛分担金を削減するという覚書を手交した。一九五四年度防衛庁費が七四三億円だったことを鑑みると、著しい増額要求である(8)。

防衛分担金交渉が始まった三月二五日、アリソン大使は国務省に対し、日米交渉では強硬な態度をとるよう提言した。曰く、日米間によこたわる懸案事項の処理に際し、鳩山政権は一貫して米国の利益を無視しており、共産圏への譲歩を続けている。日本は、米国が近頃の日本側の姿勢に不満であることを理解しなければならず、それゆえに米国はこの問題に強硬な態度をとらねばならないという。実際、防衛庁費九五二億円が最低線だという姿勢の米国側に対し、日本側が防衛庁費八〇〇億円、防衛支出金は前年比一七〇億円減の四一五億円（防衛分担金三三〇億円、施設経費八五億円）、計一二一五億円という強気の回答で応じたことも、米国側を刺激しただろう。交渉の矢面に立つ重光外相の日記によれば、鳩山政権は三月三〇日の臨時閣議において、日米交渉では強硬な立場を貫き、選挙公約たる防衛分担金削減を実現すべきと申し合わせたようである(9)。

こうして防衛分担金交渉は暗礁に乗り上げた。鳩山政権は四月一日、状況を打開するために重光を米国に派遣し、国務省と直接討議させる旨を決定する。しかしこの決定は、あろうことか国務省に正式に伝達する前に報道機関に漏れた。アリソン大使は重光の渡米を拒絶するよう国務省に進言した。曰く、もしこれで鳩山政権が倒れるとしても、それは明らかに鳩山の責任である。最近の彼の行動から鑑みて、仮に鳩山が退陣してもそれが米国の状況を今より悪くするとは全く考えられないというのである。この提言をダレス国務長官も受け入れ、日程上の都合により重光の渡米は不可能だという国務省の回答が外務省へ伝えられた(10)。

さらに悪いことに、この失態を受けて自由党及び左右両社会党は四月六日、共同で衆院外務委員会に「鳩山内閣の外交措置に対する戒告決議案」を提出し、可決させた。窮地に陥った鳩山は翌日、アリソン大使に面会を求めた。鳩山は、自分こそ親米派なのだと強調しながら、もし防衛分担金を削減できなければ、予算が成立せず、政権は崩壊してしまう。防衛力増強と対米協調を約束するから、どうか自分を信じてほしいなどと懸命に訴えた。その際鳩山は、重光訪米の公表は早計だった、閣議での重光の口ぶりから、訪米の根回しはすでに済んだと思ったなどと弁明している。「〔防衛分担金交渉を〕妥結に導かざれば内閣も日米関係も破綻すべし」との覚悟で奔走した重光は、岸の言葉を借りれば、「結果として鳩山首相の甘さ、軽率さを一身に負わされる羽目になった」のである(11)。

いずれにせよ、鳩山から対米協調に努力するとの言質を得るや日米交渉は好転し、四月一九日には防衛分担金に関する日米共同声明が発表された。最終的に、一九五五年度防衛予算は防衛庁費八六八億円、防衛支出金四六〇億円(防衛分担金三八〇億円、施設経費八〇億円)、計一三二八億円となり、前年度と同規模の額に抑えることに成功した。こうして防衛分担金交渉を乗り切った鳩山政権は、四月一九日に財政規模九九九六億円の予算案を閣議決定し、「一兆円予算」を死守した。鳩山の喜びは大きく、交渉を妥結させた重光に向かって、「あなたの忍耐力には驚いた」などと称賛したという(12)。

だが、この防衛分担金交渉には一つの副産物があった。米軍飛行場の滑走路拡張問題がそれである。そもそもアイゼンハウアー政権はニュールック政策を採用し、同盟国への海空軍基地の建設を重視していた。すでに米国側は一九五四年三月に日米合同委員会で、ソ連に核攻撃を行う大型戦略爆撃機が離発着できるよう、新潟、立川、木更津、横田、伊丹の米軍飛行場の滑走路拡張を議題にあげていた。この問題を、米国側は防衛分担金削減の代償として持ち出

したのである。(13)

防衛分担金交渉中の一九五五年四月一一日、米国側は重光外相に対して、日本政府は七月一日までに米軍飛行場滑走路の拡張用地を在日米軍に提供すべしという項目が入った覚書を提出した。この問題は四月一三日に協議されたが、日米双方は、重光が「鳩山内閣は日米関係を危殆ならしむ」と思い詰めるほど、「飛行場問題で大衝突。（中略）空気極度に悪化、緊張」した。結局、日本政府は防衛分担金に加えて、米軍飛行場の滑走路拡張のため、米国側当初案の倍にあたる八〇億円もの施設経費を負担することになった。(14)

こうして、防衛分担金交渉は米軍飛行場拡張問題の争点化を誘発した。そしてそのことは、飛行場拡張のための用地接収を通じ、即座に基地反対運動を引き起こした。なかでも、立川基地拡張への反対運動、いわゆる砂川闘争は熾烈を極めた。防衛分担金交渉の妥結後、五月九日には、駐留米軍用の物資や労務などの調達を主管する調達庁及び東京調達局から砂川町側へ滑走路拡張の計画が伝えられ、約五万坪の宅地及び農地の買収と、そのための測量開始が要望されている。これに対し、砂川町では地元住民が基地拡張反対期成同盟を結成し、同月一二日には町議全員が基地拡張反対闘争の委員になることに決定して徹底抗戦の構えをとった。左右両社会党、労組組合員及び学生団体も応援に参集した。地元住民の街ぐるみによる「土地と生活を守る闘い」は、第五福竜丸事件によってますます先鋭化した日本国民の反核感情をも内包し、瞬く間に高揚していった。(15)

これに対し、鳩山政権は防衛分担金交渉の経緯から米国の信頼回復を至上命題とした。砂川町側との協議が難航するなか、鳩山政権は八月五日、日米安保条約の目的を果たすためには、日本の防衛上の必要措置として在日米軍の飛行場を最小限度拡張することが不可欠だと声明を発した。この間、地元住民側は六月三〇日から七月二日にかけて東京調達局による強制立ち入りを跳ね返し、八月二四日には警官隊四〇〇人余りを伴った実力行使による測量も中止に追い込んだ。しかし、ついに九月一三日には警官隊二〇〇〇人余りが投入されて強制的に測量が開始され、ここに砂川闘争は九三名の負傷者を出す流血の事態に陥った。(16)

このように、岸が「独立の完成」のために推進した経済自立の具現化は防衛分担金問題を誘発し、米軍基地反対運動が高揚した。この状況に直面して、重光外相は深い苦悩のなかにあった。米軍飛行場拡張問題で批判の矢面にさらされていた重光は、五月一七日に芦田に面会を求めている。外務省入省同期の気の置けない相手ゆえか、重光は芦田に「防衛分担金の問題は日本は非常に困難な立場になった」「鳩山総理は中ソは平和主義だと言うからね」「僕もどうしてよいかわからなくなった」などと苦しい胸の内をさらけ出した。重光は外相として日米関係を最重視しなければならない立場にあるのだが、自主外交の唱導を超えて放言を繰り返す鳩山首相の尻拭いを押し付けられることも多かった。「鳩山内閣は日米関係を危殆ならしむ」という欄外の一節は、重光の苦悩と日本外交への危機感を凝縮的に示していた。(17)

3 重光訪米

一九五五年八月末の重光・ダレス会談は、まさしくこうした経緯の延長線上にあるといってよい。先行研究でも頻繁に言及されるように、同会談で重光は「安保改正」を提起し、ダレスに一言のもとに拒絶された。そして、その場に同席した岸にこの問題の重要性を痛感させた。この重光訪米は、岸政権の安保改定に多くの学習効果をもたらすこととなる。そこで以下では、この点に留意しながら重光・ダレス会談の経緯をやや詳細に跡付けておきたい。(18)

そもそも、鳩山政権は発足時点から外交方針を米国側に説明する特使の派遣が検討されていた。その後の防衛分担金交渉の難航、第三次日中民間貿易協定の締結、日ソ国交回復交渉の開始(六月一日)は、ますますその外交方針を米国側に説明する必要性を高めた。重光外相の訪米は、客観的には、鳩山外交はあくまで日米関係を基軸とするものだと強調しつつ、まずもって日ソ交渉に対する米国の了解及び支持を取り付けることが眼目とされていた[19]。

ところが、重光は防衛分担金交渉及び米軍飛行場拡張問題を境として、日米関係の再検討を政府間交渉の議題に乗せようと動き始めた。重光は前述した芦田との会談ののち、日本民主党の有志議員三十数名を前に講演をしている。そこで彼は、日本は米国に協力したいが、在日米軍飛行場の拡張要求によって土地を失った国民は米国に協力する気にならないなどと米国高官に率直に述べたことを明らかにした。そして、この講演を、「私は無条件でアメリカに協力するというのではない。独立国として自主的な協力が本当であると思っている」と締めくくった重光は、六月九日に鳩山首相を訪問し、外交上の懸案を協議した。そこで彼は、「対米関係を全面的に検討して外相の渡米を準備することに〔鳩山首相と〕了解」を遂げた。そして、重光は外務省幹部に対し、「自分の役目は日米関係について吉田が残した後始末をすることである」と、決意のほどを明らかにした[20]。

重光外相の意向を反映して、外務省が「安保改正」の検討作業をはじめたのは六月下旬とみられる。それまでも重光訪米の準備作業は進められ、五月末には米国側から議題案が送付されていたが、対米外交の担当部局である欧米局は六月一七日付文書でも日米安保条約関連の項目を日本側議題案に含めていない。だが、重光の意向が反映されてか、六月二三日になってようやく安川壮率いる欧米局第二課（安保課）から「安保改正」の試案が提出されている。この試案ではまず、「安保改正」は長期防衛計画の確立及び実行を前提条件とし、日本の防衛力増強に伴って在日米軍が逐次撤退し、その陸上部隊の全面撤退が可能となる時期を目処に行うこととされた。その上で、内容面では「日本に対する直接侵略に対しては日米双方が共同防衛の責に任ずる」こと、日本は極東有事に対応する米軍行動に対し、海外派兵以外の形で援助義務を負うことの二点を骨子とした新安保条約を締結すべきと論じていた。その際、この「安保改正」では憲法改正を前提にせず、海空兵力を中心に一定の在日米軍の駐留継続を認めるよう主張していた。[21]

これに対し、重光や、彼の意をよく呈した下田武三条約局長の立場は異なった。まず条約局は、安保課から上記試案の条文化を請け合った際、「安保改正」の時期は「長期防衛計画が出来、之を実行する国内態勢（政治情勢）が出来た時」、つまり保守合同が実現した時点とすること、沖縄・小笠原を条約地域に含めることを申し合わせた。さらに、条約局作成とみられる六月二八日付草案では、以上の二点を盛り込んだ上で、日本国の領域及び沖縄・小笠原の安全保障を確保するため、日米両国は「単独で及び共同して個別的及び集団的防衛能力を維持発展させる」と明記し、ヴァンデンバーグ条項を直截に挿入した。すなわち条約局は、安保課の試案の条文化といいながら、これとは異なり、「安保改正」の時期をやや早めたうえで、日米間に相互防衛関係の形式を具備しようとしたのである。[22]

この条約局の「背信」の背景には、重光の意向があったとみられる。そもそも彼は、「安保改正」を年内で完了させる構えであり、安保課のように在日米軍が逐次撤退するのを待ってはいられなかった。そして、重光はアリソン大使との第一回訪米予備会談において、防衛分担金問題を含む日米間の懸案事項は、「今までのような安保条約、行政協定の立場では解決出来ないと思う。根本的にはCommon Security《ママ》の考え方よりequal footing によるalliance でなければならぬ」と言い切った。さらに、それは旧安保条約の相互防衛条約化を意味するのかという大使の確認に対し、重光は、「現在は、吉田内閣時代と異り《ママ》、憲法の解釈が違ってきた。（中略）自分は改進党の総裁時代より現在の憲法下にあっても自衛のための軍隊は持ち得るという考え方である。今の憲法下においても日米の防衛関係は alliance basis で規定出来る」と応じている。[23]

周知のように、こうした重光の憲法解釈論は鳩山政権の容れるところではない。すでに、自衛隊と憲法九条の関係に関する政府統一見解を協議した一九五四年一二月二〇日の政府与党会議では、外務省条約局長として出席した下田の面前で、清瀬理論に基づく自衛戦力合憲論への解釈変更を求める重光ら旧改進党系の主張は退けられ、「自衛のための必要最小限度」を超える実力組織は「戦力」であって憲法九条二項に抵触するという法制局の新解釈が採用されていた。それにもかかわらず、重光は政府見解に反する自衛戦力合憲論に依拠してでも相互防衛関係の体裁を備えるべく「安保改正」を目指したのであり、その意を受けて、下田は「安保改正」案の作成に専心したのである。(24)

その下田は、七月一五日付文書で日米両国の相互防衛義務が発動する条約地域を「西太平洋地域」と表記し始めた。さらに、「防衛六カ年計画」の完遂後九〇日以内に米地上軍の撤退を完了し、そこから六年以内に米空軍及び海上部隊も撤退を完了すべきこと、撤退前の在日米軍は日本との相互防衛の目的のみに使用し得ることを盛り込んだ。下田はこうした検討作業を「日米間の相互防衛問題」と題する文書にまとめて七月二一日の第二回重光・アリソン訪米予備会談に提出し、ついに七月二七日には新安保条約案としての成文化にこぎつけたのである。(25)

では、何が二人を「安保改正」に突き動かしたのか。保守合同政局の渦中にあり、かつ鳩山との対立から外相交代説が取り沙汰されていた重光に、外交実績が焦眉の急だったことは否めない。ただ、外交官人生を通底して民族自決の理念を重んじ、「自主独立」を掲げてきた重光が、政界復帰以来防衛問題に熱心に取り組んできた事実も動かない。米国への「独立国として自主的な協力」を模索してきた彼が、防衛分担金交渉、砂川闘争に直面し、「日米関係を本当に基礎のある、将来に向って変らないような強固な基盤をもったものにするには、アメリカ軍が日本内地で勝手気儘な振舞いをしているようではいかん」と思いを巡らせたことは間違いない。(26)

そこに、条約局の講和交渉に関する苦い記憶が共鳴した。交渉の最前線に立った条約局は、日本には自衛能力も相互援助能力も無いからと、米国上院のヴァンデンバーグ決議に藉口されて集団的自衛の関係を不問にされ、極東条項を挿入され、駐軍協定的性格の旧安保条約の締結を余儀なくされるなど、辛酸を嘗めさせられた。条約局に長く在籍し、遠く北大西洋条約機構（NATO）の原加盟国オランダから講和交渉を見つめた「条約の下田《しもでん》」なれば、防衛力増強が進展したいま、ヴァンデンバーグ条項を挿入して相互防衛の形式を整えれば、在日米軍の全面撤退を要請できるし、日米間の法的対等性を具備できると考えたかもしれない。実際に、下田は米国側に対し、この「安保改正」案の趣旨は、「外国軍にいてもらって自国を防衛するということでは、真の独立国ではない。だから自国軍を増強して、外国軍に帰ってもらうとともに、外国とイクォール・フッティングの相互防衛関係にはいろう、ということ」だと告げている。撤退前の在日米軍の使用目的を「西太平洋地域」における日本との相互防衛に限定したうえ、在日米空軍及び海上部隊の撤退は「いかなる場合にも、前項による地上部隊の撤退完了後六年以内でなければならない」などと米軍全面撤退の年次期限を強調したことは、本案の力点を鮮やかに示していた。[27][28]

その一方、こうした重光と下田の取組みを苦々しく見つめる部局があった。外務省欧米局がそれである。六月下旬に安保課が「安保改正」草案の条文化を依頼したところ、一ヶ月後には下田によって全く趣旨の異なる新安保条約案へと成文化され、訪米予備会談で米国側に手交までされたのだから、彼らの不満は当然であろう。欧米局は七月二六日付文書で、重光・下田の「安保改正」構想に網羅的に批判を加えた。曰く、相互防衛条約を締結するのであれば、米地上部隊の撤収計画が決定し、日本の長期防衛計画が確立した後で、日米双方が各々の憲法上の制約に従って極東の特定の地域の侵略に対する共同防衛義務を発動するという内容にすべきである。在日米軍のうち、海空兵力は駐留継続の必要があるし、長期防衛計画を在日米軍の全面撤退に関連させるなど到底不可能である。その上で、日米共同防衛の将来像としては、長期防衛計画の整備と上記の相互防衛条約に基づき、憲法改正の推移に応じて極東における「集団安全保障体制」の確立を検討すべきである。欧米局は以上のように述べたうえで、「安保改正」には国内態勢の確立が不可欠であり、政府部内の意思統一及び国民的支持が必要だと結論づけた。日常的に安保問題について米国と折衝し、これまで防衛力増強、基地問題、防衛分担金問題等々の厳しい交渉を担ってきた欧米局ならではの、極めて具体的な忠言であった(29)。

実際、欧米局の指摘は正鵠を射ていた。米国側の憂慮も、まさに「安保改正」交渉に堪え得る国内政治基盤が整備されているかどうかという点だったためである。米国側は重光や下田に対し、相互防衛方式及び「防衛六カ年計画」は関係閣僚、内閣、そして自由党の同意を得られる見込みがあるのかと繰り返し問うた。だが、この問いに日本側は何も答えられなかった。すなわち下田の回答は、「防衛六カ年計画」は必ず作られるであろう、在日米軍撤退の意思が明確になればこの「安保改正」は国内の支持を得られるし、在日米軍は決して撤退せず、自衛隊はいつまでも米国の傭兵なのだという「共産党や左翼の悪宣伝」を確実に撃砕できるだろう、という観測の一点張りであった(30)。

事実、この重光構想は自由党どころか、与党民主党内にも閣内にも合意形成を図ることなく、極めて極秘裏に、言うなれば重光の独断に近い形で進められていた。その重光には八月二〇日、昭和天皇から「日米協力反共の必要、駐屯軍の撤退は不可なり」と釘を刺され、駐米日本大使館からも米国国務省上層部がこの新安保条約案に極めて警戒的であり、今回の訪米で具体的な点まで合意することは不可能との情勢分析が届けられている。その上、重光は米国に到着したのち、たかだか安保課の課長でしかない安川から面と向かって「米軍全面撤退を主張することは、米国側に日本の外務大臣は非現実的な人間だという印象を与えかねない」と在日米軍全面撤退案の削除を諫言された。誇り高い重光は渋い表情を浮かべたという(31)。

それでも重光は、「安保改正」の草案を携えてダレスとの会談に臨んだ。日本の防衛責任を米国が負担しこれに要する経費は日本が分担するという「国防問題に関する日米不平等の位置は（中略）日本の米国への隷属関係であるといって左翼勢力の反米思想鼓吹の根源をなしている」。日本としても長期経済計画及び「防衛六カ年計画」の実現に努力しており、旧安保条約及び行政協定を「相互主義を基礎とする対等者間の同盟」に置き換え、「日米の新関係」を築きたい。以上が重光の主張の骨子であった。これに対し、ダレスは保守結集により強固な政権が樹立されるならば日米交渉はやり易くなると述べ、この日の会談を締めくくった(32)。

日米間の激しい応酬が行われたのは、防衛問題に関する討議が行われた二日目の会談である。重光は、共産主義勢力に対抗するための「新しい武器」として、西太平洋における相互防衛及び「陸上部隊を手始めとして米軍を日本から逐次撤退する」ことから成る相互防衛条約が必要だと訴えた。これに対し、ダレスは、新安保条約の締結はその基礎となる条件が整備されておらず時期尚早だと応えている。また国防総省側は、「防衛六カ年計画」では日本防衛に甚だ不十分であることに加え、「〔米軍〕飛行場拡張の必要性についてもっと国民に説明を行い、行政協定の義務に止らず日本の防衛上必要であることを一層強調する必要がある」と言い放った。「貴長官が条約更改の時期が来たことに同意されないことには失望を禁じ得ない」「現在のままでは日本国民は独立を完成していないと考えている」と食い下がる重光に、ダレスが「今日完全に独立な国はない。すべて相互依存関係に立っている。日本国民も相互依存関係を容認しなければならない」「米国と進んで協力し、米国が自由陣営の指導勢力であり米国の援助を受けこれを誇りとすることを〔日本〕国民に知らせる」べきだと切り返したのは、両者の懸隔を如実に表していた(33)。

結局、会談後の日米共同声明では、日本が自衛の責任を果たし、「西太平洋における国際の平和と安全の維持に寄与することができるような諸条件（中略）が実現された場合には、現行の安全保障条約をより相互性の強い条約に置き代える」こと、日本の防衛力増強に伴い、米国の陸上兵力を漸進的に撤退させる計画を立てることが明記された。先行研究でも指摘されるように、こうしてみると重光訪米は、少なくとも岸政権の安保改定に向けた布石を打ったと評価してよいだろう(34)。

ただし重光訪米は、在日米軍全面撤退及び相互防衛条約化としての「安保改正」には失敗した。しかも、国内では実際の会談内容とはやや異なり、「西太平洋地域」における海外派兵を約束したと報道され、大きな波紋を呼んだ。とりわけ、自衛力の涵養と日米防衛協力の必要性を認容する「安保改正」論を掲げていた右派社会党は、重光構想との差異化を図る必要に迫られた。浅沼書記長が即座に重光外相不信任案の提出を示唆し、曾禰もまた参院外務委員会への外相戒告決議案提出を模索したことは、右社の置かれた状況を裏書きしている。重光は改進党の政策構想に沿った形で「安保改正」を日米両政府間の検討議題に載せたが、まさに欧米局が指摘したように、そのための国内政治基盤の整備を怠ったツケがまわってきたといえよう。実際、欧米局は重光・ダレス会談ののち、「安保改正」の前提条件をなす「我方の防衛増《マ》強《マ》については、安保条約の更改並に在日米陸上部隊の全面的撤収（補給部隊も含む）を可能ならしめる如き計画を今直ちに考慮することは、実行不可能な机上プランを意味する以外の何物でもない」などと、訪米の顛末を厳しく批判した。かくして、重光・ダレス会談は、米国に「安保改正」を提案すれば、改憲再軍備や、海外派兵を含む米国との相互防衛義務を迫られるという警戒感を保革双方にうえつけたのである[35]。

4 岸と重光

以上、重光・ダレス会談の討議内容を詳述してきた。よく知られる通り、この重光訪米こそ岸をして「安保改正」の必要性を痛感させた局面である。岸曰く、「昭和二十八年に私が議席をもって〔日本民主党の〕幹事長になるまでは、鳩山さん担ぎ出しといった国内問題に全力をあげていて、アメリカとの国際関係といったことはほとんど問題にし得なかった」。だが、「鳩山内閣の幹事長（日本民主党）をしておったときに、実は安保改定のことを意識的に考えるようになりました」[36]。では、重光訪米は岸にいかなる洞察を与えたのだろうか。下記では次章以降で論じる彼の取組みを念頭に、岸の重光・ダレス会談をめぐる動向を跡付けておきたい。

まず指摘したいことは、岸は日本が防衛力増強を果たし、米国に対して応分の責任を果たすという自助努力を重視したことである。例えば、重光に日米関係の再検討を決意させた防衛分担金交渉について、岸はさほど問題視していない。すなわち彼は国務省高官との会談で、今回の交渉結果は日米両国にとって良い取引であり、公平なものである。防衛分担金交渉の難航は、まずもって国内政局に注目しすぎ、米国への過大な要求によって自らを引き返せないところにまで追い込んだ日本側に責任があるなどと所見を述べている。その上で岸は、今後の日本は極東の戦略情勢及び日本の所要防衛力に関する米国の推定を勘案しながら、米国と緊密に協議して防衛計画を立案しなければならない。米地上兵力は遅くとも五年以内に撤退して日本の陸自と交代すべきだが、日本防衛にとって米国の海空兵力は長期的に必要だと指摘するのである(37)。

岸は重光・ダレス会談でもこうした持論を明確に示した。彼がこの会談で発言した内容は、共産勢力の脅威に対抗する根本対策は「安保改正」ではなく「国民生活経済生活の安定」であり、そのためにこそ保守合同による強力な安定政権が必要だということに尽きる。岸曰く、保守合同が完成すれば、経済力の増進に応じて自衛力の増強も可能となる。そうした事態になって初めて米軍撤退及び「安保改正」も現実問題として可能となるという(38)。

だからこそ、第二回会談の翌朝、国務省課員に向き合った岸は重光への不満をぶつけた。曰く、今回の訪米では安保問題ではなく、主に日米間の経済問題について率直かつ完全な意見交換をすべきだった。目下の日本最大の問題(Japan's number one problem)は経済の安定化であり、今般策定した長期経済計画への米国の理解と協力なくしてそれは実現不可能である。経済の安定化なくして共産主義との闘いも、保守合同も、「ありうる新たな日米同盟(possible new alliance with the US)」についても語ることはできない。その上で岸は、日米間の懸案事項がまずもって、あまりにも過多な米軍基地及び駐留軍の存在であることは確かなので、在日米地上軍の撤退を促進すべく日本は可能な限り速やかに防衛力を増強すべきだと論じている[39]。

これまで述べたとおり、経済自立構想の具現化、鳩山自主外交の本格始動、左派社会党の躍進及び護憲勢力の衆院議席三分の一到達という当時の状況のなかで、岸の「独立の完成」構想は外交・安全保障政策に関心を移す過渡期にあった。現に重光訪米でも、岸は経済自立のための保守合同という持論を語り、「安保改正」を主張する前に日本がまず自らの国内政治基盤を固める責任があるとの見解を示した。重光が日本の国内政治情勢の動揺は旧安保条約の不平等性のせいだと主張したこととは対照的に、岸は日本の自助努力の必要性を強調したのである。

それでも、重光訪米が岸に与えた印象は強烈であった。重光とダレスの峻厳極まるやり取りを目の当たりにした岸は、以下のように感じたという。

私は、ダレスのいうことももっともだと思いました。日本はやはりみずからが自分の国を防衛する建前をもって自立していかなければならないし、防衛力自体を強化していかなければならないと感じました。しかし、いくら防衛力を強化したって、ソ連に対抗するだけのものを日本単独で持つということは、これは不可能ですよ。また、そんなことをすべきでもない。やはり日米安保体制を合理的に改めなければならない。その前提として日本自身の防衛という立場を強化するとともに、日米安保条約を対等のものにすべきだ、という感じをそのとき私は持ちました[40]。

この回想からは、重光・ダレス会談を目の当たりにした岸の教訓と、「独立の完成」のための「安保改正」に対するアプローチの変容を見出し得る。重光は在日米軍飛行場拡張や基地問題、防衛分担金問題に想いを馳せ、独立国日本の自主性を重んじた。重光が「相互主義を基礎とする対等者間の同盟」を訴えるとき、それはあくまでも伝統的な主権国家の自律性を前提にしていた。「日本民族の独立自衛を完う」するという、彼が総裁を務めた改進党の綱領も想起される。「アメリカ軍が日本内地で勝手気儘な振舞いをしているようではいかん」と考える重光には、在日米軍の全面撤退論を始め、その行動及び権限に制約をかける自主独立的な「対米ナショナリズム」の傾向が強い。

岸とて重光の問題意識は共有している。だが、重光・ダレス会談で長期経済計画に基づく「防衛六カ年計画」すら一顧だにされず、「安保改正」提案が拒絶される光景を目撃した岸は、重光及び旧改進党系の自主防衛志向ではなく、日本の自助努力及び対米貢献に基づく双務性の確保を重視するようになる。かくして岸は、「ソ連に対抗するだけのものを日本単独で持つということは、これは不可能」という前提のもとで、日米安保体制を「合理的に」改めるべく、冷戦秩序に基づく米国との「集団安全保障」論に傾いていくのである。

以上、本節では一九五四年一二月の鳩山政権発足時に戻り、一九五五年八月の重光訪米に至る日米関係を分析した。前章で述べた岸の経済自立構想は、その具現化にあたり防衛分担金交渉を誘発し、米軍飛行場の拡張に伴う米軍基地反対運動を高揚させた。事態を重くみた重光外相は「安保改正」を提起し、ここに「独立の完成」をめぐる政策争点は、岸の言葉で言えば、経済自立から「真の独立」、すなわち政治軍事的自立の問題に移った。そこで以下では、五五年体制の成立を経て、一九五六年七月の参院選における社会党の躍進とその波紋を取り上げながら、日米関係の再検討をめぐる日米両政府及び自社両党の政策過程を考察したい。

第二節　社会党の躍進と日米関係の再検討

1　五五年体制成立後の自社両党

五五年体制の成立後、自民党は主流派を鳩山・河野派、岸派、大野派が占め、旧自由党系の吉田派、緒方の跡を継いだ石井（光次郎）派、芦田グループ、三木・松村派が非主流派を構成した。旧改進系のうち、左派は三木・松村派に加え、中曽根や北村、櫻内義雄など鳩山・河野派に流れたものも多かった。他方、社会党は旧左社の鈴木派、旧右社の河上派の中間派連合が主流派となり、左右統一に反対した西尾派、和田派、最左派三派は非主流派に甘んじた。党内では、特に左派内部で鈴木派と和田派の対立が激しさを増していた。

こうしたなか、一九五六年七月八日に五五年体制の成立後初の大型国政選挙となる参院選が行われた。選挙結果は自民党が追加公認を含め、改選前と同じ六一議席だったのに対し、社会党は一二増の四九議席を獲得する躍進を遂げ、革新陣営が衆参両院で三分の一の改憲阻止勢力を確保することになった。自民党には手痛い結果である。

鳩山政権の求心力はこの参院選に加え、選挙戦最中の七月四日に政権の大番頭たる三木武吉総務会長が死去したことでますます低下した。そもそも日本民主党においてすら、その寄り合い所帯の性格ゆえに権力基盤が脆弱だった鳩山政権は、保守合同で自由党を抱え込んだことにより、なお一層与党内掌握が難しくなった。この後、対米協調、対ソ強硬論の吉田派及び芦田と、三木武夫や松村謙三ら旧改進党系の面々は、日ソ交渉に存在感を示す河野農相の勢力伸長に対抗することで利害を一致させ、鳩山退陣を公然と主張していく。こうして、参院選敗北後の自民党では次第に分裂の可能性が取り沙汰され始めた(41)。

以上のような自民党内の情勢を横目に見ながら、社会党はいよいよ政権担当に堪え得る政策の現実化を目指した。左右統一の試金石として臨んだ参院選で躍進したことで、鈴木委員長、浅沼書記長ら主流派の求心力も高まり、「政権獲得の日が近い」との観測も生まれた。社会党は新政策の立案に着手し、七月二〇日の中執では中小企業・商工業経営者及び農業従事者への支持基盤拡大を謳う原案が作成されたのである(42)。

注目すべきは、左右統一最大の難問となった外交・安全保障分野までもが政策現実化の俎上に載せられたことである。左社出身の佐多国際局長は九月に米大使館員に面会した際、目下社会党は議会多数派の獲得という観点から具体的に政策を調整しているが、日米関係についても柔軟に考えていると伝えた。曰く、もし社会党が政権を獲得したら、将来的には「日米中ソ集団安全保障体制」の構築や自衛隊廃止を目指すとしても、まずは暫定協定として旧安保条約の一定の「改正」を模索し、自衛隊縮小の程度もその時々のアジアの情勢次第で検討するつもりだという(43)。

ただし、こうした「社会党政権」樹立のための政策論議には、社会党の在り方に関する各派閥の思惑が絡んだ。特に、佐多が属し、左右統一に反対した和田派は、総評幹部及び向坂逸郎ら労農派学者と急速に接近し、平和同志会などの最左派とともに反鈴木色を強めた。この時期の社会党内では、左右両派間の対立よりも左派内部での鈴木派と反鈴木派の不和の方が深刻であった。また、参院選後は党の衆参両院の議員数約二四〇名に占める総評出身議員が七二人にまで増え、その発言権は一層強化された。社会党は政策の現実化や右傾化に反対する総評系議員の影響力が増すなかで、「社会党政権」の樹立を目指さねばならないというジレンマに直面したのである(44)。

米国側は、このように自民党が分裂含みの政争の最中にあり、社会党が政権樹立を目指して攻勢をかける状況に危機感を募らせた。確かに、駐日米大使館は七月の時点で、社会党の躍進は自民党の敵失によるものであり、今後五年間で「社会党政権」が誕生する展望自体は存在しないと評価していた。なぜなら、総評の影響力が増大し、党内右派が数的に弱体化したため、議会多数派の獲得に不可欠な党の右傾化が困難になったからである。総評の影響力が増すなかで「社会党政権」を目指す鈴木執行部は、左右両派の均衡の維持という難題に直面せざるを得ない。その意味で、いま社会党は分岐点にあるというのが米大使館の基本認識だった(45)。

2 日米関係の再検討

だが、米大使館は同時に、日本の対外政策に「独立の完成」への願望が看取されるなかで、社会党の反米姿勢及び中ソとの国交回復要求が間接的に保守勢力をして対米自主を志向させているなどと鋭く警戒した。そこで、米大使館はアリソン大使主導のもと、対日政策の再検討に着手した。この研究作業は九月、「日本との新しい出発」「日本の防衛」という二つの報告書に結実し、国務省に提出された。米大使館の提言内容は多岐にわたるが、その力点はとりわけ安保問題に置かれた。曰く、現在最も日米間で摩擦が生じているのは日米安保体制の問題であり、「安保改正」を求める圧力は年々強まっている。米国はもはや現状に安住することはできず、より一層相互的かつ持続的なパートナーシップをもたらす二国間関係への転換が必要である。なるほど「安保改正」は中長期的課題であり、数年中に実現するとも思えない。だが、米国の利益に最もよく叶う形で実現するよう、今から水面下で行動方針を立案し始めるべきである。以上の米大使館の具申を受けて、国務省でも日米関係の再検討が俎上に載せられた。このように、一九五六年七月参院選における社会党の躍進は日米関係及び日本の国内政治過程に大きな波紋を呼び起こし、日米関係の再

検討を争点に浮上させたのである。(46)

秋が深まると、日米関係の再検討はますます緊要性を増した。まず一〇月に日ソ国交回復が成り、日本の国連加盟への道が開けた。他方、ちょうどこの頃砂川闘争が再び緊迫してきた。鳩山政権は九月に入り、前年の米軍飛行場の滑走路拡張に続く誘導路用地確保のため、第二次土地収用を認定した。すると、これに反発するデモ隊六〇〇〇人が一〇月一二日から一三日にかけて警察官二〇〇〇人と正面衝突し、双方合わせて一〇〇〇人以上の負傷者を出す事態に陥った。(47)鳩山退陣が既定路線と化し、新政権の外交政策に関心が集まるさなかの出来事である。以下見ていくように、日ソ国交回復及び国連加盟と「流血の砂川」を受けて、自民党、社会党は同時発生的に、「独立の完成」の一環として日米関係の再検討を俎上に載せていくのである。

まず、社会党は砂川闘争の激化を受けて「不平等条約の改廃」への動きを顕在化させた。社会党は「流血の砂川」ののち、一〇月一七日の中執で基地反対運動を「不平等条約の解消」(後に「改廃」)及び「完全独立への運動」へと拡大させることに決定した。そして、年内のうちに少なくとも三回、旧安保条約及び行政協定の合憲性、運用の実態、改廃手続きに関する研究会を開催するなど、「不平等条約改廃国民運動」への取り組みを本格化させた。(48)

同時に、社会党は政権樹立のための政策現実化の観点からも、日米関係の再検討に積極的に取組んだ。この時期社会党は、参院選の勢いそのままに、保守地盤の地域も含めて地方選挙で連戦連勝していた。そのなかで、「安保解消」及び「日米中ソ集団安全保障体制」を掲げる社会党は、日ソ国交回復の実現後、次なる政策目標を日中国交回復に定めた。その際に浮上したのが、日米関係に一定の「調整」が必要だという議論である。社会党国際局書記で、和田派の事務局長格でもある山口房雄によれば、左右統一以来、党内では日華平和条約「破棄」及び即時日中国交回復を主張する左派と、その前に日米関係の「調整」、具体的には「安保改正」が必要だと考える右派が対立していた。だが、日ソ国交回復が実現したことを受け、対中政策についてもより現実的な方針へと転換し始めたという(49)。

このように日ソ国交回復の後、社会党は右派の見解に基づいて、日中国交回復の前提条件としての日米関係の「調整」論へと立場を穏健化させていた。「社会党政権」を目指し、党内右派の見解を色濃く反映した形で、「独立の完成」のための日米関係の再検討が政策目標に浮上したのである。

これに対し、自民党でも砂川闘争の高揚、日ソ国交回復の実現、社会党の躍進といった諸情勢に突き動かされる形で、二つの志向性に大別される日米関係の再検討への動きが顕在化した。すなわちそれは、「独立の完成」を目指す対米自主の強化論と、対米協調の回復論である。

まず前者について見てみよう。駐日米国大使館が一〇月から一一月にかけて国務省に宛てた報告書によれば、野党に比して米国政府及び在日米軍と直に対峙する保守政治家には須く、現状の日米関係は不平等だという根深い確信が存在していたが、特に近頃砂川闘争及び「ダレスの恫喝」のような日ソ交渉の顚末を目の当たりにして独立への希求心が益々強まった。しかも、それに輪をかけて、新政権が発足して来春に総選挙が行われるとの観測は、社会党の対米従属批判への対応として米国に対する自主性と対等性を訴える緊要性を高めたという。彼ら保守政治家は、現時点では慎重な姿勢を崩さないものの、社会党と同様に「安保改正」と対中政策の抜本的変更を求めており、「安保改正」には至らないまでも、何らかの弥縫策が実施される可能性が高いというのが米大使館の情勢分析であった(50)。

対米自主の強化を求める保守政治家たちは、自衛態勢の整備による米軍撤退を主張し続けていた。自民党の右派で、「流血の砂川」の当事者でもある船田中防衛庁長官は、最終目標を米軍撤退とする速やかな自衛態勢の整備が必要であり、それが達成されて初めて「真の独立国」になれると論じた。また、この頃河野派に属していた中曽根も、今や「完全独立の達成」が必要だと声をあげた。曰く、日米関係は「第二のシェークハンド」の時期に来ており、「安保改正」をしなければ自民党は社会党に世論の支持を奪われ、ますます保守の立場が危うくなるという。そこで彼は、米軍の基地再入権を認めたうえで、特定の米海空軍基地のみを残して米地上軍を一年半で全て撤退させ、その後日本の海空兵力増強に応じて米軍全面撤退を目指すこと、「不平等条約」たる旧安保条約に、在日米軍撤退の完了時期としての条約期限や、在日米軍が使用する基地及び施設を具体的に明記する改正を施し、米英同盟並みの対等な結合関係を構築することの二点を骨子とする「安保改正」論を提起した。日本の海空軍を増強し、沖縄、小笠原、横須賀などの基地を漸次米軍の手から取り返し、最後には米軍が日本領土内に一兵も一航空機も存在せぬようにしたいという強い言葉で、中曽根は米軍撤退を核とする「安保改正」を主張したのである(51)。

その一方で、自民党では吉田及び芦田を中心に、対米協調の回復を目指す動きも活発化した。よく知られるように、鳩山政権の日ソ国交回復に激しく反発した彼らは、保守二党論に傾き、新党結成を模索した。佐藤栄作が語るところでは、吉田は、共産主義の脅威に無自覚で、結果的に日本を日米離間及び中立化に導きかねない河野が主導権を握る限り、自民党内で親吉田勢力が対米協調のために有効に戦うことはできないとの確信を深めた。そこで彼は、鳩山退陣後の総選挙で吉田新党が自民党の単独過半数を喪失させるだけの勢力を確保し、自民党が吉田と連立を組まざるを得ない状況に追い込むことで、内政、外交の両面で政策転換を迫るという戦略を描いた(52)。

このように、吉田は日ソ国交回復の後、二年間続いた鳩山自主外交の刷新と対米協調の回復を目指して、日米関係の再検討及び保守二党論を主張した。それはある意味で、吉田政権末期及び自民党結成前夜における鳩山や改進党系の「救国新党」論、保守二党論と攻守所を変えた発想であった。しかも、こうした考え方は保守合同の立役者たる芦田にも共有されていた。彼は、英米と異なり外交・安全保障政策が二大政党の対立軸となる日本の場合、保守分裂は必ずしも悪いことではない。保守勢力には「合同」よりもむしろ「提携」が必要だと述べるようになった(53)。後述するように、芦田はこの後吉田や池田勇人と連携しつつ、自民党の外交調査会及び政務調査会国防部会を牙城に、対米協調の回復を目的とする日米関係の再検討を唱導していくのである。

3　一九五六年総裁選と「安保改正」

ところで、こうした自民党内の日米関係の再検討をめぐる政策対立と次期政権を争う権力対立の結節点に位置したのが河野一郎の存在であり、こうした重層的な対立構図を集約的に顕した場面こそ、一九五六年一二月の自民党総裁選であった。鳩山後継を争う総裁選には、河野ら主流派と佐藤栄作が推す岸信介幹事長、吉田や池田など旧自由党系の支持が厚い石井光次郎総務会長、旧改進党系と大野伴睦が支援した石橋湛山通産相の三人が立候補した。このうち衆目の一致する本命候補は岸だったのだが、周知のように、一二月一四日に行われた自民党総裁選で岸は過半数を獲得できず、石井と二位三位連合を組んだ石橋が決選投票で逆転し、自民党新総裁に選出された。

自主外交を展開した鳩山政権の後継争いということもあり、この総裁選では外交政策、なかんずく日米関係のあり方が重要な争点を画した。岸、石橋、石井のなかで、「安保改正」に最も直截に言及したのは石橋である。一〇月に朝日新聞社が企画した三候補の対談において、石橋は、新政権の外交課題はまずもって日米関係の「調整」であり、米国は日本の主張を素直に聞き、改めるべきは改める必要があると発言している。その上で、日本自身に要らない軍備を駐留させる必要はなく、この立場から旧安保条約及び行政協定の再検討を米国と折衝すべきだと主張した。しかも石橋は、中国と緊密な経済関係を結んで貿易を拡大するため、米国の考え方を訂正させる具体案を提示したいとまで発言し、持論の中国貿易促進及び日中関係の深化に対する積極姿勢をにじませた(54)。

これに対し、岸も日米関係の「調整」が必要だという認識自体は共有していた。ただし、岸は日米関係で日本が一番考えるべきことは、旧安保条約及び行政協定の根底にある防衛力の問題だという。曰く、若年層が社会党支持に傾くのはその反米的言動に民族精神を鼓舞する魅力があるからであり、これに対する保守政党の政策は占領政策からの惰性にすぎない。恒久的な日米の協力関係のためにも、新政権は、少なくとも精神的な面では対等に、本当の自主独立の立場で日米関係を「調整」すべきである。このように、岸は石橋と異なり、旧安保条約及び行政協定の問題には踏み込まず、まずは日本の防衛力増強が不可欠であり、精神的な日米対等が必要だと述べたのである(55)。

では、なぜ岸は「安保改正」に言及しなかったのか。それは、岸が「安保改正」時期尚早論に立っていたからだと考えられる。第一に、先述のように米国側は「安保改正」を中長期的課題と捉えていたが、こうした見解はアリソン大使から岸を担ぐ河野に伝えられており、岸自身も米国側の意向を関知していた可能性が高い。実際、上記の総裁選候補の対談や一一月中旬の岸とアリソン大使の会談をみた米大使館は、有力な保守政治家のなかでも、とりわけ岸は「安保改正」を伴うような日米関係の再検討に即座に着手するつもりはなく、適切な時期を見計らう姿勢のようだと国務省に報告している。この時点での米国側の「安保改正」時期尚早論や、かつて重光・ダレス会談を目の当たりにした経験を鑑みれば、岸が回想するように、「米国の意向を十分に探った上でなければ、『改定します』とうかつに言えるものではなかった」だろう。総裁本命候補の岸が「安保改正」に消極的になるのは当然だった(56)。

加えて、石橋新政権発足の際、岸に外相就任の意思がなかったことも彼の「安保改正」時期尚早論を裏書きする。実は、彼が石橋政権で副総理格の外相に就任したのは岸の意思ではなく、石橋首相から懇請され、芦田から受諾を説得されたためであり、岸自身は石橋から要請されれば通産相でも受諾するつもりだった。しかも、岸は外相就任に際し、鳩山政権で悪化した日米関係の改善を図るため、日本側の防衛力増強及び在日米軍基地の整備を進展させようと考えていた。すなわち、「日米関係を強化する意味での、本当の同盟関係をつくりあげることが（石橋内閣における）

私の外相就任の第一義的な目的」だったという。以上の回想を踏まえると、岸にとって、「独立の完成」の一里塚としての「安保改正」は、米軍撤退を含意する石橋の即時「安保改正」論とは異なり、日本の防衛責任及び日米両国の双務性確保を重視し、同盟関係を構築するという中長期的なプログラムだったと想定されよう(57)。

だが、このように「安保改正」を時期尚早とみなしつつ、日米間に同盟関係を構築せんとした岸は、鳩山後継を本命視されながら一敗地に塗れた。なぜ岸は敗れたのか。彼の敗因は、河野との提携関係にあった。

先述したように、吉田は河野との長年にわたる感情的対立を抱えていたし、日本を日米離間及び中立化に導く存在だと嫌悪していた。佐藤は一一月までに吉田や池田に対し、岸は信用できる人物であり、必ず河野と手を切るはずだから岸を支持するよう再三説得していたが、結局功を奏しなかったようである。また、芦田グループも河野への警戒心を解くことができなかった。芦田は「所謂河野式の中立政策――親ソ政策に反対であることは明白にする」考えであったし、船田も、河野は容共的でどうにもならぬなどと不満を口にしている。また、芦田と行動を共にする保科善四郎によれば、原理原則を欠き、自己利益と便宜のために日本外交を利用する河野は鳩山を傀儡にしてきたが、そうした河野の傀儡政権が続けばより一層容共的外交に傾斜してしまう。ゆえに、反共政策及び日米関係の強化を研究する芦田や保科としては、河野が担ぐ岸を支持するわけにはいかなかったという。結局芦田グループは、西側陣営との提携関係を重視しているとの理由で石橋を支持した。しかも、岸と河野を嫌う三木武夫や松村謙三といった旧改進党左派も石橋支持に回った。反河野で一致する三木と池田勇人を石橋側近の石田博英が取り結び、また総裁選最終盤で大野派が石橋支持を表明したことで、石橋総裁選出が実現したのである(58)。

このように、当時の自民党では河野支持か反河野かという政局的立ち位置が、党内の外交路線対立と分かち難く結びついていた。後述するように、爾後自民党では、一つには吉田の対米協調路線の後継者を自認する池田と、鳩山自主外交路線の後継者を自負する河野とが繰り広げる不俱戴天の敵同士の政争が、もう一つには「上から」の国権的統制志向が抜けきれない岸と、「下から」のリベラルで進歩的な社会改良志向の三木・松村及び石橋とが繰り広げる、岸の言葉でいうところの国家観をめぐる「物の考え方の違い」の対立が、それぞれ連関しながら、安保改定をめぐる錯綜的な党内政局が展開されることとなる。

4　社会党の岐路――一九五七年党大会――

さて、かくも自民党をして日米関係の再検討を争点に浮上させ、外交路線をめぐる党内対立を顕在化させた一つの主要な駆動力は、社会党の躍進であった。実際、社会党は党内右派の献策を容れながら、政権担当に堪え得る政策の現実化を進めていた。では、社会党は鳩山退陣という政局の転回点において、いかなる状況にあったのだろうか。

先述したように、党勢拡大が続く社会党は日ソ国交回復及び砂川闘争を経て、国際情勢認識からも国民運動の面でも「独立の完成」のための日米関係の再検討に取り組んだ。折しも、次期総選挙が政治日程に上るなかで、翌一九五七年一月の党大会に提出する運動方針の策定作業が、社会党右派の河野密及び曾禰を中心に進められていた。「社会党政権」の樹立を重視する党内右派の二人は、日ソ国交回復の実現及びハンガリー動乱を主要因とする、世論調査での保守復調傾向を憂慮していた。わけても、ハンガリー動乱は改憲再軍備への支持増加をもたらす一方、社会党と左派知識人を痛打し、そのことは河野密や曾禰に少なからぬ衝撃を与えた。加えて、社会党議員の一部がデモ隊とともに砂川闘争に加わり、報道機関から批判を浴びたことも、彼らをして保守復調傾向に鋭敏たらしめた。(59)

そこで、曾禰や河野密は運動方針の原案において、二大政党対立の状況を認め、「完全独立の達成」及び社会主義の実現を果たすために「社会党政権」の樹立を期すこと、議会主義の観点から、砂川闘争のような院外大衆運動への議員の参加を自粛すること、労組に対する党の自主性を確保することなどを打ち出した。特に、ハンガリー動乱について「ハンガリアはナジ政権の政治方針がソ連の容認を得られず、悲惨なる武力弾圧を蒙るに至った。ハンガリアの自由化運動は、労働者、学生等を主とするものであり、後に反動勢力に利用された面があったとしても、ソ連式武力干渉を是認することはできない」との見解を記し、ソ連の武力干渉を明確に批判したことは大きな脚光を浴びた。この運動方針原案は一二月二六日の社会党中執で承認され、翌一九五七年一月党大会への提出が決まった。(60)

こうした「社会党政権」樹立に向けた努力は、米国側からも高く評価された。米大使館は左右統一以降の一年間で社会党の立場は大いに強化されたと国務省に打電している。曰く、社会党は安保条約の即時「解消」から「改正」への転換、自衛隊の撤廃から七万五千人程度への漸進的減少への転換といった、政策の現実化による責任政党への模索を続けている。そうした社会党の前途には三つの選択肢がある。現状通りならこれ以上の党勢は見込めないし、左傾化するなら右派が脱党し、政策も急進化して政権獲得の望みは消える。だが、もし第三の道として現実的な穏健路線を選択するならば、英国労働党のように保守政党を切りくずしてさらに勢力を拡大し得るだろう。その上で、社会党がどの路線を歩むかは総評の支配力次第だというのが米大使館の評価であった。(61)

こうしてみると、まさに一九五七年一月党大会は社会党の今後を占う試金石だった。だが、事態は暗転する。この運動方針原案に総評、和田派及び平和同志会といった非主流左派が激しく反発し、階級政党性の明確化や、「社会主義政権」と「社会党政権」の区別を訴えて左派修正案を作成したためである。この修正案は、「過渡的政権としての社会党政権の樹立」を期すこと、「二つの中国」を認めず、日華平和条約を「破棄」して速やかに中国との国交を回復すること、「不平等条約の廃棄を建前として、不平等条約の改廃運動を強力に行う」ことを明記した。そして、ハンガリー動乱の評価については、「ハンガリアはナジ政権が資本家、地主勢力に圧迫されついに内乱状態になったので、カダル政権の要請によって、ソ連軍の武力介入となるに至った（中略）後に反動勢力に利用された面があったとしても、われわれの道義的理念においてソ連式武力干渉を是認することはできない」と記載し、ソ連の武力介入を相当に正当化する文言を加えていた。しかも、この動きに直面した鈴木派が、委員長派閥でありながら左派内部での孤立を恐れ、総評の仲介を得て左派修正案への賛成に回ってしまった。こうして、一月一七日から開かれた社会党大会では右派の抗議も虚しく、左派修正案がごく僅かの字句調整のみ施されて可決されたのである[62]。

　彼ら非主流左派が決起した背景には、左右統一以来の社会党「右傾化」に対する鬱積した不満があった。非主流左派の巻き返しは人事面にも発揮され、和田が政審会長に就き、国対委員長には平和同志会の細迫兼光が就任した。さらに中執の構成も、それまでの左右両派同数（各二〇名）から、左派二二名、右派一八名へ変更された。この結果に、右派は浅沼書記長が抗議して辞意を表明した。また、運動方針原案の起草にあたった河野や曾禰は、ハンガリー動乱の評価及び「不平等条約の廃棄」挿入に憤慨した。彼らは左派と協議の末、後者について「不平等条約を無くすることを建前として」と再修正し、運動方針への「安保破棄」の明記を回避するのが精一杯だった。浅沼が発行主を務め、党内右派の見解が示される機関誌『日本社会新聞』は、彼らの不満を余すところなく語っている。曰く、「社会党大会は社会党が現実政党として具体的方向をはっきり示すかどうかで注目されたが、この期待は完全に裏切られた」[63]。

　しかも、西尾派の西村栄一にいたっては新党結成を模索しはじめた。西村は現状の自社二大政党制を、自民党内に同じ資本主義者でも守旧派と新興の進歩派が並存し、社会党内にマルクス主義信奉者と民主社会主義者が並存するうわべだけのものだと切り捨てた。その上で、ソ連や中国からの援助が疑われる総評に支配された社会党から離れて、いまや第三党を結成する時期が来たという。しかも、西村は驚くべきことにこの新党構想を岸に伝え、中国脅威論及び「祖国防衛」のための自衛隊強化の必要性で見解を共にしたようである[64]。爾後、彼は新党結成論を胸に秘めつつ、社会党及び労組の分派活動に勤しみ、やがて西尾派脱党を唱導する役回りを担うのである。

いずれにせよ、「社会党政権」の樹立に向けて政策の現実化を主導してきた右派の取組みは挫折した。報道機関はこぞってこの党大会の顚末を批判したほか、米大使館も社会党の政策の左傾化と左派領袖の指導権確立により、早期に議会多数派を獲得する可能性は大きく減少したとの認識を国務省に報告した。結局、一九五七年一月党大会を機に社会党は左傾化し、「交錯する保革二大政党制」として成立した五五年体制も変質しはじめるのである(65)。

かくして、岸は首相の座を逃したうえ、「独立の完成」を可能にする国内政治基盤としての「交錯する保革二大政党制」にも異変の兆しがあらわれていた。前年一二月二三日に発足した石橋政権は、党人事において三木武夫が幹事長に、閣僚では池田勇人が蔵相、石田博英が官房長官に就任して政権の骨格を固め、岸は非主流派に転落した。その岸のもとに、駐米日本大使館から一通の電報が届いた。「日米関係に対する考察」と題されたこの文書は、日米関係の再検討のためには米国からの信頼回復が前提条件であること、「安保改正」の機はまだ熟しておらず、現時点では研究を重ね、予備的意見交換を進めるべきこと、日米協力の深化について日本からイニシアティブを発揮し、積極性を示す必要があるなどと提言されていた。その上で、米国国務省は「安保改正」に堪えられる日本の政治的安定と、防衛努力の強化を注視しているというのが駐米日本大使館の意見具申のあらましだった(66)。

このように、岸が外相に就任した一九五六年末の時点で、日米関係の再検討はすでに枢要な政治争点と化していた。だが、岸は「安保改正」に慎重な姿勢を示し、まずは日米関係の改善を図るため、日本側の防衛力増強及び在日米軍基地の整備といった自助努力と対米貢献を進展させるべきと考えていた。

こうしたさなか、一九五七年一月三〇日にジラード事件が発生し、日本国民の対米感情は極度に悪化した。これを機に、日米関係の再検討の眼目は「安保改正」問題へと進む。時を同じくして石橋首相が病に倒れた。臨時総理代理に就いていた岸は、石橋退陣によって二月二五日に首相に就任する。自民党、社会党それぞれが「安保改正」を俎上にのせるなか、ついに岸もこの問題に向き合わねばならなくなった。それは、「アメリカ軍が日本内地で勝手気儘な振舞いをしているようではいかん」と考えて在日米軍の行動及び権限に制約をかけようとした重光、そして日本自身に不要な在日米軍の駐留は必要ないという立場から、米国と旧安保条約及び行政協定の再検討を交渉しようとした石橋のような「安保改正」問題の先達たちが、自主外交の夢破れ、志半ばに舞台を去った後のことである。元来、祖国の自衛は独立国の義務であり、「他国の軍隊を国内に駐屯せしめて其の力に依って独立を維持するというが如きことは真の独立国の姿ではない。他国の軍隊を駐屯せしめる為めに物心両方面から忍び得ないような犠牲を何時までも甘受すべきではない」と考えてきた岸は、かくして「安保改正」の陣頭に立ったのである。

注

（1）『朝日新聞』一九五四年一一月二四日付夕刊一面。中島信吾、前掲論文、八九－九〇頁。

（2）井上正也『日中国交正常化の政治史』（名古屋大学出版会、二〇一〇年）、一〇八－一一五頁。田中孝彦『日ソ国交回復の史的研究—戦後日ソ関係の起点 一九四五－一九五六—』（有斐閣、一九九三年）、八三－九五頁。

（3）植村、前掲書、一五七－一六六頁。田中明彦『安全保障—戦後五〇年の模索—』（読売新聞社、一九九七年）、一二一－一二九頁及び一五一－一六〇頁。佐道明弘『戦後日本の防衛と政治』（吉川弘文館、二〇〇三年）、六一－七四頁。中島信吾、前掲書、一五七－一五九頁。

（4）Desp. 1555, Tokyo to DoS, "Japanese Political Situation and Prospects", May 19, 1954, *RDOS, IAJ 1950–1954*, Reel. 6. Memorandum for the Secretary, September 9, 1954, Desp. 516, Tokyo to DoS, "Transmittal of Embassy Study, 'A Preliminary Reappraisal of United States Policy with respect to Japan'", October 25, 1954, *Records of the U.S. Department of State Relating to Political Relations between the United States and Japan, 1950–1954* (Wilmington, DE:

Scholarly Resources, 1987), Reel. 6.

（5）Desp. 1555, Tokyo to DoS, May 19, 1954, op. cit. NSC5516/1, "U.S. Policy toward Japan", April 9, 1955, *Foreign Relations of the United States 1955–1957*, Vol. XXIII, Part 1, Japan, (Washington, DC: U.S. Government Printing Office, 1991) [Hereafter cited as *FRUS 1955–1957*, Vol. XXIII, Part 1, Japan], #28, pp. 52–62. 池田、前掲『日米同盟の政治史』九八－一一一頁。

（6）原彬久、前掲『岸信介証言録』一二六頁。Embtel, 2142, Tokyo to SoS, March 3, 1955, *RDOS, IAJ 1955–1959*, Reel. 25.

（7）前掲「日米行政協定（日本国とアメリカ合衆国との間の安全保障条約第三条に基く行政協定）」一九五二年二月二八日。中村起一郎「防衛問題と政党政治—日米防衛分担金交渉（一九五三〜一九五五）を中心に—」（『年報政治学　一九九八』岩波書店、一九九九年、一九五－二一二頁）、一九六頁。中北、前掲書、一九九頁。

（8）中村、前掲論文、二〇三－二〇七頁。Desp. 935, Tokyo to DoS, "Memorandum on the Defense Problem," February 8, 1955, 石井修・小野直樹監修『アメリカ合衆国対日政策文書集成Ⅵ　日米外交防衛問題　一九五五年』（柏書房、一九九九年）［以下、『集成Ⅵ』］、第六巻、五七－六〇頁。

（9）中北、前掲書、二〇一－二〇二頁。中村、前掲論文、二〇三－二〇七頁。『続　重光葵手記』六八八－六八九頁、一九五五年三月三〇日の条。Embtel. 2383, Tokyo to SoS, March 25, 1955, *FRUS 1955–1957*, Vol. XXIII, Part 1, Japan, #21, pp. 31–32.

（10）Embtel. 2490, Tokyo to SoS, April 2, 1955, *FRUS 1955–1957*, Vol. XXIII, Part 1, Japan, #23, pp. 34–35. Department Telegram [Hereafter cited as Deptel.] 2010, DoS to Tokyo, April 2, 1955, *FRUS 1955–1957*, Vol. XXIII, Part 1, Japan, #24, pp. 36–37.

（11）Embtel. 2559, Tokyo to SoS, April 8, 1955, *FRUS 1955–1957*, Vol. XXIII, Part 1, Japan, #27, pp. 49–52.『朝日新聞』一九五五年四月七日付朝刊一面。『続　重光葵手記』六九三－六九四頁、一九五五年四月一二日の条。岸、前掲書、一七二－一七三頁。

（12）Embtel. 2559, Tokyo to SoS, April 8, 1955, op. cit. 中北、前掲書、二〇三－二〇七頁。『続　重光葵手記』六九五－六九七頁、一九五五年四月一五日及び四月一七日の条。

(13) 山本、前掲書、四四頁。

(14) Embtel. 2605, Tokyo to SoS, April 12, 1955,『集成Ⅵ』第六巻、一四七－一四九頁。『続　重光葵手記』六九四－六九五頁、一九五五年四月一三日の条。「防衛分担金減額に関する日米共同声明」一九五五年四月一九日（データベース「世界と日本」https://worldjpn.net 所収。最終閲覧：二〇二四年四月一八日）。

(15)『毎日新聞』一九五五年五月一〇日付夕刊三面。『朝日新聞』一九五五年五月一三日付朝刊七面。中島琢磨「原子兵器の日本貯蔵問題」（『龍大法学』第五〇巻第四号、二〇一八年、一－三五頁）、一二一－一二三頁。山本、前掲書、八〇－八一頁。

(16)『朝日新聞』一九五五年八月五日付夕刊一面、八月二五日付朝刊一面及び七面、九月一三日付夕刊一面、九月一四日付朝刊七面。

(17)『芦田均日記　第五巻』四一一－四一二頁、一九五五年五月一七日の条。『続　重光葵手記』七〇六頁、一九五五年五月一七日の条。中島琢磨、前掲論文、一三－一四頁。

(18) 重光訪米における「安保改正」構想及び外務省の準備作業については、鍛冶、前掲「重光葵外相の安保改定構想における相互防衛の検討」に詳しい。本書の見解との異同については、同論文を合わせて通読されたい。なお、重光訪米に関する主要な先行研究としては、坂元、前掲書、第三章。吉田、前掲書、第一章。劉星「日米安保体制史のなかの重光訪米―重光試案をめぐる日米折衝の展開と帰結―（一・二）」（『名古屋大学法政論集』第二〇七号、一－四五頁：第二〇八号、一八一－二一四頁、二〇〇五年）を参照。鍛冶氏には重光訪米の経緯について詳細にご教示いただき、示唆を得るところが大きかった。ここに記して御礼申し上げる。

(19) Desp. 1301, Tokyo to DoS, "Conversation with Nobusuke KISHI", May 2, 1955, *RDOS, IAJ 1955–1959*, Reel. 25. 岸、前掲書、一九〇頁。田中孝彦、前掲書、一六二－一六三頁。

(20)『読売新聞』一九五五年六月三日付朝刊一面。『続　重光葵手記』七一七－七一八頁、一九五五年六月九日の条。安川壮『忘れ得ぬ思い出とこれからの日米外交―パールハーバーから半世紀―』（世界の動き社、一九九一年）、四三頁。なお、この米国高官とはテイラー米第八軍総司令官（Maxwell D. Taylor）のことだと考えられる。重光は、六月一日に離任のあいさつに訪れたテイラーから「米軍続駐に付て意見を求めらる。日米関係の基本に付て改善を要することを述ぶ」と日記に記している（『続　重光葵手記』七一三－七一四頁、一九五五年六月一日の条）。

(21) "Proposed Agenda Items for Talks in Washington Submitted by Political Division", May 31, 1955, "Outline of Topics for Discussion with Foreign Office Officials (Reference Parson's Memorandum, May 25)", May 31, 1955, 千葉欧米局長「日米会談」一九五五年六月一七日、欧米局第二課「日米安全保障条約並に行政協定改訂要綱試案」一九五五年六月二三日(A'.1.5.2.3-2「重光外務大臣訪米関係一件 準備資料」第一巻所収、外務省外交史料館所蔵)。

(22) 前掲、欧米局第二課「日米安全保障条約並に行政協定改訂要綱試案」一九五五年六月二八日(A'.1.5.2.3-2「重光外務大臣訪米関係一件 準備資料」第一巻所収、外務省外交史料館所蔵)。

(23) 「アリソン大使、重光大臣会談要旨」一九五五年七月一三日(A'.1.5.2.3-9「重光外務大臣訪米関係(一九五五・八)準備対策資料」第一巻所収、外務省外交史料館所蔵)。

(24) 『朝日新聞』一九五四年一二月一二日付朝刊一面。林修三『法制局長官生活の思い出』(財政経済弘報社、一九六六年)、八八‐九六頁。高辻正已「政治との触れ合い」(内閣法制局百年史編集委員会編『内閣法制局の回想―創設百年記念―』内閣法制局、一九八五年、二五‐四三頁)、四一‐四二頁。

(25) 下田記「(日米相互防衛に関するメモ)案」一九五五年七月一五日、下田「日本国とアメリカ合衆国との間の相互防衛条約(試案)」一九五五年七月一五日、「日米間の相互防衛問題」一九五五年七月二一日(A'.1.5.2.3-2「重光外務大臣訪米関係一件 準備資料」第一巻所収、外務省外交史料館所蔵)。「日本国とアメリカ合衆国との間の相互防衛条約(試案)」一九五五年七月二七日(二〇一〇‐六二二六「日米安全保障条約の改定に係る経緯」第八巻所収、外務省外交史料館所蔵)。

(26) Embtel. 559, Tokyo to SoS, August 27, 1955, *RDOS, IAJ 1955-1959*, Reel. 25. 中曽根、前掲書、九三‐九四頁及び九八頁。岸・矢次・伊藤、前掲書、一五七‐一五八頁。重光の外交理念については、武田、前掲書を参照。

(27) 下田によれば、相互防衛義務が発動される「西太平洋地域」に米国の信託統治地域と沖縄、小笠原は含まれるものの、韓国及び台湾は含まれない。また、締約国の領水又は領空にある場合のみ艦船及び航空機への武力攻撃にも相互防衛義務が発動されるという。また下田は、撤退前の在日米軍の使用目的を日本との相互防衛に限定することは、朝鮮半島有事に関して在日米軍が国連軍として行動することを妨げず、その際は吉田・アチソン交換公文によって日本もその後方支援を行うという。ただし、台湾有事はこの新たな安保条約と無関係であり、米軍の台湾出撃は妨げないが、日本にはその後方支援の義務はないと主張している（下田記「日米相互防衛に関する件（下田・パーソンズ会談、第一回）」一九五五年八月六日、下田記「日米相互防衛に関する件（下田・パーソンズ会談―第二回）」一九五五年八月八日（二〇一〇―六二二六「日米安全保障条約の改定に係る経緯」第八巻所収、外務省外交史料館所蔵）」。

(28) 楠綾子「基地、再軍備、二国間安全保障関係の態様―一九五一年日米安全保障条約の法的意味とその理解―」（『年報政治学二〇一七―Ⅱ』木鐸社、二〇一七年、二二六―二四七頁）を参照。下田武三著、永野信利構成・編『戦後日本外交の証言―日本はこうして再生した―（上）』（行政問題研究所、一九八四年）、五九頁及び九〇―一〇一頁。前掲、「日本国とアメリカ合衆国との間の相互防衛条約（試案）」一九五五年七月二七日、下田記「日米相互防衛に関する件（下田・パーソンズ会談、第一回）」一九五五年八月六日、下田記「日米相互防衛に関する件（下田・パーソンズ会談―第二回）」一九五五年八月八日。

(29) 欧米局「日米共同防衛に対する基本政策（案）」一九五五年七月二六日（A'.1.5.2.3-2「重光外務大臣訪米関係一件　準備資料」第一巻所収、外務省外交史料館所蔵）。

(30) 前掲、下田記「日米相互防衛に関する件（下田・パーソンズ会談、第一回）」一九五五年八月六日、及び同「日米相互防衛に関する件（下田・パーソンズ会談―第二回）」一九五五年八月八日。

(31) 坂元、前掲書、一六二―一六三頁。『続　重光葵手記』七三二頁、一九五五年八月二〇日の条。井口大使発重光大臣宛、第一一二六号「米軍の日本撤退問題等に関する件」一九五五年八月一九日発（A'.1.5.2.3-5「重光外務大臣訪米関係一件　重光・ダレス会談」所収、外務省外交史料館所蔵）。安川、前掲書、四五―四六頁。

(32) 「外務大臣、国務長官会談メモ（第一回）」一九五五年八月二九日（A'.1.5.2.3-5「重光外務大臣訪米関係一件　重光・ダレス会談」所収、外務省外交史料館所蔵）。

(33) 「外務大臣国務長官会談メモ（第二回）」一九五五年八月三〇日（A'.1.5.2.3-5「重光外務大臣訪米関係一件　重光・ダレス会談」所収、外務省外交史料館所蔵）。

(34) 「重光・ダレス会談に関する日米共同声明（訳文）」一九五五年八月三一日（『日米関係資料集』三四八―三五二頁所収）。坂元、前掲書、一五〇―一五一頁及び一六九―一七〇頁。

(35) 『読売新聞』一九五五年九月四日付夕刊二面及び九月一四日付夕刊一面。欧米局「防衛問題に関する対米交渉方針（案）」

一九五五年九月二二日（A'.1.5.2.3-2「重光外務大臣訪米関係一件　準備資料」第一巻所収、外務省外交史料館所蔵）。安川、前掲書、五一頁。

（36）原彬久、前掲『岸信介証言録』一五〇頁。岸・矢次・伊藤、前掲書、一五八頁。

（37）Desp. 1301, Tokyo to DoS, May 2, 1955, op. cit. Memorandum of Conversation [Hereafter cited as Memocon.], "Merger Plan and Prospects, Hatoyama, Kishi to Washington, Population Problem and Kishi's 'Solution'", July 9, 1955, *Confidential U.S. State Department Special Files, Japan 1947–1956*, (Bethesda, MD: University Publications of America, 1990), Reel. 33.

（38）前掲、「外務大臣国務長官会談メモ（第二回）」一九五五年八月三〇日。

（39）Memocon., "Purpose of Mission to Washington; Official Discussions with Secretary; US-Japan Relations", August 31, 1955, *FRUS 1955–1957*, Vol. XXIII, Part 1, Japan, #46, pp. 104–110. なお、岸は残り二つの摩擦要因として、毎年の日本の防衛予算及び防衛分担金交渉、日本人戦犯の釈放の遅延を挙げている。

（40）原彬久、前掲『岸信介証言録』一四九－一五三頁。

（41）『読売新聞』一九五六年七月一四日付朝刊一面。

（42）『朝日新聞』一九五六年七月二〇日付朝刊一面及び七月二一日付朝刊一面。Desp. 92, Tokyo to DoS, "Political Notes from Japan, July 23 - 30, 1956", July 31, 1956, *RDOS, IAJ 1955–1959*, Reel. 26.

（43）Desp. 282, Tokyo to DoS, "Socialist Party Official Explains Current Party Policies", September 24, 1956, *RDOS, IAJ 1955–1959*, Reel. 26.

（44）『朝日新聞』一九五六年七月二〇日付朝刊一面。Desp. 245, Tokyo to DoS, "Transmittal of Memorandum of Conversation", September 14, 1956, *RDOS, IAJ 1955–1959*, Reel. 26.

（45）Embtel. 67, Tokyo to SoS, July 11, 1956, Office Memorandum, Hemmendinger to Robertson, "CINCFE's Analysis of Significance of Election", July 25, 1956, Embtel. 309, Tokyo to SoS, August 8, 1956, Desp. 137, Tokyo to DoS, "The 1956 Upper House Elections", August 14, 1956, *RDOS, IAJ 1955–1959*, Reel. 26.

（46）*ibid.* Desp. 276, Tokyo to DoS, "A Fresh Start with Japan", September 21, 1956, 石井修・小野直樹監修『アメリカ合

衆国対日政策文書集Ⅶ　日米外交防衛問題　一九五六年』（柏書房、一九九九年）〔以下、『集成Ⅶ』〕、第二巻、二五五－二八八頁。Desp. 280, Tokyo to DoS, "Japanese Defense", September 24, 1956,『集成Ⅶ』第四巻、二六七－二七七頁。Office Memorandum, Parsons to Sebald, "Reconsideration of United States Military Position in Japan", December 27, 1956,『集成Ⅶ』第四巻、三八〇－三九六頁。西村、前掲「一九五七年岸訪米と安保改定（一）」一一四－一一五頁。山本、前掲書、八七－九三頁。吉田、前掲書、四六－四八頁。

（47）『読売新聞』一九五六年九月一二日付朝刊七面、一〇月一二日付夕刊一面、一〇月一四日付朝刊七面。

（48）『社会新報』一九五七年一月五日付四面。『読売新聞』一九五六年一〇月一八日付朝刊二面。

（49）Desp. 323, Tokyo to DoS, "Political Notes from Japan, September 24 - October 1, 1956", October 3, 1956, Desp. 444, Tokyo to DoS, "Socialist Party Activities", October 31, 1956, *RDOS, IAJ 1955–1959*, Reel. 26.

（50）Desp. 501, Tokyo to DoS, "Sunakawa Incident: Phase II", November 19, 1956, *RDOS, IAJ 1955–1959*, Reel. 26. Desp. 523, Tokyo to DoS, "Conservatives Consider Adjustment of US-Japan Relations and Revision of the Security Treaty and Administrative Agreement", November 27, 1956,『集成Ⅶ』第二巻、三一三－三一九頁。

（51）船田中「自衛力なき日本―わが国と西ドイツの場合―」（『経済時代』第二一巻第一一号、一九五六年、七六－七八頁）。中曽根康弘「日本の反省とアメリカへの注文―戦後は過ぎた―」（『経済時代』第二一巻第九号、一九五六年、三七－三九頁）。Desp. 501, Tokyo to DoS, November 19, 1956, op. cit.

（52）Desp. 494, Tokyo to DoS, "Conversation with Eisaku Sato: The 'Yoshida Faction'", November 16, 1956, *RDOS, IAJ 1955–1959*, Reel. 26.

（53）Desp. 404, Tokyo to DoS, "Present Political Trends", October 23, 1956, *RDOS, IAJ 1955–1959*, Reel. 26.

（54）『朝日新聞』一九五六年一〇月三一日付朝刊二面及び一一月一日付朝刊二面。

（55）同前紙。なお、石井はこの対談において、日米関係で話合うべき具体的論点には移民問題や東南アジア諸国への賠償及び経済開発を挙げるにとどめている。

（56）Desp. 488, Tokyo to DoS, "Memorandum of Conversation with Mr. Kono, November 9, 1956", November 15, 1956,『集成Ⅶ』第二巻、三〇六－三〇八頁。Desp. 523, Tokyo to DoS, November 27, 1956, op.cit. Embtel. 1075, Tokyo to SoS,

November 14, 1956, *RDOS, IAJ 1955–1959*, Reel. 26. 岸、前掲書、二九八頁。

(57) 芦田均著、進藤榮一編纂者代表『芦田均日記　第六巻』（岩波書店、一九八六年）〔以下、『芦田均日記　第六巻』〕、二四三－二四四頁、一九五六年一一月二四日の条。原彬久、前掲『岸信介証言録』一三九－一四〇頁及び一四四頁。岸、前掲書、二七九－二八一頁。

(58) Desp. 494, Tokyo to DoS, November 16, 1956, op.cit. Letter, Hoshina to Admiral Burke, January 17, 1957, Desp. 695, Tokyo to DoS, "Ishibashi's Victory, Kishi's Defeat, A Post-Mortem", January 11, 1957, *RDOS, IAJ 1955–1959*, Reel. 26.『芦田均日記　第六巻』二五五頁、一九五六年一二月一五日の条。

(59) Desp. 593, Tokyo to DoS, "Political Notes from Japan December 3–11, 1956", December 12, 1956, *RDOS, IAJ 1955–1959*, Reel. 26.

(60)『社会新報』一九五七年一月一五日付一－二面。『日本社会新聞』一九五七年一月一四日付二－三面（法政大学大原社会問題研究所監修、立本紘之解説『占領期日本社会党機関紙集成第Ⅳ期　『党報』『社会週報』『日本社会新聞』復刻版』柏書房、二〇一五年〔以下、『社会党機関紙集成Ⅳ』〕、第八巻、一二－一五頁所収）。『朝日新聞』一九五六年一二月二七日付朝刊一面。『読売新聞』一九五六年一二月二七日付朝刊一面。

(61) Desp. 612, Tokyo to DoS, "The Japan Socialist Party After a Year of Unity: An Evaluation", December 18, 1956, *RDOS, IAJ 1955–1959*, Reel. 26.

(62)『朝日新聞』一九五七年一月一〇日付朝刊一面、一月一二日付朝刊一面、一月一六日付朝刊一面、一月一八日付朝刊一面及び夕刊一面、一月一九日付朝刊一面及び夕刊一面。『日本社会新聞』一九五七年一月二八日付一－三面（『社会党機関紙集成Ⅳ』第八巻、二六－三一頁所収）。なお、党内最左派たる平和同志会の田中稔男によれば、ハンガリー動乱はソ連がワルシャワ協定に基づき、カダル政権の要請に基づいて反革命を鎮圧したのであり、ソ連に言わせれば、社会主義という共通の目標を守るための軍事行動にすぎず、むしろソ連とハンガリーとの兄弟的友誼は強められたのだという（田中稔男「日中友好を促進するために―第四次協定を前にして―」『経済時代』第二二巻第五号、一九五七年、三三－三五頁）。

(63)『日本社会新聞』一九五七年一月二八日付一面（『社会党機関紙集成Ⅳ』第八巻、二七頁所収）。『朝日新聞』一九五七年一月一九日付朝刊一面及び一月二〇日付朝刊三面。

(64) Desp. 963, Tokyo to DoS, "Plans of Socialist Diet Member for Formation of New Political Party", March 15, 1957, *RDOS, IAJ 1955–1959*, Reel. 27.

(65) Desp. 761, Tokyo to DoS, "The 1957 Socialist Party Convention: A Preliminary Evaluation", January 31, 1957, *RDOS, IAJ 1955–1959*, Reel. 26.

(66) 『朝日新聞』一九五六年一二月二五日付朝刊一面。在米特命全権大使谷正之発外務大臣岸信介宛、政第一二四号「『日米関係に対する考察』送付の件」一九五七年一月一一日（A'.1.4.1.1「日米外交関係雑集」第三巻所収、外務省外交史料館所蔵）。

第三章　岸政権の発足と安保改定

本章では、岸政権の発足以降、一九五八年一〇月の安保改定交渉開始に至る政治外交過程を考察する。以下、第一節では一九五七年六月の岸訪米を検討する。その際、日米両政府間の政策過程及び外交交渉というよりは、岸及び自社両党の政策構想の解明に重心を置き、「安保改正」論議の諸相を示したい。続いて、第二節では岸訪米後の政治外交過程を考察しつつ、安保改定をめぐる争点及び対立構図の変容を明らかにする。

第一節　一九五七年岸訪米と「安保改正」論議

1　ジラード事件の波紋

一九五七年一月三〇日、群馬県相馬ヶ原の在日米軍演習場で薬莢拾いをしていた日本人女性がジラード三等特技兵(William S. Girard)に射殺された。所謂ジラード事件の発生である。当時、演習地周辺の住民は薬莢や鉄くずを拾って換金し、日々の生計の足しにしていた。射殺された女性も、夫が村議を務めていたとはいえ子供を六人も抱えており、苦しい家計を薬莢拾いなどで補っていたようである。当初、この事件は被害者女性が在日米軍の演習中に立ち入り禁止の演習場に進入し、流れ弾に当たったものとして見過ごされていた。だが、実際には米兵に狙撃されたのだという目撃者証言を受け、社会党の地元選出代議士である茜ヶ久保重光が群馬県庁及び県警本部に調査を申し入れたことにより、事は露見した(1)。

こうして、ジラード事件はようやく二月三日から報道され始めた。背後から至近距離で狙い撃ちされたとか、「ママサンダイジョウビ《ママ》。タクサン、ブラス〔薬莢〕、ステイ」と拙い日本語で手招きされ、近寄ると小銃で狙ってきたなどという目撃者の証言が報道されるにつれ、世論は激昂した。事件の捜査では、ジラードに殺意があったか否か、そして日米双方の刑事裁判権の所在に関わる、ジラードが公務中であったか否かが焦点となった。結局、日米両政府は日本側が刑事裁判権を行使する代わりに、可能な限り刑が軽くなる容疑で起訴するという合意を密かに結ぶ。かくてジラードは傷害致死罪での立件、執行猶予付き判決を経て米国に帰国した(2)。

この事件により、「安保改正」問題が一気に争点化した。もともと、ジラード事件に先立つ一月の時点では、日本への原子力部隊配備疑惑が浮上していた。米国国防総省が極東軍事戦略の一環として在日米軍のうち地上兵力の第一騎兵師団を撤退させる一方、日本本土及び沖縄に原子力機動部隊の配備を検討している旨の外電が相次いで報道され、大きな波紋を呼んでいたのである。同年一月の党大会で「不平等条約改廃国民運動」の推進を決定した社会党も、党内に国民運動連絡本部（浅沼議長、田中稔男副議長）を設置し、原子力部隊配備阻止の観点から、日本本土及び沖縄の軍事基地撤廃、日米安保条約及び中ソ同盟条約の「解消」を政府に要望したばかりだった(3)。

だが、ジラード事件の発生を受けて、社会党では「安保解消」に向けた段階的戦術として「安保改正」論が急浮上した。その際、彼らの念頭にあったのが条約期限の明記だ。例えば、浅沼は二月二日の米大使館員との会談において、社会党は安保条約の廃止を理想としているが、この問題は現実的には国際情勢の文脈において検討されねばならない。そのため、「安保改正」から段階的に始めるべきだと述べている。その際、浅沼が日米関係の再検討に関して、改憲を伴わない限り自民党と協力の余地があると発言したことは興味深い。そして、浅沼は三月に行われた三木武夫自民党幹事長との対談でも条約期限の明記を提唱し、党の立場を公にした(4)。

また、和田政審会長も二月八日の衆院予算委員会で、「たとえば砂川の事件がある、あるいはこの間のような米軍の演習場における薬莢を拾っておる農婦の射殺事件が起った。(中略)最後の突き当るところは安保条約と行政協定であります」「日米安全保障条約にはこれを終了する期限というものがないのです。(中略)たとえば三年たてば、もうこの安全保障条約というものは一応期限が切れちゃうんだ(中略)日本国民の自主的な判断によって、そのときに〔安保条約を〕変えるか、変えぬかといったようなことをやる」べきだと主張し、条約期限の明記を迫った。和田は米大使館員との会談でも、日米間で「安保改正」のための真剣な交渉が行われるべき時期にきていること、その具体的内容として、安保条約に条約期限が付加されるべきだと発言している(5)。

このように、ジラード事件によって在日米軍基地への国民の不満が極点へと高まるなか、社会党では一足とびに「安保解消」を唱える姿勢から、条約期限の明記によって米軍撤退、ひいては最終目標たる「安保解消」の足がかりを摑むという、段階的戦術としての「安保改正」論が芽生えていた。

2　岸政権の発足

岸が首相に就任したのは、このように社会党が「不平等条約の改廃」としての「安保改正」を要求するさなかのことである。病に倒れた石橋首相は二月二三日に退陣を表明し、二日後の二月二五日、岸は臨時首相代理から繰り上がる形で政権を発足させた。石井光次郎を副総理に迎えた以外は石橋政権の閣僚及び党役員を再任し、岸が外相を兼摂する居抜き内閣である。

この首相就任に際し、岸は「総理の仕事」、特に外交に専念したいと考えた。では、石橋政権で戦後初めて非外交官出身者ながら外相に就任した彼は、いかなる外交方針を有していたのだろうか。以下、岸政権の安保改定を検討するにあたり、岸の外交論を析出しておきたい。

やや遡るが、岸は一九五六年一二月の外相就任会見において、今後の外交方針に国連の一員としての外交、自由主義国の立場の堅持、対米外交の強化、経済外交の推進、政経分離の原則のもとでの日中関係の進展、国内政治に深く根をはる外交などを挙げた。これらは一九五七年九月の『外交青書』において、国連中心主義、自由主義諸国との協調、アジアの一員たる立場の堅持から成る外交三原則として定式化される(6)。

なかでも、ひときわ異彩を放つのが岸外交の方法論に触れた「国内政治に深く根をはる外交」である。ここには、短期的に見れば鳩山・重光の二元外交や、「帝国の外交官」重光の外交姿勢への反省があった。確かに、重光は「自主独立外交」のための国内政治体制の構築を目指し、内政との協働という外交の「総合化」を図ったと指摘される。だが、重光の場合、それはあくまで外交の内政に対する優位性を確保する手段にすぎない。国内の政治主体から見れば、普段は協働を働きかけられていながら、いざ切所となれば外交権限を外務省、すなわち外相たる重光に一元化せよという「外交一元化」の論理は、日ソ国交回復における重光訪ソの顚末が象徴するように、当然ながら強烈な反発を招く(7)。その意味で、岸に、国内政治過程の論理を顧みきれなかった重光外交への反省があったことは確かであろう。

だが、同時に「国内政治に深く根をはる外交」は政治家岸信介の確信でもあった。岸は外相として臨んだ一九五七年二月四日の石橋政権外交演説の冒頭で、「外交に関する私の信念」として、「政治と外交の一体化」を掲げている。曰く、「私は一国の政治と外交とは表裏一体となって動くものでなければならぬと確信しております。世界情勢を無視した国内の政治があってはならないと同様に、国内の政治的現実を無視した外交もあってはならないのであります。

強力な政治力と国民的理解によってささえられない外交は無力であります」。こうした「政治と外交の一体化」について、後年岸は以下のように解説している。「例えば、日米関係を重視するという外交政策は、日本国内の経済政策とか、あるいは日本の文化の面と絡み合い、関連をもって樹立されなければいかんのです。（中略）国内における政治と噛み合い、国内的な根っこと絡み合わせて外交政策というものを立案し施行していかなければならない[8]」。

このように、岸は内政と外交が相互に関連付けられていなければ、強力な政治は推進し得ないという政治的信念を抱いていた。注目すべきは、外交官出身ではなく、かつ内政と外交を相互に連関させるなどという岸の外相就任が、元来外交の専門性と一元化を旨とするはずの外務省から歓迎されたことである。鳩山・重光二元外交のなかで、鳩山や河野は外務省を通さず、外交一元化の原則を度外視して方針を決めることがままあった。特に、日ソ国交回復交渉は重光訪ソの失敗もあって河野の独壇場と化し、外務省はソ連側からも完全に爪弾きにされたようである。外務官僚たちは、重光の政治的無力さによって外務省の威信が地に堕ち、このままでは単なる政府の外交儀礼部局に成り下がってしまうと危機感を募らせるほど、忍従無限の日々を過ごした。それゆえ彼らは、「外交文書の書き方は知らなくても、政治力のある人の方が良い」として、「大物外相」を切望していたという。こうした経緯を鑑みると、外務省にとって「国内政治に深く根をはる外交」を掲げた「大物外相」岸の就任は、外交政策を裏付ける国内政治基盤の整備の面で高く評価されたといえる。後述するように、こうした岸の方法論は、良きにつけ悪しきにつけ、爾後の安保改定に発揮されることとなる[9]。

3　外務省の「安保改正」構想

さて、こうして外相を兼任したまま首相に就任した岸には、外交上の懸案が山積していた。特にジラード事件は

「安保改正」を政局の俎上に載せた。これまで岸は「安保改正」に慎重な姿勢を示し、まずは日米関係の改善を図るため、日本側の自助努力を積み重ねようとした。

だが、ジラード事件以後、社会党議員が岸に対し、次々に国会で条約期限の明記を主眼とする「安保改正」を主張した。特に曾禰は、岸の外交演説及び首相就任後の所信表明演説に嚙み付いた。彼は岸に対し、「この施政方針の中には、わが国の独立の完成という項目が抜けておったように考えるのであります。（中略）何ゆえに独立の完成ということが外交の一つの柱としてあなたの施政方針の中から抜けておるか」と問い、旧安保条約の問題点を逐一並べ立てながら「安保改正」に対する所見を質したのである。この模様を、岸の傍に控えた林修三法制局長官は以下のように語る。曰く、「この年〔一九五七年〕の第二六回通常国会における外交論議などを通じて、岸さんは、安保条約の技術的欠点などをしみじみと感得されたようである。（中略）曾禰益氏の質問のあったあとだったと記憶するが、岸さんは、私に向かって、安保条約は直さなければならない点があるねと述懐された」。こうして「安保改正」問題が争点化し、国会終了後の日米首脳会談が取り沙汰されるなか、岸は初めて外務省にこの問題に関する具体的検討を指示した。(10)

岸の指示を受けた外務省では、欧米局の安川安保課長が「重光訪米の時とは異なり、大いに張り切って自宅で夜半過ぎまで文書の原稿書きをした」。安川は、条約局の藤崎万里参事官とも意見交換しながら、「安保改正」の問題を検討したという。ただし欧米局は、「安保改正」は相互防衛形式を目指す限り不得策という姿勢を崩さなかった。鳩山政権以来二年間にわたり、日ソ国交回復をめぐる政局混迷や日本国民の反米的傾向の表面化が米国に警戒感を与えてきた以上、当面は日米協力の基本的方向を再確認しつつ、自国防衛の責任を負い、米国の負担軽減を図るべきというのが欧米局の見解だった。(11)

岸の「安保改正」構想のうち、「国内政治に深く根をはる外交」という方針を共有したのは条約局である。この頃条約局は、下田に代わって高橋通敏が局長に、藤崎が参事官に就くなど、かつて西村熊雄条約局長のもとで講和交渉に取組んだ面々が集結していた。その藤崎は三月初旬、米大使館員に対し、政治的観点からみて「安保改正」が必要だと指摘している。曰く、自民党と社会党は外交政策でますます隔絶しており、保守政権を維持する上でも、将来の「社会党政権」に備える上でも、自民党政権のうちに社会党が反対できないような「安保改正」を図るべきだという。その際、藤崎の念頭にあったのが、沖縄及び小笠原の日米共同防衛だった。すなわち、国連憲章は固有の個別的及び集団的自衛権の保有を承認しており、日本も当然沖縄及び小笠原の防衛に米国と共同の責任を有する。社会党もこれに自衛隊の海外派兵というロジックでは反対できず、共同防衛を受け入れるだろうと藤崎は想定したのである(12)。

外務省はこうした欧米局及び条約局の検討作業を踏まえつつ、三月のうちには「日米協力関係を強化発展せしめるために取るべき政策」という政策文書を成案化した。日米平等の立場におけるパートナーシップの確立を謳い、日米間の懸案事項を網羅的に取り上げた本文書は、今回の岸訪米における日米共同声明に、「日米両国共通の利益のために安保条約を改訂することに意見の一致を見た。右改訂に伴い両国政府代表により構成される日米安全保障委員会を設置することとなった」という一文を盛り込むことを目標に設定した。そうなると、俄然この政策文書の中核を「安保改正」案が占めることとなる。条約局が起草した三月一一日付「日米安全保障条約改訂案」がそれである(13)。

興味深いことに、この「安保改正」案は相互防衛方式はおろか、対米貢献の論理自体が消えた点に最大の特色がある。国連加盟に伴う在日米軍の責任及び権限の明確化を趣旨とした本案は、まず第四条で「日本国に対する外部からの武力攻撃」への共同防衛を定め、米国の対日防衛義務を明記した。その一方で、沖縄及び小笠原は条約地域に含まず、ヴァンデンバーグ条項も除外したことで、相互防衛ではなく共同防衛方式であることを強調した(14)。

しかも、この「安保改正」案は極東条項も削除した。同案の第二条は、在日米軍は日本政府の事前の同意なくして、米軍基地を第四条に定める以外のいかなる軍事行動のための基地としても使用しないことを規定し、日本政府が事前の同意を与える事態を、「日本国の共同防衛」及び国連の軍事行動に米国が参加する場合に限定した。そこでは、台湾海峡危機などを念頭に、在日米軍による本土基地から極東有事への出撃に制約をかけることが含意されていた。「自国の防衛に協力してくれることをはっきり約束しない外国軍隊の駐とんを認めるがごときは、主権国家のよくしうるところではない」「現行の安保条約では、相互防衛でないということから、それと関係のないことまで不平等性が及ぼされている」という同案の趣旨説明からは、講和交渉の際、異国の地にいた下田とは異なり、ヴァンデンバーグ決議に藉口されて「駐軍協定」的な旧安保条約を押し付けられた講和作業チームの逆る問題意識が垣間見える。[15]

以上のように、三月一一日付「安保改正」案は重光訪米時と異なり、条約地域を「日本国」に限定した上で、駐留する在日米軍の行動を日本防衛及び国連決議の枠内のものに限定した。その際、この案を作成した根拠として、自民党政権のうちに「将来社会党内閣が出現した場合においても、社会党が党を割ることなくして（中略）廃棄を強行することは不可能」な日米安保条約に改訂する必要があり、そのことは、政権交代がありうる自社二大政党間の外交上の政策距離を狭め得ると言及されたことは目を惹く。こうした「安保改正」の説明は、在日米軍の日本防衛義務に関する文言を修正した同年三月一三日付「日米安全保障条約改訂案（第二案）」でも引き継がれた。[16]

このように、将来の「社会党政権」を見据え、自民党政権のうちに社会党が反対できない「安保改正」を行うべきとの姿勢は、条約局を経て外務省としての政策文書にまで採用された。ただし、外務省は新条約方式を早々に断念し、改正議定書ないし交換公文の形式で在日米軍の配備及び使用に日米両政府の「合意」を要すること、日米安保条約と国連憲章との整合性を明記すること、条約期限を付すことを提起する方針に移る。以上の経緯を経て、四月四日に岸訪米の決定が正式に発表され、四月一〇日から岸はマッカーサー大使との訪米予備会談に臨むこととなる。[17]

4　自民党内の議論――芦田答申――

さて、岸訪米が政治日程に上るにつれて、自社両党でも「安保改正」論議が展開された。ただし、自民党内では結局のところ、「安保改正」時期尚早論が大勢を占め、社会党に比べて政策論議は低調だった。例えば吉田の側近だった増田甲子七は、いまだ米国に守ってもらっている日本が、憲法改正の道筋もなく、自衛力も整備されないなかで「安保改正」を提案することは小児病でしかないと冷評している。長年にわたり「安保改正」を訴え、自身の選挙区でジラード事件が発生した中曽根ですら、今は「安保改正」に正式に取り組む時機ではなく、儀礼的訪米にとどめるべきとの見解を表明したのである。[18]

そうした自民党にあって、この問題に積極的に取り組んだのは芦田グループである。岸訪米の決定が正式に発表されると、芦田会長率いる自民党外交調査会は旧安保条約及び行政協定、日米間の防衛問題、沖縄問題の三つの論点について研究し、米大使館及び外務省に文書を手交することにした。その際、政府の防衛計画に核兵器を織り込まなければ日本の防衛を不具にすると考える芦田は、四月一七日に野村吉三郎、船田らを伴って岸と面会し、当時策定作業が進んでいた第一次防衛力整備計画（以下、一次防）に「新式兵器」を採用するよう申し入れた。この時期社会党から核持込み問題をめぐって集中砲火を浴びていた岸は、芦田らの申し入れを無表情で聞いていたという。[19]

続いて芦田たちは、上記三論点に関する政策文書を四月三〇日までには成文化し、外交調査会で順次承認した。彼らは五月一五日には外務省幹部に、六月七日には米大使館員にそれぞれ同文書を手交している。芦田によれば、米大使館員に対し、自民党内に日米協力への信奉者が存在することを知ってほしいため、この文書を手交したという。[20]

この外交調書（芦田答申）は、端的にいえば「安保改正」時期尚早論を体系化したものといえる。すなわち、「安保改正」の方法には、「安保条約を全然廃棄すること」による自主防衛、旧安保条約の完全な双務的協定化、米軍の日本本土駐留の廃止、「集団安全保障体制」の構築による旧安保条約の発展的解消の四つの選択肢があるが、いずれも国際情勢及び日本の防衛力の現状からは実行不可能である。ゆえに、「今日安保条約の改訂を米国側に提起することは如何かと思われる」と結論づけた。その上で、同文書は、日本は「極東に於ける勢力均衡の一要因として安定勢力の中心となる」べく速やかに防衛力を増強し、西側自由陣営への貢献を実体化すべきこと、基地問題を減らすため、在日米軍は能うかぎり日本に基地を返還すべきこと、極東有事の際の在日米軍の出動について、日本区域の有事の際には日米で共同措置及び協議を行うことを規定する行政協定第二四条の改正、または新たな条項の追加によって事前協議制度を新設すべきと主張していた。日米間の緊密な提携関係の維持強化を強調しつつ基地の返還を求める点で、対米協調の回復を目指す芦田らの政策的志向性がにじみ出ているといってよい(21)。

だが、日米双方とも芦田答申にはさしたる関心を寄せなかった。まず米国大使館は、この文書は親米的な保守政治家すら現状の日米関係に満足していないことを示すものだが、芦田の影響力は局所的であり、この文書は自民党の多数派の見解ではないと冷徹に評価していた。また、芦田の日記によれば、五月一四日に外交調査会が芦田答申を外務省幹部に手交した際、千葉浩欧米局長は「今日まで何ら纏った文書を持たなかったので右調査は貴重な参考になる」と礼を述べたという。これに対し芦田は、「外務省という所はよくよく能率の悪い所だ」などと感想を記しているが、後述のように、この時期岸・マッカーサー予備会談が大詰めを迎えていることを勘案すると、岸訪米の事務作業を所掌する千葉は芦田の政策提言を適当にあしらったとみるべきだろう。芦田の取り組みは自民党にも日米双方の事務当局にも影響力を持たなかったのである(22)。

このように、自民党内は「安保改正」時期尚早論が大勢を占めたため、この問題について党議決定を要する正規の党内手続きに入るほど、政策論議が活発化したわけではなかった。

5　社会党の動き――「不平等条約の改廃」――

他方、これとは対照的に、社会党は、米大使館員の言葉を借りれば、「不平等条約の改廃」に己の政治的命運を懸けて臨んだ。(23)

ところで、社会党内では岸訪米について、左右両派に著しい認識の違いがあった。例えば最左派の平和同志会に属す田中稔男は、岸訪米の狙いは「安保改正」の名の下で軍事同盟としての双務的防衛条約を作ることだと警鐘を鳴らした。こうした「安保改正」は必然的に再軍備を強化し、海外派兵の義務を負う非常に危険なものであり、断固反対すべきというのが彼の見解だった。(24)

これに対し、社会党右派は岸訪米に相当の共振性を有していた。例えば、右派の長老水谷長三郎によれば、社会党は「岸渡米の直前に、いわゆる友好団体として、不平等条約改廃の国民大会を開いて、岸をアメリカに送ろうという考え」だという。水谷は、重光訪米の結果を踏まえ、憲法に違反した義務を負わない範囲において、日米双方の立場を平等にするような「安保改正」が必要だと主張している。あたかもモスクワでの日ソ交渉に赴く鳩山首相を超党派で羽田空港に見送りに行くような口ぶりである。(25)

しかも、西尾派に至っては岸及び外務省を飛び越え、自民党と同様の「安保改正」時期尚早論を唱えていた。西尾は、岸訪米を前にした寄稿文で、現在は日米安保条約とともに日本の防衛問題を真剣に再検討すべき段階であって、「安保改正」交渉は時期尚早であること、社会党は防衛問題に関し国民を納得させる具体的方策を有しておらず、従来の行き掛かりにとらわれずに研究をはじめるべきだと論じていた。在日米軍撤退を求めるなら米国の極東戦略に合わせて長期的な防衛力増強計画を決定すべきというのが西尾派の共通見解だったのである。(26)

こうした左右間の対立構図は、「不平等条約の改廃」の具体案策定作業にも反映された。それを象徴するように、党内論議では、左派の佐多国際局長と右派の曾禰企画局長という、左右両派を代表する外交論客が激しく対立した。

まず曽禰の議論をみてみよう。彼の主張の要点は、不平等条約は日米間のみに存在するのではないという点に尽きる。曾禰率いる企画局は三月二二日、「国民運動の展開と実施要項」という文書を作成した。「不平等条約改廃をめざす運動は、日本の独立の完成と正しい外交による平和と安全の確保を目標とす」べきとの立場から、曾禰は、「不平等条約の対象、範囲、内容を、それによって主権を制限され、不利益をうける日本国民の問題意識によって整理する」ことを主張した。そこで彼は、「安保解消」は中ソ同盟条約との「同時解消」とし、かつ「日米中ソ集団安全保障体制」の確立と表裏一体とすること、外国軍隊の撤退、軍事基地の撤廃ないし新設拡張の即時中止を要求すること、米国主導の「太平洋同盟」に反対すること、沖縄及び小笠原返還と全千島及び南樺太の返還の双方が必要だと提言した。このように、曽禰は「不平等条約の改廃」にあたり、党の外交方針を確立、強化した上で、具体的なプログラムが不可欠だと説いたのである。(27)

これに対し、佐多率いる国際局は「安保破棄」を提起した。曰く、日米安保条約は米軍による占領を恒久化したものである。そうした本質を有する安保条約の「改正」は無意味かつ欺瞞的であり、相互対等の防衛条約に代えることも党の基本方針に反する。ゆえに、安保条約の前文及び第四条を援用し、緊張緩和の進展、日ソ国交回復及び国連加盟といった、「国際情勢の変化」を根拠とする安保条約の「一方的廃棄」により、「日米中ソ集団安全保障体制」を構築すべきである。北方領土に関しては、ソ連が領土的野心はないと言明する以上、沖縄米軍基地及び安保条約に関わる問題であり、「安保体制の改廃」後に検討すべきである。以上が佐多の立論だった。[28]

佐多が提起した安保条約の読み替えによる「一方的廃棄」論に対し、曾禰や河野密は猛反発した。「社会党政権」の樹立を目指し、政策の現実化を図ってきた右派の両者にとって、いまや重要争点に浮上している「安保改正」問題への対応は、一月の党大会に続く正念場であった。四月三日、「不平等条約改廃国民運動」の統括組織たる国民運動連絡会議は、「不平等条約の改廃」は安保条約と中ソ同盟条約の「同時解消」及び日米中ソ相互不可侵、相互安全保障体制の構築を最終目標とすること、当面は安保条約の「根本的な再検討」を目指し、特にその第一段階では条約期限の明記、日本の再軍備を伴わない米軍撤退を主張するという方針を決定した。[29]

こうして、条約期限の明記といった具体的な改正点が社会党の機関の政策目標として初めて登場することとなった。この時点では、曾禰の見解を基調とする安保条約の「根本的な再検討」及び中ソ同盟条約との「同時解消」が党の方針に据えられたのである。

ところが、以上に見た「不平等条約の改廃」の具体化方針は、四月下旬の社会党訪中使節団派遣（以下、第一次浅沼訪中）によって大きく覆された。浅沼を団長とし、勝間田、佐多、曾禰、成田知巳らが加わった左右統一後初の訪中使節団は、毛沢東、周恩来ら中国首脳との会談の機会に恵まれたばかりか、四月二二日発表の浅沼・張奚若（中国人民外交学会会長）共同声明で、日中国交回復、「アジアにおける対立的軍事ブロック」の解消、「日米中ソ集団平和」を保障する条約の締結で一致した。特に、毛沢東が「日本が米国から独立し、日本の軍国主義復活の可能性がなくなり、また、日本の軍国主義を利用するものもなくなれば、日中両国は不可侵条約を結ぶことができる。そのときは中ソ友好条約の軍事的なものは解消させる」と述べたことは、訪中使節団にとって重要な成果と見なされた。中ソへの警戒感が強い曾禰ですら、当時の中国は百花斉放百家争鳴期であり、「万事、好々で北京の会談を終わった」と回想するほどである。実際、早期の日中国交回復を提起した浅沼に対し、周恩来は、日中関係は段階的に発展していくと返答し、毛沢東に至っては「安保破棄」前の日中国交回復も実現可能だなどと柔軟な発言をしたという[30]。

問題は、これを受けて党内で左派を中心に日中国交回復という政治目標と「安保破棄」論がより明確に連動し始めたということである。まず国際局が、佐多局長の帰国早々、日中国交回復のための「安保破棄」論を起案した。しかも、訪中後の浅沼は安保条約の「根本的再検討」ないし条約期限の明記論を封印し、中国寄りの姿勢を鮮明にし始めた。例えば、六月六日に河上丈太郎、西尾とともに米大使館を訪れた浅沼は、中国人民解放軍は経済建設に投入されているという訪中時の周恩来の説明を根拠に、中国は中ソ同盟条約を軍事同盟から経済協定に変更するはずであり、中ソの側から見れば日米安保条約及び米国の存在こそが軍事的脅威なのだと論じて、マッカーサーと激しい応酬を繰り広げた。五年前、中国共産党政権を事実でなく期待に基づいて対処することは危険だと米大使館員に説いた浅沼の対中認識は跡形もなく消え失せ、彼はこの頃から米大使館への足が遠のくようになる。かくして、第一次浅沼訪中は「不平等条約の改廃」、そして爾後の安保改定をめぐる社会党内の論議が変質していく契機となったのである[31]。

6　岸の二段階構想再考

以上のような自社両党の「安保改正」論議の只中で、岸・マッカーサー訪米予備会談は四月一〇日から開始された。先述した外務省の検討作業をふまえ、日本側は四月一三日の第二回会談にて、在日米軍の配備及び使用は原則日米両政府の「合意」によって行われること、日米安保条約と国連憲章との整合性を明記すること、条約期限を五年間とし、その後は一年前の予告で「廃棄」できるように明記することの三点を申し入れた。また、在日米軍及び基地について、日本の防衛力増強に伴い、「在日米軍が陸上戦闘部隊の完全撤退を含み、可能なる最大限日本より撤退すること」と、撤退後の基地返還などを要望している。岸訪米での「安保改正」問題に関する提起項目は、おおよそ以上の内容に落ち着いた。ただし、訪米直前の六月一五日付文書で、在日米軍の配備及び使用については「合意」ではなく、日米両国の「協議」へと修正した。在日米軍の行動への制約に反発する米国軍部の意向が駐米日本大使館から伝わるなか、外務省は日本政府の拒否権を含む「合意」から、「協議」へと譲歩したようである。(32)

では、この間、岸は「安保改正」にどのように取り組んだのだろうか。広く知られるように、岸はこの訪米に際し、「安保改正」を二段階で考えていたといわれる。それは、先行研究によれば、まず第一段階で旧安保条約を是正し、保守政権の国内政治基盤を固めて憲法改正及び防衛力増強を行う。これを受けて、第二段階では相互防衛条約を締結し、「日米一体」の双務型攻守同盟関係を構築するという構想である。(33)

実際に、岸の構想は外務省でも認知されていた。条約局の藤崎参事官は米大使館員に対し、岸の狙いは保守勢力の政治基盤を固めて憲法を改正し、防衛力増強を実現することで、最終的に日米間に相互防衛条約を締結し得る状況を醸成することにあり、今回の訪米の眼目は将来的な日米交渉のための「舞台」を設けることだと発言している。その際藤崎が、日本国民は新たな軍事的義務を忌避しており、相互防衛条約など望んでいないと指摘していることから、二段階構想は岸自身が発案した可能性が高い。四月一三日の第二回訪米予備会談に向けた準備資料で、「総理個人の考えとしては、終局的には日本も米国との間に、真の意味の相互防衛態勢を確立することを目標とすべきことを述べることとする」〔傍点は引用者による〕と括弧書きされていることも、このことを裏書きしていよう。(34)

ただし、岸が二段階「安保改正」構想を対米交渉に供することは、ついぞなかった。例えば、四月一三日の第二回会談で米国側に手交した政策文書「安全保障態勢」には、今回の交渉は「現行条約を修正するだけであって、これに代わる『相互防衛条約』を締結せんとするものではない」と明記されていたし、岸が上記の「総理個人の考え」を述べた形跡も米国側文書からは窺えない。欧米局の安川安保課長が回想するように、岸は訪米予備会談においてほとんどの場合、事務当局の準備資料の趣旨に沿って発言していたようである。(35)

以上を踏まえたうえで実に興味深いのが、五月一一日の第七回訪米予備会談における岸の発言である。ここで岸は、極めて異例のことながら、大野勝己事務次官の決裁まで下りた外務省の総理発言案を却下し、初めて「事前のメモなしで（extemporaneously）」「真剣に、かつ実感を込めて（with seriousness and feeling）」、自らの見解を開陳した。(36)

自分としては、安保条約を改正し、南方諸島の問題を解決した上で〔二年後までに行われる衆参の選挙に〕臨みたい。そうすれば両院とも憲法改正に必要な三分の二の多数を獲得できるであろうと思う。そうしてこそ初めて、自分の年来の主張である憲法改正が具体的に日程に上らせることができる。

〔西側自由陣営の一員として自由民主主義体制を堅持する上で〕民主主義政治の健全な発達のためには二大政党の存在が不可欠であるが、その一方の社会党が特に外交政策の面において極端に走る傾向にあることを、私は日ごろ憂えているものである。社会党の中には穏健な良識ある者も少なからずいるのであるが、現在社会党において左派の勢力が強いため、これらの穏健分子は抑えられている。自分としては、彼らの力が社会党内において指導権をにぎり、社会党が責任野党（responsible opposition party）となる環境をつくって行きたいと考えている。それには急進的な社会党左派（extreme leftists）といえども外交政策上多数の国民の支持を犠牲にすることなくしては、まっこうから反対できないような状況を、保守党の手でつくって行くのが最善の途であり、そうなればいきおい社会党内でも穏健な分子の勢力が増大してくるに違いないと思う。これは労働組合についても同様のことがいえると考える。(37)〔傍線は引用者による〕

実は、このとき外務省条約局は一連の訪米作業で初めて総理発言案に二段階構想を記載し、憲法改正後の防衛力増強と「本格的な相互防衛条約」への「安保改正」を明記していた。[38] 問題は、なぜ岸はせっかく条約局が彼に寄せてきた同発言案を自ら却下し、訪米予備会談の場で相互防衛条約化に言及しなかったのかということである。

上記の通り、岸が雄弁に語ったのは「安保改正」による「交錯する保革二大政党制」の促進であり、より具体的には、社会党右派育成論だった。これまで述べてきたように、経済自立と、これを前提条件とする「真の独立」の二本立てから成る岸の「独立の完成」は、「交錯する保革二大政党制」をその国内政治基盤に想定していた。その際岸は、革新政党は共産党に対し明確な線を引く国民政党となり、保守政党も「国家的国民的」立場から進歩的政策を採用することで、政権が交代しても現実的に大きな政策的相違が出ないことを重視した。岸は後年、この「交錯する保革二大政党制」の革新政党には社会党右派、わけても西尾派を念頭に置いていたと回想する。すなわち、「本来は社会党自身が西尾君一派の考え方をもって自民党に対する第二党になって欲しかった。自民党の政策が間違った場合には、政権を担当する国民政党にまで成長してもらいたいというのが私の一貫した考えでした」「『交錯する保革二大政党制』の」一方は社会主義政党《ママ》はアンチ共産主義でなければならず、しかも資本主義の考え方とは違った政党、まあ現在の民社党のような政党が望ましい。そうすればこの二大政党によって政権が民主的にスムーズに交替できるだろう」というのが岸の目算だった。[39]

こうしてみると、五月一一日の発言はまさしく岸の政治的信念が発露したものだといえる。岸の「独立の完成」構想が実現するには保守政権のみが強化されても充分ではなく、むしろ政権交代可能な国民政党としての革新政党が台頭し、「交錯する保革二大政党制」が確立されることが不可欠である。それにもかかわらず、社会党右派が取り組む「社会党政権」の樹立に向けた政策の現実化や、「不平等条約の改廃」の具体化が左派の反発で難渋していることは、岸の憂慮を深めたであろう。現に、岸は別の訪米予備会談で、「岸内閣としては総評の力を壊すことを政策目標としている。（中略）総評の力を壊すことは岸内閣の最大の政策であり、これがため十分の準備と政策をもつ」と強調している。岸からすれば、外務省の総理発言案に沿って「日米関係に対する左派勢力の宣伝を押え、外交政策に対する世論を保守政権に有利に転回せしめ、保守安定政権の基盤を確立」し、憲法改正及び相互防衛条約化を果たすなどと米国側に言及することは、年来の政治構想にそぐわない上、この状況下では不用意極まりないことだっただろう。(40)

このように岸は、この訪米の時点では、社会党左派の攻撃材料を潰して彼らを封じ込め、党内右派を側面支援することで、「独立の完成」のための国内政治基盤たる二大政党制を構築するという、内政の論理を重視していた。沖縄・小笠原問題の提起と合わせて考えるならば、反米感情の慰撫を含めて、日米関係の改善を図るべくその国内的条件を整えようというのが、訪米にあたっての関心事だったといえよう。

7　社会党の挫折と岸訪米

だが社会党は、曽禰ら右派の奮闘も虚しく、「不平等条約の改廃」の具体策を案出できなかった。第一次浅沼訪中によってそれまでの「不平等条約の改廃」の具体化方針が覆されるなかで、党内では「不平等条約改廃国民運動」のあり方自体をめぐる対立まで表面化していた。例えば田中稔男は、「不平等条約の改廃」とは「サンフランシスコ体制から脱却する、そして本当の平和と独立を獲得するという闘い」であり、「安保条約は（中略）廃棄が問題」なのだと強調する。のちに党国際局長に就任する鈴木派の岡田宗司も、「この条項〔旧安保条約第四条〕があって、しかもアメリカが軍事基地が必要なんだと突っ張って行けば、結局われわれの方の合理的、論理的な要求を支持する力」が不可欠であり、そのためには条理論ではなく、運動を盛り上げるための簡明直裁さが重要だと説いていた。(41)

このように、第一章で述べたような「独立の完成とは、（中略）アメリカからの所謂、『従属関係』を断ち切ること丈けで万事終れりとの意味ではないと共に、独立の達成は、同時に独立を守り通すこと即ち安全保障が具体的に備われねばならない」という観点から、米ソいずれにも偏りなく「不平等条約の改廃」を精緻に進めていくべきとする曽禰の、ひいては社会党右派の議論は、党内で浸透しなかった。「独立の完成」とは何よりもまず「安保破棄」が前提であるという観点から運動の高揚を重視する左派との懸隔は、容易には埋められなかったのである。

結局、社会党は「不平等条約の改廃」の具体案ではなく、左右統一時における「国際平和確立の方途」に立ち戻った。すなわち、岸の訪米出発直前の六月一五日に開催した「対米要求国民大会」で、安保条約を「解消」し、あわせて「相対立する軍事同盟に代わる日米中ソによる不可侵、集団安全保障の平和体制」の確立が必要だという「安保条約、行政協定廃止及び日本における軍事基地撤去に関する決議」を採択するにとどまったのである。当然このような新味のない「対米要求国民大会」には世論の関心も集まらず、報道機関の注目も低調であった(42)。かくして社会党は、岸訪米以降の安保改定過程に対し、自らの外交・安全保障政策を明確にできないまま臨むこととなる(43)。

こうしたなかで、岸は六月一九日から三日間にわたる日米首脳会談に臨んだ。安保条約に関連する諸問題では、まず在日米軍の陸上戦闘部隊全面撤収を含む大幅な削減が決定された。軍事費削減を喫緊の課題とするアイゼンハウアー政権は極東の米軍再編、特に米地上軍撤退を進めており、在日米軍削減はそもそも既定路線であった。こうした文脈の中で、岸訪米に際し、日本国内の基地反対運動、ひいては反米感情の高まりに適切に対処するため、陸上戦闘部隊の全面撤退を含む大幅な在日米軍削減が実現したのである(44)。

なお、先行研究でも指摘されるように、岸・ダレス会談においてラドフォード（Arthur W. Radford）米国統合参謀本部（Joint Chiefs of Staff, ＪＣＳ）議長は、「統合幕僚会議としてはやむを得ない場合は戦斗部隊のみならず、日本からの完全な撤退も可能であるとの結論に達している（中略）われわれは、米軍の駐屯を希望しない国からは、いつでも撤退する用意がある」と言い渡した。現地軍たる極東軍とは違い、日本本土への米軍駐留の価値を相対的に低く評価するＪＣＳは、この時点では配備及び使用などに制約を受けてまで在日米軍を維持する必要性を認めていなかった。そのため、彼らは単なる交渉戦略上の威嚇ではなく、在日米軍の全面撤退を実際の選択肢として検討していたようである。この在日米軍全面撤退の提起に、岸は返答を避けた[45]。

よく知られるように、件の三つの「安保改正」提起のうち、米国側は国連憲章と旧安保条約の関係の明確化を受諾し、九月一四日には「日米安全保障条約と国際連合憲章の関係に関する交換公文」が取り交わされた。他方、条約期限の明記は米国上院の承認を要するため、日米共同声明で旧安保条約の暫定性を確認するにとどまった。在日米軍の配備及び使用については、「実行可能なときはいつでも」協議するという表現で共同声明に盛り込まれることになった。その上で日米双方は、安保条約の実施、そして在日米軍の配備及び使用を協議するための日米安全保障委員会の設置に合意した。こうした会談結果を踏まえ、日米共同声明では、「合衆国によるその軍隊の日本における配備及び使用について実行可能なときはいつでも協議することを含めて、安全保障条約に関して生ずる問題を検討するために政府間の委員会を設置することに意見が一致した。（中略）大統領及び総理大臣は、千九百五十一年の安全保障条約が本質的に暫定的なものとして作成されたものであり、そのままの形で永久に存続することを意図したものではないという了解を確認した。同委員会は、また、これらの分野における日米両国の関係を両国の国民の必要及び願望に適合するように今後調整することを考慮する」〔傍点は引用者による〕と記された[46]。

この岸訪米及び共同声明は「日米新時代」の到来を告げるものと喧伝された。ただ、仔細に見ていくと実際には多くの問題点をはらんでいた。まず、配備及び使用に関する協議の射程が「日本における」ものに限定されたことにより、戦闘作戦行動かどうかを問わず、在日米軍の域外行動は協議の射程外とされた。そして、協議される「配備」の対象に核兵器が含まれているのかは、日米間で詰められなかった。さらにいえば、「本質的に暫定的なもの」だと確認された旧安保条約と、日米安全保障委員会で「今後調整すること」との関係が曖昧にされたことで、同委員会が「安保改正」の検討作業を所掌するかどうかも不明確となった。(47)「不平等条約の改廃」という自らの外交・安全保障政策の具体化に挫折した社会党が、この点に目をつけ、岸政権批判への活路を見出すのは時間の問題であった。

ともあれ、岸はこの日米首脳会談を経て、日米安全保障委員会の設置及び在日米軍の大幅撤退を主眼に「日米新時代」の到来を大々的にアピールしながら、自身の政権運営を本格化させていく。次節で見るように、日本の国内政治過程は、安保条約の「不平等性」から「日米新時代」へと状況認識を切り替えつつ、「独立の完成」を目指す岸の内政及び外交政策をその俎上に載せていくのである。

第二節　岸訪米後の内政・外交と安保改定——争点の変容——

1　岸政権の本格始動

「政治と外交の一体化」によってこそ強力な政治を推進できると考える岸にとって、次なる課題は「独立の完成」に堪え得る国内政治基盤の確立である。だからこそ、岸が訪米後真っ先に取り組んだのは党人事の一新及び内閣改造だった。石橋政権からの居抜き内閣を続けた岸にとって、日米首脳会談を乗り切った後に「自前の内閣」をつくるというのは既定路線だった。彼には、「新時代の日米関係を基礎に日本のこれからのすべての問題を考えていく、そこから本当の岸内閣だ」という心算があった。(48)

その際、岸の人事戦略の要諦は、幹事長の座にある政敵三木武夫を党三役から外して最側近の川島正次郎を押し込み、池田を蔵相から外しつつ閣内にとどめおくことだった。結果はどうだったか。七月一〇日の党人事及び内閣改造では、大野伴睦副総裁のほか、党三役に川島幹事長、砂田重政総務会長、三木政調会長が就任した。同日、藤山愛一郎外相、一万田尚登蔵相、河野一郎経済企画庁長官を骨格とする内閣改造も発表されている。結局、岸は川島幹事長を実現させたとはいえ、三木が政調会長に残るとともに、池田を閣外に放つ結果となった。他方、鳩山後継の総裁選と同様、この党人事及び内閣改造における焦点は河野の処遇であったが、岸は今回も彼との提携を選んだ。河野の経企庁長官としての入閣、砂田総務会長の留任をはじめ、河野派は一万田蔵相、根本竜太郎建設相など五人の閣僚を送り込んだ。この陣容に、今回の改造内閣は「岸河内閣」との陰口まで囁かれたという(49)。

当然、吉田はこの結果に憤慨した。対米協調の回復が必要だと考える彼は、河野こそ日本を中立化の危機に陥らせて日米離間に導く獅子身中の虫だと嫌悪していた。そもそも吉田は、岸政権が発足した当初、池田に対して岸への協力を説いていたという。実際に、吉田は岸訪米を高く評価し、この内閣改造に際して「旧自由党か《ママ》団結し、貴台〔石井光次郎〕、池田〔勇人〕佐藤〔栄作〕の三君か《ママ》提携して岸〔信介〕首相を助、強力内閣人材内閣を期待」した。このように、旧自由党系の復権を目指していた吉田にとって、池田が蔵相を交代させられ、河野派偏重の人事となったことは許すべからざる事態だった。現に吉田の意を汲む面々は、こうした顔ぶれの政権には協力できないと岸派に伝えたという。吉田の書翰に散見される、「岸訪米の成果は小生ハ百五十点と評価放送の処内閣改組ハマイナス百五十点、(中略)小生岸後援を標榜せる所の進退谷《きわ》まり申候」「〔岸内閣は〕悪の逐放を看板としながら、徒らに俗論ニ媚ひ悪人と因縁を絶たすんハ岸内閣の前途知るへきのみと存候」といった表現には、岸の人事への不満と、「悪人」河野に対する憎悪の深さがありありと示されている(50)。

こうして、自民党では親河野派と反河野派の対立構図が鮮明となった。吉田は対米協調路線で一致する芦田のほか、池田と気脈を通じる三木とも反河野で提携し、非主流派としての姿勢を強めていく。これに対し、三木と同じく改進党左派に位置した北村徳太郎、中曽根、園田直らは、先述のように河野派へ馳せ参じていた。爾後、岸はこの対立に旗幟を鮮明にせず、フリーハンドを保ったうえで勝ち馬に乗る「両岸作戦」をとることとなる。[51]

さて、「自前の内閣」を組織した岸政権は、九月一七日、「国民に信頼される清潔な政治」「新時代をつくる教育と技術」「根強い産業、画期的な輸出増進」「労働に秩序を、全国民に社会保障」「国連中心にアジアと世界を結ぶ外交」の五大政綱から成る自民党新政策を発表した。このなかで特に耳目を集めたのが後者二項目、すなわち労働・社会保障政策と外交政策だった。[52]

まず労働・社会保障政策について見ていきたい。この新政策は、労働争議の合法、非合法の境界を明確にし、「労働組合運動を逸脱した集団的非合法行為は、厳にこれを排除せしめる」ほか、完全雇用及び最低賃金制の実現、国民皆保険の実施、国民年金制度の導入を掲げた。岸は九月一八日にマッカーサーと会談した際、新政策により労使間の適切な関係を構築する旨を強調している。曰く、労働運動の目標は経済面に限定されるべきであり、総評のような労組の政治運動には政府による対抗措置が必要である。現在、社会党は総評に支援される左派と、より保守的な労組に支援される右派に分断されつつあり、その場合、社会党は政府に対抗する長期的な闘争が不可能になるという。[53]

2　岸訪米後の社会党

岸が的確に看取したように、この頃社会党は深刻な党内不和に陥っていた。「不平等条約の改廃」の具体化に失敗し、六月一五日の「対米要求国民大会」も脚光を浴びず、社会党は「安保改正」という重要争点を党勢拡大に活かせなかった。しかも、その社会党を全購連事件が直撃した。全国購買農業協同組合連合会から和田政審会長、野溝勝ら党内左派の領袖に渡った過去の不正政治献金が発覚したのである。

社会党の統制委員会は七月二六日、「党の面目を汚した道義的責任を追及する」として和田及び野溝に一年間の役員権停止処分を下した。これにより、和田は政審会長を失職したほか、和田、野溝両名は翌一九五八年二月党大会での中執委員及び党役員選出が不可能となり、少なくとも二ヶ年は党の要職から外れることが決まった。この事件は政治家には逮捕者が出ず、刑事責任も追及されていないものの、社会党は党の領袖に対し、事前の予想よりはるかに重い処分を下した。報道各社は社会党が「党風刷新」のために思い切った措置をとったと好意的に評した。(54)

だが、この処分決定には社会党内の陰惨極まる派閥対立が陰に陽に反映されていた。そもそも、旧左派社会党の書記長経験者である和田及び野溝がこうした政治献金を受け取ったのは、鈴木委員長の下での左社の放漫財政、そして旧左社の機関紙『社会タイムズ』への資金繰りのためだったといわれる。しかも、社会タイムズ社が莫大な借金を抱えて倒産した際、鈴木及び経営を任されていた江田三郎は責任追及から逃れた一方、財界への顔の広さから個人債務を背負わされていた和田には莫大な借金が残ったという。和田派は統制委員会において、こうした旧左社時代の資金工面という経緯を縷々説明した。(55)

これに対し、和田及び野溝への厳重な処分を要求したのが西尾派だった。彼らには、昭和電工疑獄事件の際、西尾に対する離党勧告、事実上の除名処分を主導した和田への報復感情があった。直近の出来事で言えば、一月の党大会で左派修正案を押し込んだ和田への敵愾心もあった。そして、和田と激しく対立する鈴木は「党風刷新」を高唱しつつ、和田派の必死の釈明にも静観を決め込んだ。和田及び野溝への一年間の役員権停止は西尾派の収穫には違いなかったが、鈴木派も党大会以降急速に台頭してきた政敵和田を漁夫の利を得て失脚させ、主流派の求心力回復に成功し

たのである。(56)

その上、西尾派はさらなる攻勢に出た。西村栄一による労組の分派活動と、曾禰が立案した訪米使節団の派遣がそれである。一九五七年春闘での国鉄労働組合（国労）の実力行使、及びこれに対する国鉄当局からの処分に端を発する国鉄新潟闘争は、この年最大の労働争議であった。国労新潟地方本部は七月一〇日から抜き打ちストを敢行したが、労働省及び運輸省がストには強硬な姿勢で臨むよう国鉄当局に要請したことで、国鉄新潟闘争は当局からの処分と労働側の実力行使が繰り返される泥沼の様相を呈していた。そのさなか、国労内部に第二組合が結成され、西尾派と組む全労の支援により全国にこの動きが広がった。米大使館の見るところ、国労における分派活動の首謀者は、三月に新党結成構想を披瀝し、岸と気脈を通じる西村だった。危機感を募らせた総評が八月末、社会党に対し岸政権との対決姿勢を鮮明にすること、第二組合運動に断固たる措置をとるべきことを申し入れるほど、事態は深刻化していた。(57)

他方、社会党の訪米使節団派遣は、遅くともこの年五月には俎上に載っていた。「社会党政権」への準備として日米間の友好外交を展開すべきと考える曾禰によれば、「統一社会党が決して反米主義的な中立主義でないということを強く印象づけて帰るのがその〔訪米使節団派遣の〕目的」だった。実際、曾禰は米大使館員との会談で、この訪米は交渉や合意を目的とはしないが、社会党の立場や政策に関する米国側の誤解を正したいと抱負を語っている。これを受けて米大使館は、社会党右派が訪米使節団派遣の成功による党内での影響力増大を望んでいると看取した。すなわち、彼らが数的に劣勢にあるなかで、より穏健な社会党の方針には米国の理解が得られると示すことができれば、右派の賢明な政策を党に採用させることが可能となる。それが曾禰の狙いだというのである。(58)

だが、河上丈太郎を団長とする社会党訪米使節団が捗々しい成果をあげたとは言い難い。河上一行は一〇月七日にダレスを表敬訪問し、「安保解消」、核実験の即時廃止、沖縄及び小笠原の返還、対共産圏に対する貿易制限の完全撤廃について米国有力者と議論を交わしたいという訪米使節団の目的を説明した。これに対し、ダレスは、そうした事柄は政府代表以外の誰とも議論できないとのみ伝えた。訪米使節団はロバートソン極東担当国務次官補やマーフィー元駐日大使（Robert D. Murphy）、国防総省の当局者とも会談したが、彼らは反共政策の公式論に終始し、「安保解消」及び「日米中ソ集団安全保障体制」の非現実性を難詰するのみだった。米国の理解を背景に社会党右派の発言権を増大せしめるという彼らの思惑は、米国政府の容れるところではなかったのである(59)。

加えて、九月末から一一月初頭という訪米時期がスプートニク・ショックと重なったことも不運だった。まだ日本が「中進国」と評された時代の、それも野党の訪米使節団ながら、実際には、彼らは共和党の元大統領選候補デューイ（Thomas E. Dewey）、民主党の前大統領選候補スティーブンソン（Adlai E. Stevenson II）を含む政界、学界、民間の多数の有力者との会談に恵まれている。だが、日米双方ともスプートニク・ショックが世論を席巻するなかで、社会党訪米使節団の動向は国内向けの訴求力を著しく損ねた。率直な意見交換及び相互理解の醸成によって社会党に対する認識を正確ならしめるという訪米目的からすれば、彼ら使節団の動向が米国の新聞に載ることもなく、日本国内でも「成果ほとんどなし」と報道されたことは、実際以上に社会党に挫折感を与えただろう(60)。

以上を大局的にみれば、総評の影響力排除に狙いを定めつつ、右派の西村らの動きと呼応しながら社会党左派の封じ込めを策する岸の思惑は、右派の勢力回復には達していないまでも、一定の成果を挙げたといえる。実際、一九五八年二月の米大使館報告書によれば、社会党内の情勢は統一以来最も険悪であり、毎年一月の定期党大会も深刻な党内対立や大会の混乱を晒さぬよう、総選挙対策を理由に延期しているという。岸はこの後、社会党左派の封じ込めを一層本格化させ、総評のほか、日教組にも勤務評定導入によって圧力を加えていく。そして、爾後の全労会議及び総同盟といった社会党右派の支持団体と総評は、岸政権の自民党新政策に並ぶ最低賃金制の実現、国民皆保険の実施、

国民年金制度の導入といった労働・社会保障政策の是非をめぐり、鋭く対立することとなる。(61)

3　岸外交と自民党

他方、自民党新政策のうち外交面をみると、岸は先述した一九五七年七月の内閣改造で財界から盟友の藤山愛一郎を外相に起用し、「国連中心にアジアと世界を結ぶ外交」への取り組みを本格化させた。そして、岸は一九五七年五月及び一一月の二回にわたる東南アジア諸国の歴訪、九月の国連総会における軍縮及び核実験停止決議の単独提出、非同盟諸国の盟主たるインドへの外遊及びネルー首相（Jawaharlal Nehru）の来日と、その際の「日印提携」の強調、政経分離に基づく日中貿易の促進などに取り組んだ。また、一〇月には日本の国連安保理非常任理事国入りが実現している。

この岸外交に対し、マッカーサーは、岸の狙いは日本の内政及び外交の諸問題が前進していると印象付けることで、国民感情に自信と目的意識を取り戻すことにあるのだと分析した。特に、核実験停止決議の提出や中国貿易拡大、「日印提携」論の唱導には、重要争点では米国とも対峙するという「日米新時代」をアピールするとともに、日本国内の中立主義的思潮を社会党支持から引き剥がし、岸の方へ吸収しようという狙いもあったという。(62)

このように、「独立の完成」を目指す岸は、「日米新時代」の外交政策において、冷戦を闘う西側自由陣営の一員としての反共外交の姿勢を堅持しつつ、国連外交及びアジア外交を念頭に日本外交の地平を拡大した。そのことにより、岸は日本の国際的地位を向上させ、日本の自主性を担保しながら米国と対等な関係を構築しようとしていた。

だが、こうした岸の外交政策、特に対中政策は激しい論議を招いた。特に大きな波紋を呼んだのが、第四次日中民間貿易協定交渉である。鳩山政権が締結した第三次日中民間貿易協定は、去る一九五七年五月四日に期限を迎えていた。けれども、岸政権は訪米前という事情もあって中国通商代表部の設置及び対中禁輸緩和といった懸案事項に明確な見解を表明せず、次なる協定への交渉は開始されていなかった。

このさなか、岸は同年六月三日に訪台し、二日間にわたって蔣介石総統と会談した。その際、岸は反共政策の重要性で蔣と一致し、「大陸の自由回復には日本は同感である」と発言した旨が報道された。この会談で岸が蔣の「大陸反攻」論を実際に支持したかどうかは微妙である。むしろ、この訪台には日中貿易の促進に蔣介石の諒解を求める狙いがあったようだ。実際、岸政権は七月一六日に対中禁輸をソ連東欧圏と同水準にまで緩和している。だが、中国は岸訪台に猛反発し、七月二五日には周恩来が激しい「岸批判」を展開した。爾後、中国は反右派闘争による政策の急進化と連動しながら、日本国内の親中勢力に働きかけて岸政権の対中政策を軌道修正させるべく、日本に対して強硬な姿勢をとり始めるのである(63)。

こうした状況のなか、九月から始まった第四次日中民間貿易協定交渉は、中国通商代表部の人数、外交特権及び国旗掲揚権といった政治的待遇をめぐって難航した。交渉中断及び自民党内の激しい論議を引き起こしながら一九五八年三月五日に調印されたこの協定には、貿易額の引き上げ、「国家承認とは無関係」のものとしての中国通商代表部の国旗掲揚権の承認、外交特権の付与などが盛り込まれた。いずれも中国側の強硬な姿勢を前に、日本側が譲歩を余儀なくされた格好である。この結果に中華民国側は強く反発し、日華通商協議の中止、対日輸入の一部停止といった対日経済制裁措置を発動した。いわゆる日華紛争の発生である(64)。

このような第四次日中民間貿易協定交渉をめぐる混乱は、一連の岸外交自体を日本の国内政治過程の争点に浮上させた。特に自民党では、岸の「両岸外交」に不満が集中した。その急先鋒は、例のごとく芦田グループである。岸という「素人が〔外交を〕いぢくり廻してめちゃくちゃにしている」と嘆く芦田は、船田中、須磨弥吉郎、保科善四郎らとともに、「岸内閣の外交はまるで“No coast”で中立主義に近い、これで日本の Security はどうするのか」などと気炎をあげた。そして、一九五七年一一月一七日に岸と面会した芦田は、「日米両国の輿論は総理訪米の際が頂上に近い位接近していたが、その後は、（中略）中立主義国に接近するような具合で米国に失望を与えているし、次々と米国を不安ならしめている」と述べ、岸の外交政策を面と向かって論難している。(65)

芦田には、岸外交が「左派に降伏したに均しい」ものであり、「外交を内政に利用しようとする」間違った方法のせいで、日米両国の世論が離れつつあるという危機感があった。そしてその点では、吉田も軌を一にした。吉田は岸について、「賢すぎる」（too clever）ために多くの人々の意見を傾聴し過ぎており、決断力のある指導者だと示せていない。岸の将来は河野との関係を断つかどうかにかかっているなどと語っていた。(66)

このように、内政と外交が相互に関連付けられていなければ強力な政治を推進することはできないという岸外交の方法論は、芦田、そして吉田といった外交官出身の政治家には肯んじ得ないものであった。彼らは、自民党外交調査会を牙城として第四次日中民間貿易協定の承認に最後まで抵抗した。そしていよいよもって、岸政権が「両岸外交」となっているのは「一部有力閣僚」すなわち河野経企庁長官の意見に左右されているからであり、日米関係が悪化していくとの不満を強めていくのである。(67)

他方、これとは逆に、三木武夫や松村謙三ら旧改進党系は対中政策及びアジア外交を念頭におきながら、岸外交があまりにも反共姿勢及び対米協調に過ぎていると批判していた。三木、松村、そして石橋湛山は第四次日中民間貿易協定交渉が中断していた一九五七年一二月、周恩来の右腕として対日政策立案の中心的役割を担う廖承志と会見し、親交を深めている。一九五九年九月から一〇月にかけて石橋及び松村が訪中する下地が整った瞬間である。(68)

そうしたなかで、第四次日中民間貿易協定が調印された一九五八年三月に入ると、実現可能性は甚だ低いと認識されながらも、自社両党にこれ以上の遠心力が働くならば、三木、松村、北村徳太郎といった旧改進党系と社会党右派による新党結成があり得るとの憶測まで流れ始めた。特に、この新党結成を模索していると目された三木はマッカーサーとの会談において、中道の重要性を強調している。その際三木は、近年中にはあり得ないとしても、将来的に自民党がやや左傾化し、社会党が少し右傾化して両党の主勢力が中道に再編成されるにつれて、最終的に自社両党が分裂するとの展望を示している。(69)

このように、岸外交は自民党内において、彼の両翼にある旧自由党系と旧改進党系の双方から攻撃された。しかも、岸政権の労働・社会保障政策が陰に陽に影響して深刻な党内不和に陥った社会党も、同じく岸の外交政策に照準をあわせて劣勢挽回を狙い始めた。その際彼らは、岸訪米の際に「日米新時代」の象徴として日米共同声明で明記された、事前協議の有効性及び日米安全保障委員会の実効性を問題視した。地上兵力の全面撤退を含む在日米軍削減の決定により、米軍撤退論が争点としては後景に退きつつあったためである。

4　安保改定への道程――争点の変容――

社会党では、すでに佐多国際局長が岸訪米の課題を洗い出していた。すなわち佐多は、岸訪米では極東の緊張緩和や日本の「独立の完成」とは反対に、吉田政権の対米軍事的従属に新粧が施されて日米間の軍事面の連帯が益々強固になった。核持込みに関する協議も欠いており、米国による核部隊導入の可能性も消えていないと指摘したのである。事実、先述したように岸訪米で日米双方は、日米安全保障委員会で協議する対象に核兵器の案件が含まれるかどうかを詰めていない。日米安全保障委員会の実効性に切り込んだ佐多は、まさに慧眼の士であった。(70)

その社会党――特に左派――に、スプートニク・ショックが追い風をなした。ソ連が一九五七年八月末に大陸間弾道ミサイル（ＩＣＢＭ）実験に、一〇月四日に世界初の人工衛星スプートニクの打上げに相次いで成功したことは、ＩＣＢＭ時代の到来を認識させた。そしてそのことは、米国の軍事的優位を前提に日米安保体制の必要性を主張してきた保守政権の立場に疑問符をつけた。しかも、米国がソ連のＩＣＢＭに対抗すべく、中距離弾道ミサイル（ＩＲＢＭ）を沖縄及びその他の極東地域に配備する可能性を示唆したことは、安保論議において核持込み問題を前景化させた。[71]

こうした情勢を受けて、社会党は改めて中立主義の意義を強調した。例えば、一一月に参議院の代表質問に立った岡田宗司は、米国の核配備に対してソ連が核報復を表明する昨今、「アメリカの陸海空軍が日本に駐留することが、いよいよ日本にとりまして危険を招く要因となって参るのであります。（中略）日米安全保障条約の解消をはかるべき時が、このミサイルの時代の到来とともに来た」のではないか。いまこそ、いずれの陣営にも属せずその争いに巻き込まれないために、中立主義への政策転換が必要ではないかと岸に迫っていた。[72]

このように、社会党はスプートニク・ショック後、ソ連の核ミサイルの対米優位説を前提に、米国の日本本土へのＩＲＢＭ配備といった核持込みへの懸念を強調し始めた。解散総選挙が目されるなか、翌一九五八年二月の党大会に提出する「当面の外交方針」原案では、「日本の外交路線」の先頭に核持込み及び自衛隊への核装備反対が挿入されるなど、その姿勢には並々ならぬものがあった。その上で、社会党は引き続き「不平等条約改廃国民運動」の展開、「日米安保条約、中ソ友好同盟条約の解消」による、「日米中ソ集団安全保障体制」の確立を運動方針に掲げた。[73]

そして、社会党は一九五八年通常国会が開幕するや、「安保改正」を国会論戦の俎上に載せた。まず社会党は、日米安全保障委員会の実効性を批判の対象とした。すなわち、同委員会が在日米軍の「日本における配備及び使用について実行可能なときはいつでも協議する」組織だとすると、台湾海峡危機への来援のような在日米軍の域外行動にも、核持込みにも日本政府の発言権が確保されていない。むしろ、行政協定第二四条で従来確保されていた日本の権限を狭めているなどと追及したのである[74]。

このように、社会党は岸訪米までの米軍撤退論から転じて在日米軍の基地使用の態様を追及し、在日米軍の一方的行動に制限をかけるための「安保改正」を要求した。在日米軍の大幅削減により、国会論戦の主要争点も基地使用の態様問題に変容したのである。日米双方とも、安保問題における社会党の追及の矛先が変わったことを把握していた。外務省は安保課を中心に、岸訪米後の「在日米軍撤退の進行に由り基地問題が漸く下火になって来たこともあって社会党其の他の左翼勢力が其の攻撃の矛先を核兵器問題に集中して」いると、国会論戦における争点の変化を看取していた。米国側も同様の認識である。米大使館曰く、世論がもはや米軍撤退を中心的争点と認識しないなか、社会党はここ数ヶ月、米国の核持込みや極東有事の際の在日米軍基地の使用といった、米軍の一方的な行動に対する日米安保条約上の「歯止め」(safeguard)の欠如を追及し、岸政権が在日米軍の行動に制約を付すための「安保改正」交渉に後ろ向きだという批判に軸足を移しているという[75]。

岸は社会党の追及に対し、防戦に追われた。すなわち彼は、日米安全保障委員会の設置によって旧安保条約は実質上改められていると述べ、即座の「安保改正」の必要性を否定した。その上で、同委員会は核持込み問題を含むすべての日米安保体制上の重要事項を扱っており、日米が相互に満足する解決に達し、初めて対等に安保条約を運用できるようになったのだという、いささか苦しい答弁で追及をかわし続けたのである[76]。

かくして「安保改正」問題が従前と位相を変えて争点化してきた一九五八年四月二五日、岸は衆院解散に打って出た。世にいう「話し合い解散」である。これに先立ち、岸は四月二四日の参議院内閣委員会で「安保改正」に関して踏み込んだ答弁を行った。すなわち岸は、日米安全保障委員会の運用で対処すると述べてきた在日米軍の域外使用及び核持込みの問題について、将来的な「安保改正」の検討項目だと婉曲に答弁したのである。次いで藤山外相は四月二九日にマッカーサーと会談し、総選挙後の「安保改正」に関する協議を要望した。衆院選の勝利を確信していた岸は、総選挙で強化される政権基盤でもって、「安保改正」を実行しようと考えたのである(77)。

こうして幕を開けた五五年体制成立後初の衆院選は、自ずと二大政党の対決という構図になった。この選挙戦では、衆院定数四六七に対し自民党は四一三名、社会党は二四六名の候補者を立てた。社会党が総選挙で衆院定数の過半数の候補者を擁立するのはこれが唯一である。五月二二日の投票の結果、追加公認も含めて自民党は二九八議席、社会党は一六七議席を獲得し、ほぼ改選前の勢力を維持した。

岸は総選挙を乗り切ると、六月一二日に党人事及び内閣改造を断行した。党人事では大野副総裁、川島幹事長が留任したほか、河野が総務会長に、岸側近の福田赳夫が政調会長にそれぞれ就任した。内閣改造では藤山外相が留任し、佐藤栄作が蔵相に就いたほか、池田を無任所の国務相、三木を経企庁長官に配して閣内に囲い込んでいる。総じて、主流派たる岸派、河野派、佐藤派の優遇が際立つ布陣であった。岸曰く、「思い切った政策を打ち出すためには、自分の信頼できる（中略）連中とともに政治を行な《ママ》っていく」というのがこの人事の眼目であった。しかも、この機に乗じて岸は芦田を自民党外交調査会長から更迭し、後任に大野派の船田中を充てている。吉田が、親ソ的な河野と関係を断たない限り岸は明確な親米的政策をとれないと不満を募らせたことは言うまでもない。ともあれ、総選挙の勝利は岸の求心力を著しく高め、これまで燻っていた自民党内の新党構想は鳴りを潜めた(78)。

そして岸は、社共両党及び総評、日教組、全学連との対決姿勢を鮮明にした。防諜面の法制化及び警察官職務執行法改正による治安政策の確立、国民年金及び最低賃金制導入といった労働・社会保障政策の強化に乗り出したのである。その上で六月初旬、藤山外相を通じてマッカーサーに対し、在日米軍の域外使用及び核持込みに関する事前協議

制度を設ける「安保改正」を討議したいと打診した。(79)

これに対し、マッカーサーは七月三〇日の藤山外相との会談で日本国憲法と抵触しない相互援助型の新条約締結による安保改定を提起した。この時点で外務省は上記の事前協議制度の新設、及び自衛隊と在日米軍の日本防衛における協力関係の明確化の二点を交換公文で対処する「安保微調整」の方針をとっており、マッカーサーの提案は驚きをもって迎えられた。この間、マッカーサーは総選挙後から、外務省を迂回して岸にも幾度となく相互援助型の新条約締結を説得した模様であり、岸も八月中旬には旧安保条約の全面改定に傾いていった。(80)

5 岸の決断

岸は、最終的に八月二五日の藤山、マッカーサーとの三者会談において、「出来れば現行条約を根本的に改訂する事が望ましい」として、新条約方式を採用する旨を宣明した。曰く、「保守党内閣に対し、社会党は防衛問題について、小出しに反対して来るが、民心に対して新条約体制によって覚悟を決めさせる事が出来る。斯くする事が日米関係の基礎を固める所以であると思う」。そのことは、翌一九五九年の統一地方選及び参院選に有利でもある。(81)

かくて、岸は日本国憲法と抵触しない相互援助型の新条約締結による安保改定を決断した。だがそれは、従前の二段階「安保改正」構想の修正を伴う政治決断だった。では、かかる決断に岸を突き動かした背景は何だったのか。

先行研究でも指摘されるように、岸の二段階構想はそもそも迂遠な方式であり、米国はその実現を待てなかった。岸訪米後のスプートニク・ショック、沖縄の基地問題、そして八月二三日に勃発した第二次台湾海峡危機は、米国政府をして日本中立化への警戒感を高め、改憲なき相互援助型の安保改定というマッカーサーの進言を受け容れさせたわけである。岸から見ても、今すぐ事前協議制度の新設のみならず米国の対日防衛義務をも明確化できるというマッカーサーの提案は、外交的成果のほかに、社会党左派及び共産党から安保批判の攻め口を奪って翌年の統一地方選及び参院選に臨めるという内政上の魅力もあり、これに乗らぬ手はなかった[82]。

そこで改めて留意すべきは、岸は自覚的に二段階「安保改正」方式を放棄したということである。後年、首相当時は二段階「安保改正」方式をとっていたのではないかと問われた岸は、以下のように答えている。

日本にとって具合の悪いところだけを改めるというのではアメリカの政治情勢としては、ことに上院が認めないだろうということであった。だから、二つに分けては無理だという気持になって、一つでやろうということになったんです[83]。

旧条約をいじらずに交換公文で、あるいは解釈のし直しでやるとなれば、非常に制約されてしまう。（中略）私としては、そうではなしに、日米の将来を考え、ことにアジアの安全、極東の安全ということを考えて日本の立場を見直そうと思ったわけだ。（中略）現在の憲法の存在を前提として、しかも国際情勢を見通せば、日米関係および日本の安全保障というものを単に交換公文によって糊塗するようなことでは駄目だと思ったんです[84]。

ここには、岸が結果的に辿り着いた安保改定方針と、彼に先立つ諸々の「安保改正」構想との相違が見てとれる。それは、冷戦秩序に基づく米国との「集団安全保障」の受容であり、米軍のアジア冷戦戦略を基礎付ける極東条項への岸の眼差しに典型的に顕れている。

思えば、岸は「安保改正」の先達に比して、極東条項への問題意識が相対的に薄かった。社会党は勿論、旧改進党にせよ、重光及び外務省条約局にせよ、独立後に「安保改正」を唱えた政治主体たちは、総じて極東条項を旧安保条約の不平等性の象徴とみなし、米軍撤退を目指した。改進党から日本民主党へと続く非自由党系保守勢力の「安保改正」論の眼目は再軍備及び日米間の相互防衛形式の具備による米軍撤退だったし、重光構想も撤退前の米軍の基地使用目的を日本及び沖縄・小笠原を中心とする「西太平洋地域」の相互防衛に限定していた。外務省条約局は一九五七年六月岸訪米の準備作業の際にも極東条項を外す新安保条約案を作成していたし、今般の安保改定作業でも、一九五八年一〇月に米国側新条約案が手交されるまで、極東条項に制約ないし留保をつけ、日米間の防衛協力を後景化しようと試みた形跡が垣間見える。そこでは共通して、対米貢献による双務性の確保といった冷戦秩序下の同盟の論理よりも、日米二国間の枠組みで旧安保条約を是正し、対等性の確保を目指すという「脱冷戦」[85]志向の国権回復の論理が強く働いていた。だからこそ、保革を越えた「安保改正」論者の共通点として、冷戦の緊張緩和を背景にした対共産圏との関係構築と「安保改正」は両立し得るという彼らの認識枠組が見出せるのである。[86]

ところが、そうした「安保改正」の諸構想に比して、岸は現行憲法の存在及び制約を前提としながらも、形式的には「極東の安全」を目的とする同盟関係を日米間に具備しようと試みた。こうした彼の志向性を裏書きするように、以後の安保改定交渉では、外務省事務当局の主導権が条約局から東郷文彦安保課長を中心とするアメリカ局に移る。しかも、岸政権は第二次台湾海峡危機が発生した際、米国及び中華民国に批判的立場をとらず、在日米軍の基地使用にも干渉しようとはしなかった。そのことが、米国をして西側自由陣営の一員として立つ日本への信頼を高め、安保改定交渉の開始を決断させる最後の決め手になった。「中ソ一枚岩」を頑迷なまでに信じた反共主義者岸のことだから、スプートニク・ショックを受けて彼の対ソ警戒心は益々高まり、中国の対外強硬路線が鮮明になるに及んで、米国による「極東の平和と安全」と日本の安全保障は不可分のものにみえただろう。岸が時期を下るごとに、日米間の相互防衛には言及しても米軍撤退論が後景に退く所以は、この点にあるとみてよい。[87]

6　安保改定と中国問題

だが、岸の躓石はこの点に存在した。内政と外交の連関を方法論に、「独立の完成」に向けた国内政治基盤の整備と「真の独立」への途を進めてきた岸のシナリオに、冷戦秩序としての中国要因が立ちはだかった。そしてその触媒こそ、岸が封じ込めんと策謀を弄してきた社会党左派だった。

先述の通り、中国は反右派闘争による政策の急進化と連動しながら、岸政権の対中政策を軌道修正させるべく、日本に対して強硬な立場をとっていた。そのさなか、一九五八年五月二日に長崎国旗事件が発生した。長崎市内のデパートで開かれた「中国切手・剪紙展示会」で、右翼団体に属する青年が会場内の五星紅旗を引き摺り降ろしたのである。五星紅旗は国旗に当たらないとの見解に立つ日本政府は、刑法第九二条の外国国章損壊罪ではなく、軽犯罪法違反（器物毀棄罪）として間もなくこの青年を釈放し、科料五〇〇円の書類送検とした。当然、中国政府はこの措置に強く反発し、五月一〇日に日本との経済・文化関係を全て断絶すると通告してきた(88)。しかも、日中関係が極度に悪化するなかで、八月二三日には中国が中華民国の実効支配下にある金門島への大規模な砲撃を開始した。第二次台湾海峡危機の発生である。

このように緊迫の度合いを深める中国情勢は、安保改定をめぐる政策対立にも反映された。まずもって、日中関係の悪化に鋭敏に反応したのは社会党である。この頃、一九五八年五月総選挙で伸び悩んだ社会党では、階級政党に徹しないことが敗因だという左派及び総評と、国民政党化なくしてより広範な有権者の支持は獲得できないとする右派の対立が表面化していた(89)。

こうした党勢にあって、社会党内でクローズアップされたのが日中関係の打開である。曾禰が回想するように、岸政権では不可能な日中関係の打開にこそ、社会党の起死回生があり得ると考えられた。そしてその急先鋒は、岸の左派封じ込め策の影響を最も直截に被り、党内で不遇をかこつ和田派であった。ソ連寄りの立場にある鈴木委員長には中国が信頼を寄せていないと看取した勝間田政審会長、佐多前国際局長、山口房雄国際局書記は、鈴木派打倒の意も込めて対中傾斜を鮮明にしていく。その際、彼らは最左派の平和同志会と結びつつ、一九五七年四月の訪中使節団を率いた浅沼書記長を担いで七月末の佐多訪中に漕ぎ着けた。佐多は七月三〇日に政治三原則、八月一二日には廖承志から追加三条件が提示されたことを踏まえ、八月二九日付で訪中報告書を作成した。この佐多報告書は、中国の一方的な言い分を受け取ったなどと政府与党の格好の攻撃対象にされ、社会党内ですら鈴木からも右派からも批判を浴びた。それでも社会党中執は九月一一日、同報告書に沿って、岸政権に対して対中政策の転換を要求すること、日中国交回復を目指して国民運動を強力に推進することを骨子とする「日中関係打開の基本方針」を承認した(90)。

そうしたなか、第二次台湾海峡危機が発生すると、核持込み論議に加えて、台湾出撃の可能性を念頭に、在日米軍の域外使用問題をめぐっても事前協議論議が活発化した。八月二九日の参議院外務委員会では、社会党から岡田宗司国際局長、曾禰、羽生三七といった党内屈指の外交論客が代わる代わる質問に立ち、この問題をとり上げた。日中関係が悪化するなかで、台湾海峡危機は米国の戦争に巻き込まれる危機感を切実なものにしたのである(91)。

そして、社会党は次第に岸政権の安保改定を第二次台湾海峡危機と結びつけ、事実上の「北東アジア条約機構」(NEATO)を構築して日米軍事同盟の強化をもたらすものだとみなし始めた。だからこそ、社会党は日中関係が悪化するなかで相互援助型の安保改定を行えば、たとえ事前協議制度を設けても、在日米軍の行動に対する明示の許諾という印象を中ソに与えてしまい、結局は戦争に巻き込まれかねないという見解に到達するのである(92)。

他方、日中関係の悪化は自民党内の政策対立をも激化させていた。先述のように、岸が「日米新時代」を掲げて展開してきた外交政策は、対中政策を焦点に党内の外交路線をめぐる対立を誘発してきた。五月の総選挙後、党内では外交調査会長を更迭された芦田が池田の誘いで外交問題研究会を発足させ、吉田及び池田派を中心に、芦田グループ、石井派、三木・松村派、石橋派が結集する非主流派の牙城となっていた。(93)

こうした対立構図のなかで、自民党では外交調査会及び外交問題研究会の双方において、安保改定への慎重論が浮上してきた。すなわち、日中関係が悪化する現状において、台湾海峡危機のさなかに安保改定を行うのは両面作戦であること、改憲が実現せず、国防方針も確立されないなかでの安保改定は時期尚早であるとの意見が相次いだのである。特に三木・松村派、石橋派は日中関係を重視する立場から、台湾海峡危機を念頭に「日本が米国と攻守同盟を結んで戦争に捲き込まれることはまづい」と考え、岸の安保改定に強い警戒感を抱いた。(94)

このように、自社両党で岸の安保改定が日中関係と連動し、警戒感が高まりつつあった一〇月中旬、米国ＮＢＣ記者セシル・ブラウン（Cecil Brown）の岸インタビューが露見した。岸はこのインタビューで、中国は朝鮮半島及びベトナムの侵略者であり、現在は金門馬祖を侵略しているので国家承認しないこと、台湾海峡危機は共産主義者の侵略に対する国際的な戦いであること、「我々は最大の日米協力を可能にする新しい安保条約を交渉する用意がある。しかし日本国憲法は現在海外派兵を禁じているので改正されなければならない。（中略）日本は自らの安全のため、台湾と南鮮が共産主義者に奪取されるのを防ぐためにあらゆる可能なことをやる用意がなければならない」などと発言したのである。(95)

それは、よしんば岸の本音だったとしても、彼の現実の安保改定方針を示すものではなかっただろう。事実、岸はその報道直後の一〇月一八日、条約地域問題について日米交渉の経過を説明しに来た山田久就外務事務次官に対し、「日本としては、沖縄小笠原［についいては］、米国□(不明)と共に渦中に投ぜられることは覚悟しなければならないが、朝鮮、台湾の捲添えになることは困る」と指示を与えている。岸はあくまでも安保改定に際し、冷戦を闘う西側自由陣営の一員として、反共外交及び対米貢献の姿勢を米国向けに強調したにすぎない(96)。

だが、件の情勢下において、この岸インタビューは火に油を注ぐ失言に違いなかった。重要なことは、ここに至って、岸が長年「独立の完成」のための提携相手とたのんできた社会党の西尾派までもが安保改定を忌避し始めたことである。曾禰は米国上院議員との会談において、旧安保条約は好ましく、新条約ははるかに悪いと断言している。曾禰曰く、米国への防衛援助義務を伴う新安保条約は、日本を米韓台の安全保障体制に巻き込み、台湾海峡をめぐる戦闘行為に引きずり込むに違いない。それならば、現状通り、日本域外で在日米軍は行動できるが、日本はこれに参加せず、海外での行動を求められない旧安保条約の方が遥かに日本への危険が少ないはずである(97)。

このように、旧安保条約の不備を知り尽くし、かつて岸に「独立の完成」のための「安保改正」を迫った曾禰は、今や岸の相互援助型の安保改定こそ日本を戦争に巻き込むものだと危機感を露わにし、その実現阻止に全力を傾けていく。爾後の西尾派は、一方で中ソ両国に呑み込まれていく社会党左派を警戒しつつ、他方では「相互援助型軍事同盟」たる岸の安保改定を阻止して「対米軍事従属」としての旧安保条約を「解消」するため、「自主独立」を掲げて安保改定への対案作成を目指すことになるのである。

以上、本章で見てきたように、「政治と外交の一体化」を旨とする岸は、「交錯する保革二大政党制」における革新側の意中の相手たる社会党右派、特に西尾派の復権を念頭に置き、「独立の完成」に堪え得る国内政治基盤の整備を目指した。すなわち彼は、一方では労働・社会保障政策において社会党左派の封じ込めを企図し、他方では冷戦を闘う西側自由陣営の一員として反共外交の姿勢を堅持しつつ、日本の自主性を担保しながら米国と対等な関係を構築しようとした。

だが、内政と外交を連関させる岸の「独立の完成」への取り組みは、結果として自社両党間及び各党内で外交路線をめぐる深刻な政策対立を惹起させた。しかも、そのさなかのスプートニク・ショックの発生、日中関係の悪化、第二次台湾海峡危機の勃発による国際政局の緊迫化は、岸が封じ込めを策してきた社会党左派を介して、「安保改正」論議の焦点を米軍撤退論から基地使用の態様問題へと変容させた。この時期の国内政治過程における「安保改正」とは、基本的には在日米軍の行動への「歯止め」としての事前協議制度の新設及びその実効性の担保を指しており、社会党にせよ旧改進党系にせよ、岸にはその意味での「安保改正」を要求したわけである。

ところが、岸は相互援助型の安保改定を決断した。もっとも、首相たる岸の視点に立てば、米国側が重光訪米時よりも安保改定交渉へのハードルを格段に下げたうえ、国際政局が緊迫化するなかで事前協議制度の新設のほかに米国の対日防衛義務まで明確化し、その他日米安保体制の諸論点も網羅的に議題に載せ得るであろう新条約方式を提案してきたことは、千載一遇の好機であり、これに乗らぬ手はなかった。基地の自由使用に固執する米国の軍部や、相互援助形式の具備を絶対条件とする国務省の態度を肌身に知る岸の勘定のなかでは、今回以上に有利な条件で安保改定を実現し得る時機はないと見えたであろう。

けれども、かつて吉田の講和独立に岸が激しく反発したように、こと外交・安全保障の領域は、その政策決定過程の内部に在る者とその外にいる者との間において、状況認識ないし評価の相違が顕著となるものである。岸も例外ではない。従前からの「安保改正」論の共通項が、あくまで日米二国間の枠組みで旧安保条約の是正を図り、もって法制度上の対等性を確保しようとする点にあったとすれば、双務性の確保によって日米間の相互性を模索する岸の安保改定は、自ずから政策的志向性が異なるものだったといえる。

いずれにせよ、安保改定は岸の内政・外交を経由するなかで中国問題との連動を余儀なくされ、冷戦の論理が色濃く反映されることとなった。爾後、自社両党間及び各党内での外交路線をめぐる対立は激しさを増し、吉田ら対米協調勢力と社会党左派及び日本共産党との狭間で対米自主を唱えた中間勢力は、日米間の双務性確保を重視する岸、旧改進党系を中心に、鳩山自主外交路線を継承して日米安保体制の枠内で中ソとの関係維持に努める自民党非主流派、「自主独立」を標榜する社会党右派へと細分化することとなる。かくして、岸は、「独立の完成」のための国内政治基盤を確立させるべく手を打った己が諸政策によって、その「独立の完成」のための安保改定に重大な蹉跌を生じさせてしまったのである。以上を念頭に、次章では安保改定をめぐる自社双方の党内調整を見ていこう。

注

（1）『朝日新聞』一九五七年二月三日付朝刊一面。『読売新聞』一九五七年二月三日付朝刊一面。

（2）信夫隆司『米軍基地権と日米密約―奄美・小笠原・沖縄返還を通して―』（岩波書店、二〇一九年）、第三章参照。林博史『米軍基地の歴史―世界ネットワークの形成と展開―』（吉川弘文館、二〇一二年）、一六三―一六四頁。『毎日新聞』二〇二〇年二月二八日付朝刊二八面。

（3）黒崎輝「安保改定交渉以前の核持ち込みをめぐる国会論議と日米外交の再検証―核密約の淵源を求めて―」（『ＰＲＩＭＥ』第三三号、二〇一一年、三―二二頁）、八―九頁。『日本社会新聞』一九五七年一月二八日付一―三面（『社会党機関紙集成Ⅳ』第八巻、二六―三一頁所収）。『毎日新聞』一九五七年一月二四日付夕刊一面。『朝日新聞』一九五七年一月一八日付朝刊一面、一月二八日付夕刊一面、一月二三日付朝刊一面。

（4）Desp. 803, Tokyo to DoS, “Views of Prominent Socialist on Recent Party Convention”, February 7, 1957, Record Group 84 [Hereafter: RG 84], Japan, U.S. Embassy Tokyo, Classified General Records, 1952–1963 (UD 2828–A), Box 52, National Archives at College Park, Maryland [Hereafter: NAII].『読売新聞』一九五七年三月一二日付朝刊二面。

（5）「第二十六回国会衆議院予算委員会議録第三号」一九五七年二月八日、三―四頁。Desp. 866, Tokyo to DoS, “Views of Hiroo WADA on Recent Development within the Socialist Party”, February 20, 1957, *RDOS, IAJ 1955–1959*, Reel. 26.

（6）原彬久、前掲『岸信介証言録』一五七頁。『朝日新聞』一九五六年一二月二四日付朝刊二面。

（7）重光の外交理念及び「体制構想」の要点については、武田、前掲書、四―七頁。

（8）原彬久、前掲『岸信介証言録』一四七―一四八頁。『読売新聞』一九五六年一二月二四日付朝刊三面及び一九五七年二月三日付朝刊一面。「官報号外昭和三十二年二月四日第二十六回衆議院会議録第四号」一九五七年二月四日、二一―二三頁。

（9）Memocon., May 2, 1956, *RDOS, IAJ 1955–1959*, Reel. 26. Desp. 323, Tokyo to DoS, October 3, 1956, op. cit. Desp. 593, Tokyo to DoS, December 12, 1956, op. cit.『朝日新聞』一九五六年一二月二五日付朝刊一面。『読売新聞』一九五六年一二月二四日付朝刊三面。

（10）原彬久、前掲『岸信介証言録』一四七頁。岸、前掲書、二九八頁。Embtel. 1996, Tokyo to SoS, March 12, 1957, 石井修・小野直樹監修『アメリカ合衆国対日政策文書集成Ⅳ　日米外交防衛問題　一九五七年』（柏書房、一九九八年）〔以下、『集成Ⅳ』〕、第五巻、九六―九七頁。林修三、前掲書、一四二―一四三頁。「第二十六回国会参議院予算委員会会議録第八号」一九五七年三月一二日、六―一六頁。

（11）欧米局「対米外交の基調」一九五七年三月六日（A'.1.4.1.1「日米外交関係雑集」第三巻所収、外務省外交史料館所蔵）。安川、前掲書、五六―五七頁。

（12）Memocon., March 6, 1957,『集成Ⅳ』第五巻、一四二―一四三頁。Embtel. 1996, Tokyo to SoS, March 12, 1957, op. cit.

（13）外務省「日米協力関係を強化発展せしめるためにとるべき政策」一九五七年三月（A'.1.5.2.4-2「岸総理第一次訪米関係一件　準備資料」第一巻所収、外務省外交史料館所蔵）。

（14）条「日米安全保障条約改訂案」一九五七年三月一一日、条「日米安全保障条約の改訂案の説明」一九五七年三月一一日（A'.1.5.2.4-2「岸総理第一次訪米関係一件　準備資料」第一巻所収、外務省外交史料館所蔵）。

（15）同上。豊下楢彦『集団的自衛権とは何か』（岩波書店、二〇〇七年）、六二―六八頁。

（16）同上。条「日米安全保障条約改訂案（第二案）」一九五七年三月一三日、条「日米安全保障条約改訂案（第二案）の説明」一九五七年三月一三日（A'.1.5.2.4-2「岸総理第一次訪米関係一件　準備資料」第一巻所収、外務省外交史料館所蔵）。

（17）西村、前掲「一九五七年岸訪米と安保改定（二）」一三五―一三六頁。条約局「安全保障条約の改訂について（対米申入

れ用メモ)」一九五七年三月二二日(A'.1.5.2.4–2「岸総理第一次訪米関係一件　準備資料」第一巻所収、外務省外交史料館所蔵)。

(18) 増田甲子七「若さと勇気に期待する」(『経済時代』第二二巻第五号、一九五七年、一七-一九頁)。中曽根康弘「安保条約の改正は時期尚早」(『経済時代』第二二巻第五号、一九五七年、一四-一五頁)。

(19) 『芦田均日記　第六巻』三一七-三二三頁、一九五七年四月五日、四月六日、四月一一日、四月一七日の条。

(20) 『芦田均日記　第六巻』三二九頁、一九五七年四月三〇日の条。三三四-三三五頁、五月一四日及び五月一五日の条。三四六-三四七頁、六月七日の条。

(21) 自由民主党外交調査会「外交調書」一九五七年五月(「床次徳二関係文書」第二部Ⅱ-一一所収、東京大学大学院法学政治学研究科附属近代日本法政史料センター原資料部所蔵)。

(22) Desp. 1364, Tokyo to DoS, "Liberal-Democratic Party Paper on Problems re US-Japan Relations", June 12, 1957, RG 84, Japan, U.S. Embassy Tokyo, Classified General Records, 1952–1963 (UD 2828-A), Box 52, NAII. なお、同文書は『集成Ⅳ』第三巻、三四五-三五三頁にも所収されているが、芦田がこの政策文書を作成したことは秘匿されており、起草者の名前が伏せられている。『芦田均日記　第六巻』三三四-三三五頁、一九五七年五月一四日及び五月一五日の条。

(23) Desp. 1060, Tokyo to DoS, "Current Thinking on Revision of the Security Treaty and Administrative Agreement", April 5, 1957,『集成Ⅳ』第五巻、一〇五-一一七頁。

(24) 田中、前掲「日中友好を促進するために」。

(25) 水谷長三郎「対米従属関係を是正せよ」(『経済時代』第二二巻第五号、一九五七年、一五-一七頁)。

(26) 西尾末広「まだまだ研究不十分である」(『中央公論』第七二巻第六号、一九五七年、一三三-一三四頁)。『読売新聞』一九五七年四月一五日付朝刊一面。

(27) 企画局「国民運動の展開と実施要項―書記長会議に対する報告と提案―」一九五七年三月二二日(「浅沼稲次郎関係文書」一〇五〇所収、国立国会図書館憲政資料室所蔵)。

(28) 日本社会党国際局・政策外交部会・護憲特別委会《ママ》「『不平等條約の改廃に関する基本方針』の討議のための問題点」一九五七年三月二七日、日本社会党国際局「不平等条約改廃に関する基本方針(案)」一九五七年四月三日(「浅沼稲次郎関係文

書」一〇三四所収、国立国会図書館憲政資料室所蔵）。

（29）『社会新報』一九五七年四月五日付一面。『朝日新聞』一九五七年四月七日付朝刊一面。『読売新聞』一九五七年四月一五日付朝刊一面。

（30）『社会新報』一九五七年五月五日付一－四面。『日本社会新聞』一九五七年五月六日付一－二面（『社会党機関紙集成Ⅳ』第八巻、一三八－一四一頁所収）。曾禰、前掲書、二〇三頁。杉浦康之「中国の『日本中立化』政策と対日情勢認識―岸信介内閣の成立から『岸批判』展開まで―」（『法学政治学論究』第七〇号、二〇〇六年、九七－一二八頁）、一〇五－一〇六頁。

（31）日本社会党国際局「不平等条約改廃具体化に関する方針（案）」一九五七年五月一四日（「鈴木文庫」一－一四九－一所収、法政大学大原社会問題研究所所蔵）。Desp. 1356, Tokyo to DoS, "Exchange of Views between the Ambassador and Socialist Leaders", June 11, 1957,『集成Ⅳ』第三巻、三三八－三四四頁。そのほか、浅沼は読売新聞社が企画した三木自民党幹事長との対談でも、中ソ両国はいまや両国間の経済、文化交流に力を入れており、ソ連も旅順から撤兵したという中国側の説明を強調し、日中国交回復に向けた積み上げ方式が必要だと訴えている（『読売新聞』一九五七年四月二八日付朝刊一面及び四月二九日付朝刊一面）。

（32）「岸総理・マッカーサー米大使予備会談要旨（訪米予備会談第二回）」一九五七年四月一三日（A'.1.5.2.4-1「岸総理第一次訪米関係一件　岸・マッカーサー予備会談（於東京）」第一巻所収、外務省外交史料館所蔵）。「第一回岸ダレス会談（政治問題）参考資料」一九五七年六月一五日（A'.1.5.2.4-3「岸総理第一次訪米関係一件　会談関係」所収、外務省外交史料館所蔵）。西村、前掲「一九五七年岸訪米と安保改定（二）」一三九－一四〇頁。

（33）岸の二段階「安保改正」構想については、坂元、前掲書、一八三－一八八頁。吉田、前掲書、四八－五一頁。鍛冶、前掲「一九五七年岸訪米における二段階安保改定構想の検討」を参照。

（34）Memocon., June 3, 1957, *RDOS, IAJ 1955–1959*, Reel. 36.「第二回総理マックアーサー会談に対する方針（案）」一九五七年四月一三日（A'.1.5.2.4-1「岸総理第一次訪米関係一件　岸・マッカーサー予備会談（於東京）」第一巻所収、外務省外交史料館所蔵）。

（35）前掲「第二回総理マックアーサー会談に対する方針（案）」。Embtel.2304, Tokyo to SoS, April 13, 1957,『集成Ⅳ』第三

巻、一五〇－一五二頁。Embtel.2305, Tokyo to SoS, April 13, 1957,『集成Ⅳ』第三巻、一五三－一五七頁。Embtel.2307, Tokyo to SoS, April 13, 1957,『集成Ⅳ』第三巻、一六三－一六七頁。安川、前掲書、五九頁。

（36）Embtel. 2588, Tokyo to SoS, May 11, 1957,『集成Ⅳ』第一巻、一六七－一七〇頁。Letter, Morgan to Howard L. Parsons, May 27, 1957,『集成Ⅳ』第九巻、二九二頁。安川、前掲書、五九頁。

（37）「岸総理、マッカーサー米大使会談要旨（訪米予備会談第七回）」一九五七年五月一一日、「日米協力に対する日本政府の決意」一九五七年五月一〇日（A′.1.5.2.4-1「岸総理第一次訪米関係一件　岸・マッカーサー予備会談（於東京）」第一巻所収、外務省外交史料館所蔵）。Embtel. 2588, Tokyo to SoS, May 11, 1957,『集成Ⅳ』第一巻、一六七－一七〇頁。

（38）条「安保条約改正案に関する擬問擬答」一九五七年五月六日（A′.1.5.2.4-2「岸総理第一次訪米関係一件　準備資料」第一巻所収、外務省外交史料館所蔵）。

（39）原彬久、前掲『岸信介証言録』二八二－二八三頁。岸・矢次・伊藤、前掲書、一三〇－一三一頁。

（40）「岸総理、マッカーサー米大使会談要旨（訪米予備会談第六回）」一九五七年五月一日、「日米間の経済協力」一九五七年五月一日、「日米協力に対する日本政府の決意」一九五七年五月六日、「国内啓発と国内体制の整備」一九五七年五月六日（A′.1.5.2.4-1「岸総理第一次訪米関係一件　岸・マッカーサー予備会談（於東京）」第一巻所収、外務省外交史料館所蔵）。条、前掲「安保条約改正案に関する擬問擬答」一九五七年五月六日。

（41）曾禰益・岡田宗司・田中稔男・入江啓四郎・水口宏三・中村高一「座談会　不平等条約改廃の国民運動」（『月刊社会党』第二号、一九五七年、三一－一五頁）。

（42）『社会新報』一九五七年六月一五日付一面。このほか、沖縄小笠原の施政権返還、原水爆禁止及び核実験反対、対中政策の再検討及び禁輸撤廃に関する決議が採択されている。この国民大会に関する報道ぶりについては、『朝日新聞』一九五七年六月一五日付夕刊一面、及び六月一六日付朝刊二面。『読売新聞』一九五七年六月一五日付夕刊一面。『毎日新聞』一九五七年六月一五日付夕刊一面を参照。駐日米国大使館は、もはや世論の関心が岸訪米に向いているなかで、この「対米要求国民大会」は時機を逸したものであり、社会党や左派団体が望んだようなインパクトをもたらすことに失敗したと分析している（Embtel. 2997, Tokyo to SoS, June 15, 1957, Embtel. 3011, Tokyo to SoS, June 17, 1957, *RDOS, IAJ 1955–1959*, Reel. 27)。

（43）　この「不平等条約改廃国民運動」は、実際には、六月一五日の「対米要求国民大会」を皮切りに全国的に運動を盛り上げる予定であった。曾禰企画局長も同年七月の時点では、一九五七年一一月に東京で再び「不平等条約の改廃」のための「国民大集会」を開催するつもりだと述べている。しかし、この「不平等条約改廃国民運動」は、衆院総選挙が近いと目されるなかで、次第に岸政権打倒を目指す国民大会と銘打った社会党の全国遊説に変質した。「不平等条約の改廃」自体、こうした一連の国民大会では、複数ある演説項目ないし決議の一つへと希釈化されている（『朝日新聞』一九五七年七月一〇日付朝刊二面、九月一五日付朝刊一面、一〇月四日付朝刊二面）。

（44）　林博史、前掲書、一〇四－一〇八頁。吉田、前掲書、五四－五五頁。山本、前掲書、六〇－六二頁。

（45）　西村、前掲「一九五七年岸訪米と安保改定（二）」一五〇－一五二頁、及び同「一九五七年岸訪米と安保改定（三）」一三二－一三三頁。「日米会談記録（その三）　第一回岸、ダレス会談要旨」一九五七年六月二〇日（A'.1.5.2.4-3「岸総理第一次訪米関係一件　会談関係」所収、外務省外交史料館所蔵）。

（46）　「千九百五十七年六月二十一日に発表された岸日本国総理大臣とアイゼンハウアー合衆国大統領との共同コミュニケ」一九五七年六月二一日、及び「日米安全保障条約と国際連合憲章との関係に関する交換公文について」一九五七年九月一四日（『日米関係資料集』三九七－四〇三頁、及び四一一－四一四頁所収）。

（47）　日米安全保障委員会について、日米間の事務当局の共同声明案では、「安全保障条約がそのままの形で永久に存続することを意図したものではないという了解を確認したことを考慮し、防衛分野における日米両国の関係を両国の国民の必要及び願望に適合するように今後調整することを考慮する責任を委員会は負う」とされていたが、ダレスの提案により前段と後段が切り離され、安保条約の暫定性と同委員会の関係が曖昧にされた。また、ダレスは配備及び使用について、韓国、台湾、グアムに在日米軍を派遣する際に協議が必要だと解されないよう、「日本における」の挿入を押し通している（西村、前掲「一九五七年岸訪米と安保改定（三）」一三四－一三六頁）。核持込み問題については、外務省公開文書でも『配備は装備を含むが故に核兵器持込みは〔日米〕安保委員会の協議事項なり』と云ふ〔日本政府の〕説明も米側は協議事務としては承認していない」と記されている（黒崎、前掲論文、九頁。米保「安全保障問題に関し大臣より総理に協議願ふべき事項」一九五八年六月一七日（二〇一〇－六二二六「日米安全保障条約の改定に係る経緯」第一巻所収、外務省外交史料館所蔵））。

（48）　原彬久、前掲『岸信介証言録』一八三－一八五頁。

(49) 岸・矢次・伊藤、前掲書、二二三－二二四頁。

(50) 原彬久、前掲『岸信介証言録』一五七頁。一九五七年六月二八日付吉田茂発石井光次郎宛書翰（吉田茂著、財団法人吉田茂記念事業財団編『吉田茂書翰』中央公論社、一九九四年〔以下、『吉田茂書翰』〕、一〇二頁）。一九五七年七月二日付吉田茂発林譲治宛書翰（『吉田茂書翰』五二八－五二九頁）。一九五七年七月一五日付吉田茂発朝海浩一郎宛書翰（河野康子・村上友章・井上正也・白鳥潤一郎編著『朝海浩一郎日記』千倉書房、二〇一九年〔以下、『朝海浩一郎日記』〕、六三六頁）。

(51) Embtel. 699, Tokyo to SoS, September 6, 1957, Desp. 596, Tokyo to DoS, "Comments of Two Prominent Political Critics on Recent Political Developments", November 26, 1957, *RDOS, IAJ 1955–1959*, Reel. 27.

(52) 「解説　自民党の新政策―輸出増進、社会保障など五政綱―」（『再建』第一一巻第七号、一九五七年、二〇－二四頁）。『朝日新聞』一九五七年九月一八日付朝刊一面及び五面。

(53) Embtel. 862, Tokyo to SoS, September 20, 1957, *RDOS, IAJ 1955–1959*, Reel. 27.

(54) 『朝日新聞』一九五七年六月二九日付朝刊一面及び七月二七日付朝刊一面。『読売新聞』一九五七年七月二七日付朝刊一面。

(55) 原彬久、前掲『戦後史のなかの日本社会党』一一六－一一九頁。

(56) Embtel. 26, Tokyo to SoS, July 2, 1957, Embtel. 259, Tokyo to SoS, July 30, 1957, Desp. 886, Tokyo to DoS, "The Japanese Socialist Party: New Friction, New Policies", February 7, 1958, *RDOS, IAJ 1955–1959*, Reel. 34.『読売新聞』一九五七年七月二七日付朝刊一面。

(57) 月刊社会党編集部『日本社会党の三十年　第二巻』（日本社会党中央本部機関紙局、一九七五年）、一八九－一九八頁。Desp. 277, Tokyo to DoS, "Comments of Socialist Diet Member Eki SONE on Socialist Mission to the United States and the Relationship of Sohyo to the Socialist Party", September 6, 1957, RG 84, Japan, U.S. Embassy Tokyo, Classified General Records, 1952–1963 (UD 2828-A), Box 52, NAII. 新川敏光『幻視のなかの社会民主主義―『戦後日本政治と社会民主主義』増補改題―』（法律文化社、二〇〇七年）、一二七－一三二頁。『朝日新聞』一九五七年八月二七日付朝刊二面、八月二八日付朝刊二面、九月一二日付朝刊一面。

(58) Desp. 1292, Tokyo to DoS, "Views of Socialist Diet Member Eki Sone on the Socialist Party", May 29, 1957, *RDOS, IAJ 1955–1959*, Reel. 27. Desp. 277, Tokyo to DoS, September 6, 1957, op.cit. 曾禰、前掲書、一九七－二〇〇頁。

（59） Deptel. 832, DoS to Tokyo, October 7, 1957,『集成Ⅳ』第二巻、二四九頁。Memocon., “Meeting of Socialist Group with the Secretary”, October 2, 1957,『集成Ⅳ』第二巻、二三八－二三九頁。Memocon., “Japanese Socialist Delegation’s Call on Mr. Robertson”, October 2, 1957,『集成Ⅳ』第四巻、一〇五－一一三頁。Memocon., “Visit of the Japanese Socialist Delegation to the Pentagon”, October 3, 1957,『集成Ⅳ』第二巻、二四〇－二四三頁。

（60） 池井優「日本社会党の対米外交―訪米代表団を中心として―」（『法學研究』第六八巻第一〇号、一九九五年、二七－五七頁）、二九－三六頁。『朝日新聞』一九五七年一〇月六日付朝刊二面。曽禰、前掲書、一九七－二〇〇頁。

（61） Embtel. 1134, Tokyo to SoS, October 18, 1957, Embtel. 1382, Tokyo to SoS, November 19, 1957, *RDOS, IAJ 1955–1959*, Reel. 27. Desp. 886, Tokyo to DoS, February 7, 1958, op.cit. なお、特に最低賃金制の導入をめぐる政治過程に注目しつつ、岸政権下の石田博英労相の施策（石田労政）が総評と全労の対立を激化させ、社会党分裂及び自民党一党優位政党制をもたらしたと論ずる研究として、空井護「自民党一党支配体制形成過程としての石橋・岸政権」（『国家学会雑誌』第一〇六巻第一・二合併号、一九九三年、一〇七－一六〇頁）を参照。

（62） 権、前掲書、三六－四一頁。Embtel. 1134, Tokyo to SoS, October 18, 1957, op.cit.

（63） 『朝日新聞』一九五七年六月四日付朝刊一面。『読売新聞』一九五七年六月四日付夕刊一面。杉浦、前掲「中国の『日本中立化』政策と対日情勢認識―岸信介内閣の成立から『岸批判』展開まで―」一〇七－一一六頁。丹羽文夫「岸信介と蔣介石―蜜月関係の実相―」（『拓殖大学台湾研究』第三号、二〇一九年、一－二五頁）、六－一七頁。

（64） 井上、前掲書、一三一－一四二頁。

（65） 『芦田均日記　第六巻』四〇六－四〇七頁、一九五七年一〇月三一日、一一月一日、一一月二日の条。芦田均著、進藤榮一編纂者代表『芦田均日記　第七巻』（岩波書店、一九八六年）［以下、『芦田均日記　第七巻』］、三頁、一九五七年一一月一七日の条。

（66） 『芦田均日記　第七巻』二〇－二一頁、一九五七年一二月二七日の条。Embtel. 1535, Tokyo to SoS, December 9, 1957, Embtel, 1583, Tokyo to SoS, December 13, 1957, *RDOS, IAJ 1955–1959*, Reel. 27.

（67） 井上、前掲書、一四〇－一四二頁。『朝日新聞』一九五七年一一月二六日付朝刊一面。

（68） Embtel. 1134, Tokyo to SoS, October 18, 1957, op.cit. Desp. 873, Tokyo to DoS, “Views of Eisaku Sato on Political

"Developments", February 6, 1958, *RDOS, IAJ 1955–1959*, Reel. 27.『朝日新聞』一九五七年一一月二六日付朝刊一面。井上、前掲書、二三〇頁。

(69) Desp. 1149, Tokyo to DoS, "Views of Political Commentator MITARAI", March 27, 1958, Desp. 1253, Tokyo to DoS, "Views of Takeo MIKI on Current Political Developments", April 18, 1958, *RDOS, IAJ 1955–1959*, Reel. 27.

(70) 佐多忠隆「日米会談がもたらすもの―サンフランシスコ体制からワシントン体制へ―」(『社会主義』第七二号、一九五七年、二―八頁)。

(71) 黒崎、前掲論文、一一―一四頁。

(72) 「官報号外　第二十七回国会参議院会議録第二号」一九五七年一一月二日、二一―二三頁。

(73) Embtel. 1335, Tokyo to SoS, November 12, 1957,『集成Ⅳ』第六巻、二一〇―二一一頁。『朝日新聞』一九五七年一二月二九日付朝刊一面。日本社会党教宣局『平和と社会主義のために―第一四回全国大会決定集―』(日本社会党出版宣伝部、一九五八年)、三二―三四頁。

(74) Embtel. 1335, Tokyo to SoS, November 12, 1957, op.cit. Desp. 938, Tokyo to DoS, "US-Japanese Security Relations: July-December 1957", February 14, 1958, 石井修・小野直樹監修『アメリカ合衆国対日政策文書集成Ⅴ　日米外交防衛問題　一九五八年』(柏書房、一九九八年)〔以下、『集成Ⅴ』〕、第三巻、二三八―二四四頁。日米行政協定第二四条は「日本区域において敵対行為又は敵対行為の急迫した脅威が生じた場合には、日本国政府及び合衆国政府は、日本区域の防衛のため必要な共同措置を執り、且つ、安全保障条約第一条の目的を遂行するため、直ちに協議しなければならない」という規定である。社会党は、この場合旧安保条約第一条の目的が「協議」の射程となるため、極東有事や日本の内乱及び騒擾に対する在日米軍の行動にも「協議」が可能であり、理論上は日米安全保障委員会よりも射程が広いはずだと追及した(前掲、「日本国とアメリカ合衆国との間の安全保障条約」一九五一年九月八日、及び「日米行政協定(日本国とアメリカ合衆国との間の安全保障条約第三条に基く行政協定)」一九五二年二月二八日。「日米安保委員会設置に関する日米共同発表」一九五七年八月六日(データベース「世界と日本」https://worldjpn.net 所収。最終閲覧：二〇二四年四月一八日))。

(75) 米保長「大臣より米大使に懇談すべき当面の安全保障問題について」一九五八年五月二四日(二〇一〇―六二二六「日米安全保障条約の改定に係る経緯」第一巻所収、外務省外交史料館所蔵)。Desp. 873, Tokyo to DoS, February 6, 1958,

op.cit. Desp. 938, Tokyo to DoS, February 14, 1958, op. cit.

（76）Desp. 1118, Tokyo to DoS, "Diet Debates on the Security Treaty, Introduction of Nuclear Weapons and Related Problems", March 20, 1958, Desp. 1195, Tokyo to DoS, "Diet Debates on Security Problems", April 9, 1958（「一九六〇年日米安全保障条約改定関係資料」所収、国立国会図書館憲政資料室所蔵）。

（77）Desp. 30, Tokyo to DoS, "Diet Discussions of Security Treaty Revision", July 8, 1958（「一九六〇年日米安全保障条約改定関係資料」所収、国立国会図書館憲政資料室所蔵）。Embtel. 2851, Tokyo to SoS, April 30, 1958, *RDOS, IAJ 1955–1959*, Reel. 27.「第二十八回国会参議院内閣委員会会議録第三十四号」一九五八年四月二四日、一〇―一一頁。原彬久、前掲『岸信介証言録』二一六―二一九頁。

（78）『朝日新聞』一九五八年五月二〇日付朝刊一面。原彬久、前掲『岸信介証言録』二一三頁及び二二〇―二二一頁。河野、前掲「外交をめぐる意思決定と自民党」二七二頁。Embtel. 3480, Tokyo to SoS, June 27, 1958, Desp. 178, Tokyo to DoS, "Views and Attitude of YOSHIDA Inner Circle toward the New KISHI Government", August 7, 1958, *RDOS, IAJ 1955–1959*, Reel. 28.

（79）Embtel. 83, Tokyo to SoS, July 12, 1958（「一九六〇年日米安全保障条約改定関係資料」所収、国立国会図書館憲政資料室所蔵）。Embtel. 3202, Tokyo to SoS, June 5, 1958, *Foreign Relations of the United States 1958–1960*, Vol. XVIII, Japan; Korea（Washington, DC: U.S. Government Printing Office, 1994）［Hereafter cited as *FRUS 1958–1960*, Vol. XVIII, Japan; Korea］, #15, pp. 34–36.

（80）坂元、前掲書、二〇三―二一〇頁。原、前掲『岸信介証言録』二二四―二二九頁。「七月三十日藤山大臣在京米大使会談録抜萃」一九五八年七月三〇日（二〇一〇―六二三六「日米安全保障条約の改定に係る経緯」第一巻所収、外務省外交史料館所蔵）。東郷文彦『日米外交三十年―安保・沖縄とその後―』（中央公論社、一九八九年）、五八―六三頁。

（81）「八月二十五日総理、外務大臣、在京米大使会談録」一九五八年八月二五日（二〇一〇―六二三六「日米安全保障条約の改定に係る経緯」第一巻所収、外務省外交史料館所蔵）。

（82）坂元、前掲書、二〇八―二一〇頁及び二一三―二二〇頁。吉田、前掲書、五七―七一頁。

（83）岸信介・山本満「独立への孤独な決断」（『中央公論』第九二巻第七号、一九七七年、一八五―一九六頁）、一八八―一九一頁。

(84) 原彬久、前掲『岸信介証言録』二二六－二二七頁。

(85) 「脱冷戦」という用語及び用法については、増田弘氏による一連の石橋湛山研究から着想を得た。増田氏は、対米自主及び対中ソ関係の進展に努力し、「日米中ソ平和同盟」構想に行き着いた石橋の戦後外交思想を、「脱冷戦思想」と概念化した。これを踏まえて本書では、この「脱冷戦」という志向性は、濃淡はどうあれ石橋以外の対米自主論者にも広く当てはまるものだと判断し、対米自主論者の「安保改正」構想の共通項を指すものとして用いている。

(86) 安保改定交渉に先立つ条約局の検討作業については、条「『安全保障条約（A案）』、『安全保障条約（B案）』」一九五八年七月八日、条約局長「安保条約改正に関する件」一九五八年八月二五日、条約局長「安全保障に関する新条約案」一九五八年八月三一日（二〇一〇－六二二六「日米安全保障条約の改定に係る経緯」第一巻所収、外務省外交史料館所蔵）を参照。

(87) 西村、前掲「安保改定と東アジアの安全保障」七三－七六頁及び八〇－八一頁。神田豊隆『冷戦構造の変容と日本の対中外交―二つの秩序観　一九六〇－一九七二―』（岩波書店、二〇一二年）、一七五－一七九頁。

(88) 井上、前掲書、一四七－一四八頁。杉浦康之「中国の『日本中立化』政策と対日情勢認識―第四次日中民間貿易協定交渉過程と長崎国旗事件を中心に―」（『アジア研究』第五四巻第四号、二〇〇八年、七〇－八六頁）、七八－八一頁。

(89) 『朝日新聞』一九五八年五月二九日付朝刊一面及び二面、六月二二日付朝刊一面。

(90) 曾禰、前掲書、二〇三－二〇六頁。原彬久『戦後政治の証言者たち―オーラル・ヒストリーを往く―』（岩波書店、二〇一五年）、二四二－二四九頁。「日中関係打開の基本方針」一九五八年九月一二日（『月刊社会党』第二四号、一九五九年、一〇－一一頁）。『読売新聞』一九五八年八月三〇日付朝刊二面及び八月三一日付朝刊一面。『朝日新聞』一九五八年九月一二日付朝刊一面。政治三原則とは、日本は対中敵視政策をやめること、「二つの中国」を作る陰謀を停止すること、日中国交回復を妨げないことから成る。また追加三条件は、岸政権は長崎国旗事件に関して政府代表を派遣し、五星紅旗を掲げ事件を引き起こした青年を処罰し、中国に謝罪の意を示す代表団を派遣すること、「日本は中華人民共和国と正常な関係の回復を念願し、そのために努力する」という声明を一字一句違わず公表すること、この履行後に訪中代表団を派遣すれば、中国は日本側と話し合う用意があることから成るものである。このうち、追加三条件には社会党が中国の代弁者かの如き誤解を与えるという批判が続出した〔杉浦康之「中国の『日本中立化』政策と対日情勢認識―日本社会党の訪中と日本国内の反米・反岸闘争の相互連鎖（一九五八年六月〜一九五九年六月）—」（『近きに在りて—近現代中国をめぐる討論のひろば—』第五六号、二〇〇九年、五一-六七頁）、五二-五四頁）。

(91) 桜内義雄「改訂の条件とその意義」（『外交時報』第九五七号、一九五八年、六四-六八頁）。『朝日新聞』一九五八年八月三〇日付朝刊二面。「参議院外務委員会（第二十九回国会継続）会議録第三号」一九五八年八月二九日。

(92)「日米安保条約改訂について」一九五八年一〇月一一日（日本社会党政策資料集成刊行委員会・日本社会党政策審議会編『日本社会党政策資料集成』日本社会党中央本部機関紙局、一九九〇年、九六-九七頁所収）。日本社会党出版部「なぜ安保条約改訂に反対するか—平和と民主々義のために—」一九五八年一一月三〇日（「浅沼稲次郎関係文書」一二三二所収、国立国会図書館憲政資料室所蔵）。岡田宗司・佐多忠隆・山口房雄「座談会　中国をめぐる国際情勢」（『社会主義』第八八号、一九五八年、三七-四五頁）。

(93)『芦田均日記　第七巻』一四四-一四五頁、一九五八年八月五日の条、及び一六〇頁、九月一八日の条。河野、前掲「外交をめぐる意思決定と自民党」二七〇-二七四頁。

(94) 桜内、前掲論文。『芦田均日記　第七巻』一六七-一六八頁、一九五八年一〇月四日の条。『朝日新聞』一九五八年九月二日付朝刊二面及び九月一九日付朝刊二面。『読売新聞』一九五八年九月一九日付朝刊二面及び一〇月三日付夕刊二面。

(95)『毎日新聞』一九五八年一〇月一五日付夕刊一面。

(96)「覚」（二〇一〇-六二二六「日米安全保障条約の改定に係る経緯」第一巻所収、外務省外交史料館所蔵）。

(97) Desp. 583, Tokyo to DoS, "Arguments by Socialists and Extreme Leftists Against Security Treaty Revision and the Attitude of the Japanese Press", November 25, 1958,『集成V』第四巻、二七二-二八三頁。

第四章　安保改定と自社両党の党内調整

本章は、日米両政府による安保改定交渉の開始から、一九六〇年一月の新安保条約の調印及び民主社会党の結党に至る国内政治過程を考察する。

前章で論じたように、岸による相互援助型の安保改定という決断は、自社両党に大きな波紋を呼んだ。それまで、日米二国間の枠組みで「脱冷戦」志向の国権回復を図る「安保改正」を唱えてきた諸政治主体は、岸の安保改定に関する論議が冷戦の論理を帯びるにつれて、困難な立場へと追い込まれていく。

以下、第一節では一九五八年一〇月から、参院選を前にした一九五九年五月までの安保改定に関する自社両党の党内調整を考察する。続く第二節及び第三節では、一九五九年六月の参院選から新安保条約調印及び民主社会党の結党に至る国内政治過程について、安保改定をめぐる岸及び自民党の動向と、社会党の動向をそれぞれ論じていく。

以上により、本章では「独立の完成」を掲げてきた岸、社会党右派、旧改進党系を多く含む自民党非主流派の動向に焦点をあてつつ、安保改定をめぐる政策対立を考察したい。

第一節　安保改定交渉の開始と自社両党

1　自社両党の構図

日本国憲法と抵触しない相互援助型の新安保条約締結を眼目とする安保改定交渉が開始されたのは、一九五八年一〇月四日のことである。この日、東京白金台の外相公邸に岸、藤山、マッカーサーが顔を揃え、米国側の新安保条約案が手交された。米国案は、国連憲章との関係性を明記し、政治経済協力条項を挿入した上で、内乱条項を削除し、条約期限は一〇年とした。その上で、日米間の相互援助関係を充足するヴァンデンバーグ条項を挿入し、相互援助義務が発動する条約地域を「太平洋地域」と規定していた。そのため、日米交渉ではまず、条約地域及びヴァンデンバーグ条項を念頭に、日米間の相互援助関係の体裁と、自国防衛に必要最小限度の自衛力保持及び自衛権の発動のみが容認されるという政府の憲法九条解釈との整合性が懸案となった。条約地域問題において「太平洋地域」案自体は早々に取り下げられたものの、相互援助形式を充足するための沖縄及び小笠原の条約地域化の是非が日米交渉及び国内政治過程において論点化することとなる。以後一五ヶ月にわたって続く、安保改定交渉の始まりである。(1)

ここで、改めて安保改定交渉をめぐる自民党各派の政策態度を確認しておきたい。当時の自民党は、岸派、佐藤派、河野派を中核とする主流三派と池田派、三木・松村派、石橋派から成る非主流派が対峙し、その中間派として大野派、石井派が控えていた。首相経験者である吉田及び芦田は党内の元老的立場にありながらも、岸の外交に批判的であり、非主流派の旗印あるいは神輿のような存在であった。

このうち、日米間の緊密な提携を重視する吉田及び池田派は、安保改定交渉を冷ややかに見ていた。例えば、吉田は池田や朝海浩一郎駐米日本大使に宛てて、「安保条約改定の如きも岸〔信介〕の徒らに衆愚ニ阿附するの余別に定見ありての提案ニ無之、共同防衛、国際相依の今日、自主かと《ママ》双務とか陳腐なる議論ハ我等の賛成出来ぬところ」と記し、岸の安保改定を「人気取から出でたる気まぐれ」だと切り捨てている。その上で吉田は、「須らく日本政府ハ米英政府の対共政策の一方面を受持、亜細亜諸邦を率いてソビェット中共の攻勢防御ニ出すへきであり、斯くする事ニよりて日米一層親善を加ふへきである」「我党〔旧自由党系〕政局ニ立つの日ニハ対米感情必す鮮明せしむへく、米側も亦対日政策を一新するの要あり」という見解を披瀝している。(2)

米大使館の分析によれば、吉田やその周辺の政治家たちは日本国内の強固な対米ナショナリズムを等閑視しており、日本が米国の傀儡国家ではないと強調する必要性自体を認めていない。彼らは、いかなる国家も一国では自国の安全保障を確保できない冷戦秩序では、国際共産主義運動に対抗する西側自由陣営との「集団安全保障」こそが肝要だと確信していた。そうした吉田たちからすれば、岸の政策構想は、主権国家の自律性に拘泥して日米間の自主性や双務性の確保を重視する、現下の時代感覚を解しない「陳腐」なものに過ぎないようだ。(3)

吉田と同様に対米協調の回復を求める芦田グループも、安保改定は時期尚早と捉えていた。芦田らは、日米相互援助関係の具備自体には積極的なのだが、そのための防衛力ないし防衛態勢が不足していると考えていた。ゆえに、彼らは核持込み及び域外戦闘行動への事前協議制度の新設といった在日米軍への制約に反対した。また、日本の安全保障には沖縄及び小笠原への制約なき核配備が不可欠であり、同地域が米国施政下に置かれ続けることが望ましいと考えていた。そのため、沖縄及び小笠原の条約地域化にも強く反対している。加えて、間接侵略への対処を重視する観点から、内乱条項の削除にも消極的だった。(4)

これとは反対に、三木・松村派は日中関係を重視する観点から岸政権の安保改定に強い警戒感を抱いた。先述のように「日本が米国と攻守同盟を結んで戦争に捲き込まれることはまづい」と考え、沖縄及び小笠原の条約地域化についても、「北東アジア条約機構」（ＮＥＡＴＯ）結成につながりかねないとして忌避していた。

加えて、主流派である河野派も安保改定問題に積極的に見解を発信した。それは、一方では河野個人の藤山外相への敵愾心や派閥間権力闘争の産物なのだが、他方では、河野自身が鳩山自主外交路線の後継者を自認し、派内に中曽根や桜内義雄、園田直、北村徳太郎といった旧改進党左派の議員を多く抱えていたという政策上の動機が大きかった。後述するように、河野派は対中ソ関係の打開に留意し、沖縄及び小笠原の条約地域化、条約期限の短縮、事前協議制度の厳格化、行政協定の同時大幅改定を打ち出していく。(5) こうした河野派の動向に、吉田や芦田グループが神経を尖らせたことは想像に難くない。

以上のように、自民党内の安保改定に対する見解は多様だった。第一章でも述べたように、保守合同の際に旧自由党と旧改進党ないし旧民主党が外交・安全保障政策で融和しないまま自民党を結党したため、そのしこりが日ソ国交回復交渉に続いて表面化したのである。岸に対し、一方から対米協調の回復を重視する吉田及び池田派、芦田グループが、米国に対する自主性、対等性を獲得せんとする方針に反発した。吉田に言わせれば、対米協調への取り組みが不足しているからである。また、もう一方には河野派、三木・松村派、石橋派のような、対中ソ関係の改善を念頭に置いてより一層の対米自主外交を追求する勢力が控えていた。このような自民党内の政策対立構図のなかにあって、岸は暫時「両岸外交」に徹することとなる。(6)

これに対し、社会党は中国への傾斜をより一層強めていた。社会党は去る一九五八年二月の党大会で鈴木委員長、浅沼書記長を再任したほか、政審会長に和田派の勝間田清一、国際局長に鈴木派の岡田宗司、新設された国民運動委員会の委員長に曾禰益を配する党人事を決定しており、この陣容で安保改定問題に臨んだ。(7) そして、岸政権の相互援助型の安保改定を日中関係の悪化及び第二次台湾海峡危機と結びつけ、日米軍事同盟の強化及びNEATOの構築をもたらすものだと批判していた。このような、「相互援助型軍事同盟」阻止としての安保改定反対論は、最右派の西尾派も立場を同じくしていた。

ただし社会党では、安保改定を阻止した暁に残置される旧安保条約の「解消」方法をめぐり、党内で激しい政策対立が生じた。とりわけ西尾派は、一方で中ソ両国の国際共産主義運動に呑み込まれていく社会党左派を警戒しつつ、他方では「相互援助型軍事同盟」への安保改定を阻止し、「対米軍事従属」としての旧安保条約を「解消」するため、「自主独立」を掲げて安保改定への対案作成を提起していくこととなる。

2 岸政権の弱体化

さて、よく知られるように、安保改定交渉の序盤では、警職法問題と岸のセシル・ブラウンインタビューが政局を鳴動させた。後者についていえば、社会党は国会論戦で安保改定と第二次台湾海峡危機を結びつけながら、沖縄及び小笠原の条約地域化は、同地域を結節点としたNEATOの構築をもたらすものだと厳しく追及した。自民党内でも三木・松村派がこれに鋭敏に反応し、沖縄及び小笠原の条約地域化に猛反対していく。(8)

他方、前者についていえば、岸政権は一九五八年五月総選挙の後、機密保護法制の検討を含む国内治安の強化に取り組んでおり、その一環として一〇月八日に警職法改正案を国会提出した。岸によれば、これには「戦後の占領政策のいろいろな余弊を一掃して真の独立日本の体制をつくるという狙いがあったんです。(中略) 日本の社会秩序、治安の維持に必要かつ十分な職務執行を警察官ができるような警職法に改める」必要があったという。思えば、岸は安保改定に際し、米国の対日防衛義務の明確化とともに、内乱条項の削除及び条約期限の明記を重視していた。「吉田さんがつくった安保条約では、日本がアメリカに占領されているようなものなんです。（中略）そんなもので日本が安全であるとはいえない」と認識する岸にとって、内乱条項の削除及び警職法改正による国内治安の自力確保は、「独立の完成」に向けた国内政治基盤の整備に欠くべからざるものだった。その背景には、当時の直近の出来事でいえばハンガリー動乱があり、また、かつて「満洲国」の建設に携わった岸自身の確信があっただろう。一国の総理が最も重視すべきは安全保障だと信じる岸は、対外的には米国の対日防衛義務の明確化を、対内的には国内治安の自力確保を図ることで、旧安保条約の「駐軍協定」性を一掃し、もって内外に対する日本の安全保障を固めようとした。(9)

だが社会党は、これこそまさに戦前の警察国家復活を導く反動立法だと見做した。社会党が総評などの支持団体を糾合して展開した警職法闘争は、史上空前の規模に発展する。社会党は一一月一二日に臨時党大会を開き、今後の対応について執行部に一任を取り付けると、一一月二二日の岸・鈴木党首会談で同改正案を審議未了、廃案とすることに成功した。警職法闘争では党内右派も率先して運動の先頭に立ち、社会党内の結束は著しく強まったという。(10)

ただ、警職法闘争で政局が緊迫化するなか、社会党臨時党大会の議事進行の主導権を握り、執行部一任による岸・鈴木会談での収拾に道筋をつけたのは西尾派だった。この一一月末には昭和電工事件に関する西尾の無罪判決も確定したことで、全労会議の強力な支援を背景に豊富な資金力を有する西尾派の存在感が急速に増していく。(11)

いずれにせよ、社会党にとってこの政局は僥倖であった。岸による左派封じ込めの攻勢や、五月の総選挙の結果をめぐる左右両派間の対立に悩まされてきた社会党が活路を見出した瞬間であった。和田派所属の山口房雄国際局書記は米大使館員に対し、社会党は岸の警職法改正法案とセシル・ブラウンインタビューが想定外の突破口となって不振を脱し、命拾いしたと率直に語っている。その際山口は、岸のセシル・ブラウンインタビューのうち、改憲への言及よりも中国問題への発言のほうがはるかに社会党を利すると述べた。曰く、従前の中国問題は自社両党の親中派の論点だったが、今回の岸発言によってこの問題は社会党を自民党と明確に差別化させる論点となった。しかも、社会党の対中傾斜は鈴木に代わって浅沼の影響力を増大させつつあるという。(12)

このような政局の混乱もあり、安保改定交渉において条約地域問題は沖縄及び小笠原を除外し、「日本の施政の下にある領域」とすることで合意した。これにより、日米両国は在日米軍基地の共同防衛によって相互性を担保することになり、日米交渉の焦点は相互援助形式を具備するヴァンデンバーグ条項の文言調整へと移った。一九五八年のうちに新安保条約の骨格自体は固まったが、安保改定交渉を取り巻く政局は不透明感を増すばかりであった。(13)

このさなか、岸政権は重大な危機に陥った。岸の自民党総裁任期の満了が翌年三月に迫るなか、党内で非主流派が政局混乱に対する岸執行部の責任の明確化と党人事の刷新を要求したのである。これに対し、河野総務会長は大野副総裁と図った上で、党内対立の早期収拾と非主流派の機先を制する窮余の策として、総裁公選の一月党大会への繰り上げを打ち出した。岸がこれに同意すると、河野への反感を強める非主流派は俄然激昂し、池田国務相、三木経企庁長官、灘尾弘吉文相が一二月二七日に辞表を叩きつけた。岸は翌一九五九年一月九日に川島幹事長、河野総務会長を辞任させ、福田赳夫政調会長を幹事長に昇格させた上で池田派から益谷秀次総務会長、河野派から中村梅吉政調会長を配する党人事の刷新を行い、党内融和を図った。それでも非主流派は一月二四日の総裁選で松村謙三を擁立するなど、岸執行部への対抗姿勢を崩さなかった。(14)

しかもこの間、岸は吉田から面と向かって退陣を求められた。吉田によれば、一九五八年末から一九五九年の年明けにかけて岸と会談を持ち、総理総裁を辞するよう伝えたという。曰く、岸は良い人物だが、あまりにも多くの人物に耳を傾けすぎたために威信を失った。ゆえに、岸はもはや自民党を統べ、政府を有効に指導することが不可能なのだという。吉田は愛弟子佐藤栄作に対しても、「人ハ引上け時か大切ニ候、good loser たることか政治の要領と存候、長兄〔岸信介〕の為め、党の為、将又国家之為、切ニ老兄〔佐藤栄作〕之善処を要望仕候」と書簡を認め、岸に引導を渡せと指示した。当然ながら、岸が「耳を傾けすぎ」ている人物として吉田の念頭にあるのは河野である。吉田の我慢もそろそろ限界だった。(15)

それでも岸は、河野との提携を選んだ。そして彼は、よく知られるように、河野の提案を容れて大野副総裁と政権授受の密約を結び、権力基盤の回復を図った。一九五九年一月一六日、岸、河野、佐藤、大野が一堂に会し、北炭社長の萩原吉太郎、大映社長の永田雅一、児玉誉士夫の立ち会いのもと、岸政権の安保改定実現に協力する代わりに、岸の後継総裁には大野を推すという誓約書を交わしたのである。(16)

3　中道第三党構想の浮上

自民党非主流派の不満は頂点に達した。政局収拾策として岸の退陣、及び齢八〇歳を超える吉田の首相再々登板が取り沙汰されるほど、自民党分裂の危機は高まった。(17)そうした自民党の混乱と、当時の社会党の党内情勢を背景に浮上したのが中道第三党の結成構想である。

社会党では、西尾派の台頭を受けて、社会主義協会の向坂逸郎九州大学教授や、総評の太田薫議長、岩井章事務局長らが一九五八年一〇月一八日に「社会党を強化する会」を結成した。その背景には、労組職場組織において片や西尾派及び全労会議による第二組合運動が、片や日本共産党の浸潤が見られるなか、社会党の階級政党性の明確化を必要とする彼らの切迫した事情があった。和田派と提携する「社会党を強化する会」は、当初、党内右派に妥協的な鈴木執行部に批判の矛先を向けていた。特に、左右統一後に党から「社会主義のたましい」が失われたと訴える向坂の

論文「正しい綱領、正しい機構」は大きな波紋を呼んだ。(18)

これに対し、鈴木委員長は一二月一七日、社会党は議会主義を通じた平和革命を進めるとの談話を発表し、向坂論文への対抗心を露にした。中執がこの鈴木談話を追認し、左派の分断を狙う西尾派が、同談話は「議会主義堅持」を掲げるものだと強く支持するに及んで、社会党の性格論争が焦点に浮上した。(19)

同時に、社会党内では安保改定に際してその外交・安全保障政策をめぐる対立も顕在化していた。折しも、一九五八年一〇月の安保改定交渉開始後、一一月一九日の中国の陳毅外相声明、そして一二月二日のソ連のグロムイコ外相(Andrei A. Gromyko)声明により、中ソ両国は相次いで安保改定反対、日本中立化支持を打ち出していた。しかも、社会党では七月の佐多訪中に続き、一〇月には党内最左派の風見章や松本治一郎、岡田春夫らが率いる日中国交回復国民会議の使節団が訪中した。これを受けて、社会党では左派を中心に、左右統一後二度目の訪中使節団派遣が提起された。(20)

このような状況に対し、社会党右派は危機感を高めた。実際、西尾派の西村栄一は陳毅声明後の一一月二五日、中国の狙いは安保改定阻止による日米離間と日本の中立化であり、新安保条約の文言が「理にかなう」(reasonable)なら社会党右派はその国会批准を支持するとまで米大使館員に言明している。そして、自民党の分裂危機に加え、こうした西尾派の台頭と非主流左派の対抗とを契機とする社会党内の対立の顕在化が、一九五九年一月に予定される自民党総裁選及び社会党拡大中央委員会をにらんで、中道第三党構想を浮上させたのである。(21)

言うまでもなく、この構想は実現をみていない。これは西尾が社会党脱党に肯んじなかったからである。西尾は社会党拡大中央委員会を直前に控えた一九五九年一月一三日、米大使館員に対し、中道第三党構想に反対する意向を内示した。彼はその理由として、自民党内の「進歩的勢力」との中道第三党は、社会主義政党なのか資本主義政党なのかが不明だという性格問題が生じるし、政局の混乱を招くと主張する。その上で、西尾は以下のように自らの政略を開陳した。曰く、社会党を脱党するものは単なる弱小勢力になる。そこで、鈴木が西尾の政策に接近し、向坂理論への対抗で西尾派と協力している今こそ、彼ら右派の影響力を増大させ、社会党内の非主流左派を脱党及び少数政党への転落に追い込みたい。次期党大会こそ、労組内部の混乱に乗じて自らの勢力を強化する好機であり、社会党の政策現実化への転回点とすべきである。以上の政略を語った西尾は、社会党が政権獲得を望むならば国民政党にならねばならないと強調し、米大使館員との会談を終えた(22)。

事実、こうした西尾の意向は自民党の「進歩的勢力」にも関知されていたようである。自民党が警職法問題以来混迷の度を深めていた一九五八年一二月五日、渦中の人、三木武夫はマッカーサーとの会談に臨んだ。その際三木は、社会党に政権獲得の可能性が乏しい保革二大政党制は不自然であり、第三党結成を何度か検討したことがあるものの、即座の社会党分裂の見込みがない以上、今は新党結成の計画を立てる状況にないと吐露している(23)。先述の通り、一九五八年三月から四月に三木武夫、松村謙三、北村徳太郎ら旧改進党系の自民党脱党、中道第三党結成の可能性が憶測された際も、社会党右派の西尾派及び河上派が参加できると判明しない限り、政権与党たる自民党の分裂はあり得ないと目された。第一章で述べたように、MSA政局を経て革新勢力の保守側に対する接触面が、旧改進党との連携を見据えていた頃の旧日労系から社会党右派の独自路線を重視して原理主義的に行動する西尾派に転じたことは、中道第三党の結成を困難にしていたのである。

結局、一九五九年一月一九日から開催された社会党拡大中央委員会では、性格論争の決着及び外交・安全保障政策の具体化は先送りされ、低調な論議内容に終始した。数ヶ月後に迫る統一地方選及び参院選への対応が優先され、出席者は少なく、日程も短縮されたためである。この中央委員会では安保体制の「打破」、日中国交回復による「積極中立」を掲げた一九五九年度上半期活動方針を原案通り採択し、訪中使節団派遣を決定した。自民党内の混乱も、一月二四日の総裁選で岸が松村謙三を三二〇票対一六六票で下して再選され、ひとまず収拾される。こうした状況に、マッカーサーは岸再選が確実視されていた一月二一日の時点で、三木、西尾及び西村との接触を通じ、中道第三党は今後数年は実現しない見込みだという情勢分析を下した。かくして、中道第三党構想は再び政局の裏面に伏流した。(24)

4 自社両党の党内調整

いずれにせよ、党内の混乱を収拾した自社両党はようやく安保改定に関する党内調整を本格化させた。自民党の場合、党内調整の目的は一九五九年六月の参院選に備え、安保改定の大要に合意形成を図ることだった。まず藤山外相が一月末から二月中旬にかけて、「藤山試案」を提示した。これは党内論議のたたき台として日米交渉で合意済みの事項をまとめたものである。具体的には、米国の対日防衛義務の明確化と在日米軍基地の共同防衛、事前協議制度の新設、条約地域からの沖縄及び小笠原の除外、極東条項の存置、内乱条項の削除、一〇年間の条約期限などから成り、新安保条約及び関係協定の骨子を示すものだった。(25)

ところで、自民党内の従前との違いは河野派の動向である。河野が総務会長を辞任し、党内調整に直接的責任を持たぬ身となった河野派は、安保改定問題についてこれまでより自由度の高い立場に転じた。河野派は一月三〇日、「安保条約の改定は国民の祖国に対する民族的信念、外交、防衛に対する基本国策」に基づいて慎重に進められるべきという立場を示した。そして、沖縄及び小笠原に対する自衛権の確認及び条約地域への編入、内乱条項の削除、一〇年間の条約期限、行政協定の同時改定から成る安保改定見解を発表し、中曽根から藤山外相へ申し入れた。(26)

しかもこの間、河野は日中関係の打開を強く主張している。彼は岸に対し、政府与党も中国に大臣級の特使を派遣して積極的に日中関係の打開に乗り出すべきだと提言した。また、マッカーサーにも、日本における対中政策の重要性を強調した上で、もし米国が中国に対する政治的承認を決定したら、日本がせめてその前日には中国を承認できるよう、事前に通知してほしいなどと要望している。(27)

このように、旧改進党系議員を多く抱える河野派は岸の安保改定に不満を示し始めた。鳩山自主外交の後継者を自負する河野や、かつて改進党の綱領に「日本民族の独立自衛を完うする」と掲げ、政策大綱の第一に「独立国家の完成」の項を設けて「安保改正」とアジア外交の強化を打ち出した中曽根たちからすれば、岸の安保改定は「独立の完成」に資するのではなく、冷戦秩序に従順で米国に阿りすぎていると見えたのである。事実、河野は、岸の安保改定は「日米共同防衛」の面を強調し過ぎているがゆえに中ソ両国の警戒を招来していること、「国民の日常生活に直接関係する行政協定の改定こそ最も大事なこと」なのだから、安保改定とはすなわち行政協定の改定であって、国内での在日米軍の優位性を改める必要があるなどと論じた。かくして河野派は、日本の国権回復と対米自主という本来の「安保改正」に立ち戻るよう、岸の安保改定を批判していくのである。(28)

以上の背景のもと、自民党では沖縄及び小笠原の条約地域化、行政協定の改定、内乱条項の削除などを争点に、党内調整が本格化した。自民党は四月六日、外務省の起草に基づく「日米安保条約改訂要綱案」及び「行政協定調整要綱案」をまとめた。両要綱案は、細目は小委員会でさらに検討するという条件のもと、五日後の総務会で了承された。この四月一一日付要綱案には、条約地域は「日本全領域」とし、条約期限は一〇年以内にすること、内乱条項の削除には慎重に対応し、間接侵略の際には在日米軍への出動要請を可能とすることが盛り込まれた。(29)

こうして設置された「安保条約改訂等小委員会」（船田中委員長）では、日本の自主性回復を重視する旧改進党系の立場と、対米協調の回復を求める池田派との対立が顕在化した。中曽根ら河野派は、沖縄及び小笠原の有事の際に日本が米国と協議の上で必要な措置をとり得るという旨の取極を要求した。これに対し、池田派は相互援助形式を重視しつつ、その合憲性をいかに担保するのか問い質した。論議の末、同小委員会は五月二日に「小委員会結論」を発表し、同日中には総務会の承認を得た。参院選を前にした自民党の党内調整は、ここに一区切りがついた[30]。

これに対し、社会党は一月の拡大中央委員会の後、上半期活動方針に基づいて「積極中立」論及び日中国交回復に関する具体的方針の策定に着手した。岡田宗司率いる国際局、曾禰率いる国民運動委員会、そして日中国交回復特別委員会は複数回に及ぶ合同会議の末、二月一〇日に訪中使節団派遣に向けた党の方針をまとめ上げ、二月一六日の中執で原案通り承認された[31]。

このうち、社会党の外交・安全保障政策は「日本の独立・平和・安全保障について」として成文化されている。そこでは、自らの外交・安全保障政策の眼目を、非同盟、冷戦不介入、平和共存を推進する「自主独立、積極中立の外交路線」と定式化する。その際、「日米中ソ集団安全保障体制」は、「不可侵の約束に止まらず、侵略の場合の対抗措置を含む（日本の場合憲法の範囲内においての措置である）。（中略）日米安保条約の解消及び中ソ友好同盟条約の軍事条項の解消とは右の安全保障の確立への努力と並行して進められる」と規定した。つまりこの時点では、まず関係諸国との個別的不可侵の取極に努力した上で、安保条約及び中ソ同盟条約は「日米中ソ集団安全保障体制」の確立と並行して「同時解消」されると規定した。しかも、党の方針として初めてこの「集団安全保障体制」に「侵略の場合の対抗措置を含む」ことを明記したのである[32]。

この「日本の独立・平和・安全保障について」には、曾禰の主張が多くとり入れられていた。まず、この時期の曾禰の議論を確認しよう。彼は最左派平和同志会の岡田春夫との対談のなかで、対日軍事条項を持つ中ソ同盟条約の「解消」が「安保解消」後に行われるなど問題外であること、「日米中ソ集団安全保障体制」は中立が侵された場合の安全保障措置を不可欠とし、この体制確立の後に「安保解消」は完成すること、外交・安全保障政策を観念的に論じることはできず、東西いずれの陣営の戦争勢力、帝国主義にも自主的な立場から批判すべきと論じていた。このように、左右統一以来社会党の外交・安全保障政策の具体化を目指し、「安保解消」は中ソ同盟条約との「同時解消」、かつ「日米中ソ集団安全保障体制」の確立と表裏一体にすべきとする曾禰の見解はいまだに健在だった。[33]

しかもこの時期、曾禰の議論が党内事務部局レベルでは通りやすい環境が整備されていた。その背景は、まず党内力学として社会党では西尾派が台頭し、主流派たる鈴木・河上の中間派連合と一定の協調関係が構築されたことである。次に政策面として、この頃対中脅威認識を持ち始めていた鈴木派の岡田宗司国際局長と曾禰の見解がかなり接近したことである。岡田は一九五八年秋から一九五九年一月にかけての米大使館員との会談で、中国は東南アジア諸国にとって大いなる脅威であり、他国の征服に精を出す唯一の国家だと率直に語っている。曰く、大躍進政策も人民公社も明らかに困難に陥っており、成功は疑わしい。それにもかかわらず、西尾派以外の全ての社会党の人々は日中関係の打開を最も世論受けする争点だと見なし、中国に関する正確な情報に触れないまま、楽観的期待に基づいて対中政策を立案しているという。この時期の社会党に、水面下で進行していた中ソ対立の波動がどれほど及んでいたかは判然としないが、いずれにせよ、対中脅威論に立つ岡田は社会党内の認識の甘さに強い不満を抱いていた。そして、二年前の「不平等条約の改廃」とは逆に、曾禰と協力して「安保解消」の具体化に取り組むのである。[34]

当然ながら、二月一六日付「日本の独立・平和・安全保障について」は非主流左派の反発を招いた。特に反発したのが平和同志会である。二月二五日、田中稔男、岡田春夫らを中心に、西尾派を除く各派閥の有志六六人は党執行部に対し、「日米中ソ集団安全保障条約」の締結を待たず、安保条約の「即時破棄」を主張すべしとの要望書を提出した。田中は、日米軍事同盟の強化を目指す安保改定に伴って中ソ同盟条約の対日軍事条項が拡大され、ＮＥＡＴＯに対抗して「中ソ朝越の間にワルシャワ条約に類する新防衛機構の結成を来たす」恐れがあると警戒していた。ゆえに、日本の中立を保障するためにも、第二次浅沼訪中では「日米中ソ集団安全保障体制」構想を具体化すべきであり、社会党は「安保破棄」を期して安保改定阻止のために闘うべきだと主張したのである。そこには、平和同志会に属し党内屈指の親中派として鳴らす田中なりの、日本の外交・安全保障に対する危機感があった(35)。

それでも、岡田国際局長は二月二七日に田中ら有志議員に対し、「日米中ソ集団安全保障体制」が確立されれば「日米安保条約と中ソ同盟条約の対日軍事条項は同時に解消できる」と述べ、「日本の独立・平和・安全保障について」の修正を拒絶した。ともかくも、これにより社会党内の論争は決着を見たかに思われた(36)。

5　第二次浅沼訪中

だが、「不平等条約の改廃」の際と同様、またもや浅沼の訪中が社会党の外交・安全保障政策を覆した。浅沼団長のもと、勝間田政審会長、岡田国際局長、佐多、田中、曾禰を主な団員とした訪中使節団は大いに意気込んでいた。曾禰の言葉を借りれば、浅沼らは「万事、好々で北京の会談を終わった」第一次浅沼訪中の夢から覚められなかったのだという。彼らは、「統一地方選挙の前に、どうしてもヒットをとばそう。それにはもう一度中国に行き、浅沼使節団の努力によって日中貿易再開をかちとり、それを背景にして統一選挙を戦いたい」と、日中関係の打開を望んで中国の懐中に飛び込んだ(37)。

これに対し、中国側は、警職法闘争及び自民党内の混乱は対日強硬姿勢の効果のあらわれとみなし、その堅持を決めていた。しかも、浅沼訪中の下準備のため現地入りしていた田崎末松が、そうした対日認識に阿るような真偽不明の情勢分析を中国側に伝えていた。それゆえ、中国側は「反米・反岸闘争」における社共共闘、革新勢力の結束強化

に向けて社会党に旗幟を鮮明にさせようと、万全の準備を整えて第二次浅沼訪中を待ち構えていたのである。(38)

社会党訪中使節団は政治、経済、文化の各分科会で中国側との意見交換に臨んだ。このうち共同声明の起草にあたる政治分科会には、社会党から勝間田、岡田、曾禰が、中国側は廖承志が参加した。三月一一日からの実務者協議において、岡田は「日本国民のなかに、日米安保条約がなくなれば安全を保障する具体的なものがあるかと疑念をもつものがある。中ソ条約が脅威を与えるものかどうかについても〔疑念をもつものがある〕」と訴えた。曾禰も、「日米中ソ集団安全保障体制」が確立する際には中ソ同盟条約第一条の対日軍事条項を無効にするよう主張している。これに対し廖は、対日軍事条項は米国による日本軍国主義の復活に備えたものであり、「安保体制の打破」を中国が要求することは日本への内政干渉にあたらないと返答した。その上で彼は、日本中立の保障には何よりもまず「安保体制の打破」が前提条件となる、社会党は旗幟を鮮明にせよと詰め寄った。しかも、中国側は経済分科会で佐多に対し、「反米・反岸闘争」を優位に進めるには対日強硬路線の継続こそ望ましく、佐多訪中の際の政治三原則及び追加三条件の履行なしに日中貿易の再開はあり得ないと通告したのである。(39)

このように実務者協議は中国側のペースで進み、両者の議論は平行線をたどっていた。そのさなか、第一次浅沼訪中の際と異なる中国側の強硬な姿勢に直面した浅沼は、三月一二日に「アメリカ帝国主義は日中人民共同の敵」発言に踏み切る。この「浅沼発言」により、三月一五日には周恩来との会談が実現した。だが、これ以降の実務者協議は、共同声明に「アメリカ帝国主義は中日両国人民の共同の敵」を挿入したい廖承志と、この挿入の回避及び共同声明の表現の穏当化を図る勝間田、曾禰との折衝に終始してしまった。(40)

結局、三月一七日付発表の浅沼・張奚若共同声明では、「共同の敵」こそ含まれなかったものの、その他の点は中国側に押し切られた。まず、経済・文化交流の面では日中民間貿易再開への言質をとれず、拿捕されていた漁業従事者の解放と、中国が生漆、栗、タルク、桐油を「配慮物資」として限定的に提供し、北海道産昆布を購入するという合意にとどまった。しかも、この共同声明では、「日本が日米安保体制を打破し、完全に独立し、また、日中、日ソの不可侵協定を締結したあかつきにおいては、（中略）中ソ友好同盟相互援助条約中の対日軍事条項はおのずから効力を失うことが期待され、（中略）日中米ソの集団安全保障条約を締結することに（中略）意見の一致を見た」と記されたのである。(41)

曾禰はこの共同声明に頗る不満だった。なぜなら、それは二月一六日付外交・安全保障政策案から一転して、曾禰が問題外と論じていた「安保解消」後の中ソ同盟条約「解消」へと変更されたうえ、「おのずからその効力を失うことを期待しうる」と述べるのみで中ソ同盟条約「解消」の確約すらない代物だったからである。当然、社会党では「浅沼発言」及び浅沼・張奚若共同声明と、これまで述べてきた「積極中立」論との整合性が問題視された。しかも不幸なことに、四月四日の中執で訪中使節団の報告の任を委ねられ、西尾派を中心とする右派の厳しい批判の矢面に立たされたのは曽禰自身であった。この日、曾禰が右派への避雷針の役割をあてがわれ、訪中使節団の報告が中執で承認されると、浅沼は「やっぱり社会党はまとまる時にはまとまるよ」と気をよくしたという。(42)

このような第二次浅沼訪中は、自民党から佐多訪中に続く格好の攻撃材料にされた。四月の統一地方選で社会党は強固な地盤を持つはずの北海道や、東京及び大阪の知事選挙、そして大阪市長選及び横浜市長選といった注目選挙区で自民党に軒並み敗北した。社会党の伸び悩みは一層顕著になったのである。(43)

以上、本節では安保改定交渉の開始後、参院選を前にした一九五九年五月までの安保改定に関する国内政治過程を考察した。自民党では、岸政権の権力基盤が大きく損傷されるなか、総裁公選の繰り上げ問題に非主流派が反発して自民党分裂の危機に陥った。しかも、主流派だった河野派までもが、鳩山自主外交の系譜を受け継ぐ勢力として岸の安保改定に反発を強めていた。こうしたなかで、社会党右派と三木ら旧改進党左派を中心とする自民党の「進歩的勢力」との中道第三党結成が取り沙汰されはじめた。西尾はこれを蹴って社会党自体の主導権奪取を目指したが、第二次浅沼訪中によって社会党の外交・安全保障政策は大きく左傾化してしまった。

かくして、自民党では安保改定に際し、対米協調の回復を目指す吉田及び池田派ら旧自由党系と、河野派、石橋派、三木・松村派といった対米自主の強化を求める旧日本民主党系との懸隔が深まった。社会党でも党内の遠心力に歯止めがかからない状況に陥った。岸自身、自民党における権力基盤も極めて不安定であり、「両岸外交」に徹さざるを得ない情勢であった。以上を背景に、岸、そして自社両党は各々の命運をかけて一九五九年六月の参院選及び安保改定に関する党内調整に臨んでいく。そこで次節では、まず岸及び自民党の動向を見ておきたい。

第二節　自民党の党内調整と対立構図の変容

1　安保改定交渉の進展と「赤城構想」

六月二日の参院選では、追加公認も含めて自民が七一議席、社会が三八議席を獲得した。社会党は衆参両院で単独での改憲阻止勢力の確保に成功したものの、三年前の参院選に比して自民党の勝利及び社会党の伸び悩みという結果は疑うべくもなかった。

この結果は岸に政権運営への自信を漲らせた。三日後の六月五日、マッカーサーとの会談に臨んだ彼は、日米安保体制の是非を中心に外交政策が主要争点となった参院選での勝利は新安保条約の国会批准に有利にはたらき、自身の立場も強化されると伝えている。米大使館も、統一地方選に続く参院選の勝利により、岸の政権基盤が修復されると確信していた。(44)

実際、安保改定交渉は著しく進捗していた。新条約の骨格が一九五八年末に固まった後、自民党内の要求を受けて、交渉の焦点は行政協定の改定に移った。日米双方は一九五九年六月下旬の調印を目標に、新安保条約におけるヴァンデンバーグ条項の文言調整及び憲法留保条項の挿入問題、事前協議制度の新設に関する交換公文、行政協定問題に関する交渉を急ピッチで進めた。日米交渉の実務を担った東郷安保課長曰く、「六月には連日の如く大臣・米大使会談を行い、条約はほぼ完了、行政協定もわが方の決断次第で決着出来ようかと云うところ迄」来ていた。(45)

他方、同時期に進んでいたのが第二次防衛力整備計画（二次防）の策定である。それは、第一義的には一次防の終了（一九六〇年度）までに一九六一年度以降の長期防衛計画を策定する必要に迫られたことによる。ただ、防衛庁には一次防の内容自体への問題意識もあった。というのもまず、一次防は閣議決定を一九五七年六月の岸訪米に間に合わせねばならないという政治的事情により、結果として鳩山政権期の「防衛六カ年計画」の後半三ヶ年分をほぼそのまま踏襲していた。しかも、この一次防は陸自の定員が目標の一八万人を下回る一七万人にとどまったことや、空自の次期主力戦闘機生産の遅延及び基地取得の難航といった問題を抱え、当初の予定通りには計画を実施できない状況となっていた。加えて、岸訪米に伴う在日米軍の大幅削減も二次防策定への重要な誘因となった。一九五八年二月までに米地上兵力の全面撤退が完了するという想定以上に急速かつ大規模な米軍削減が、防衛庁をして、日本の防衛に空白が生じているという危機感を生じさせたからである。(46)

以上の経緯から、防衛庁は一九五八年四月以降新長期防衛計画として二次防の策定作業に入った。先行研究で指摘されるように、それは従来に比べていくつかの新機軸を打ち出していた。第一に、この作業は統合幕僚会議（以下、統幕）の主導で進められた。これまでの防衛力整備計画は、陸海空の各幕僚監部が原案を作成し、統幕を素通りして内局（特に防衛局防衛第一課）が各幕僚監部と個別に調整して決定していた。これに対し、二次防の策定作業では内局側から統幕事務局に陸海空三自衛隊の統合的な軍事的要請に関する文書を作成するよう要請した。そして、統幕事務局が同年九月に二次防における軍事的要請の素案を作成した後、内局、統幕事務局、各幕僚監部での調整と最終案作成を経て、一九五九年七月二六日に赤城宗徳防衛庁長官がその骨子を発表した。それが、いわゆる「赤城構想」である。(47)

この「赤城構想」は内容も画期的だった。そこでは、日米安保体制の堅持を前提としながらも、二次防の性格として留意する事項に、（一）三自衛隊の防衛力の均衡を図り、「整備の優先順位は空、海、陸の順」とすること、（二）「防衛力の建設及び維持面における対米依存より逐次脱却し、自立態勢を確立する」こと、（三）「防衛力の自主的縦深性の確保」、すなわち後方・兵站面の強化を図ることが挙げられた。その上で、日米安保体制のもとで戦略攻勢面は米軍に依存するとしても、「米軍の支援が状況に応じて浮動する可能性を補備し、またわが作戦遂行上の自主性を保持するためには、相当大規模な武力侵攻に対しても、少くとも初期における防衛作戦は概ね独力で遂行しうる能力を整備することが必要」だと強調している。(48)

このように、陸自優先の防衛力増強方針を転換して「三自衛隊の総合的発展」を掲げた点、急激かつ大幅な在日米軍削減を受けて「米軍の支援が状況に応じて浮動する可能性」を指摘し、自国防衛における自立態勢の確立を主張した点は、一次防を含むこれまでの長期防衛力整備計画の枠組みを大きく変えるものだった。統幕の意向が反映された「赤城構想」は、防衛庁において制服組に強く支持されたという。(49)

この「赤城構想」を自主防衛論の発露とみるか、対米防衛協力の具体化による安保強化論とみるかは先行研究でも一致をみていない。しかも、「赤城構想」の立案自体、安保改定と連動して進められた形跡はない。(50)ただ、これまでの「独立の完成」という争点領域の視座から見た時、「赤城構想」は少なからぬ重要性を持つ。というのも、「独立の完成」を求める保守勢力は、戦後経済の現状から、まずは比較的安価な陸自増強で米地上兵力の撤退を図った上で、海空兵力増強による米軍全面撤退を最終目標としてきたからである。日本民主党の政策大綱には「国力に応じ均整を得た少数精鋭の自衛軍を整備して、直接間接の侵略に備え、逐次駐留軍の撤退を可能ならしめる」と明記されていたし、重光訪米の「安保改正」当初案も、「防衛六カ年計画」による米地上兵力撤退ののち、その六年以内の米軍全面撤退を想定していた。その後、日米関係の再検討が浮上した一九五六年秋には、船田や中曽根が将来的な海空兵力の強化による米軍全面撤退を唱えた。こうした経緯を踏まえると、「赤城構想」は、その作成者の意図はさておき、保守勢力にとっての「独立の完成」の成否を占う重要性を秘めていた。

2　五九・六内閣改造——河野との訣別——

さて、このように、「独立の完成」に向けた外交・安全保障政策が展開されるなかで、岸は「安保改定の最後の仕上げ」にあたる挙党一致の布陣を目指し、党人事及び内閣改造に着手した。その最大の焦点は、岸後継を争う池田及び河野の処遇だった。六月一八日の党人事及び内閣改造では、川島が幹事長に復帰したほか、石井光次郎総務会長、船田中政調会長を党三役とした。また、閣僚人事では池田勇人が通産相として再入閣した。そして、池田の入閣によって吉田及び池田派が主流派入りする一方で、河野派は非主流派に転落した。これにより自民党の派閥間関係は、岸派、佐藤派、池田派で構成される主流三派と、河野派、三木・松村派、石橋派から成る非主流派が対峙し、中間派として大野派、石井派が控えるという構図に転じた。(51)

従前から、この人事は戦後政治史上の一つの重要局面と評されてきた。すなわち、岸・佐藤・池田の三派が安保改定の実現に結束することとなり、「吉田路線と岸路線が融合して」、日米協調路線の維持強化をはかる勢力たる「保守本流」が自民党の中枢として確立したという評価である。巨視的には非常に正鵠を射た指摘である[52]。

この指摘に実証面から付け加えたいことは、実際に彼らが日米協調の強化という政策的観点から、明示的な提携関係を結んだということだ。そこで以下では、その経緯を詳述したい。

そもそも、岸はこの党人事において最側近の川島を幹事長に復帰させ、池田と河野の双方を入閣させる挙党一致の布陣によって、安保改定に万全の態勢を敷く構えであった。また、これを二人が肯んじない場合、岸は池田を非主流派に追いやってでも先ずは河野の入閣を優先する考えであった。

これに対し、一月以来半年にわたって無役となっていた河野は幹事長の座を欲した。当時、河野と結ぶ大野副総裁も河野幹事長、池田総務会長、佐藤政調会長という党人事構想を吹聴していた。総務会長まで務めた河野にとって、幹事長以外の党役職には魅力を感じないし、外相を藤山が、蔵相を佐藤が占めるなかでは閣僚ポストも頑として受け入れなかった。そもそも、安保改定交渉開始後の政局を河野から見れば、岸の露払いとなって沖縄・小笠原の条約地域化や警職法改正、総裁公選繰上げを主張し、非主流派の憎悪を一身に背負ったにもかかわらず、三閣僚辞任の詰腹を切らされて総務会長辞任に追い込まれ、若輩の福田赳夫が幹事長に収まっている。そこに派内で安保改定批判が噴出するという状況にあって、河野には是非とも幹事長の椅子が欲しいところだった。だからこそ、上記の大野構想が佐藤の反対で潰えるや、河野は六月一二日、「こんご岸政権には一切協力しない」と捨て台詞を吐くのである[53]。

その河野に、岸が向き合ったのは六月一七日の午後である。河野は、この期に及んで入閣要請を受け容れることは「男として出来ぬ」。だが、池田も入閣しないときはどうするのかと問うた。河野は前年末の三閣僚辞任の経緯から、池田が再入閣するはずがなく、岸も最後は譲歩するだろうと高を括っていた。すると、岸は涙を流しながら、「その時は重大決意をする考えだ」と、退陣をちらつかせた。これには、河野の涙腺も弛んだ。「池田が入閣せず重大決意をする時にはその前にもう一度自分に相談してくれ」と言い残し、河野は席を立った[54]。

二人の残り香を消し去るように、池田は岸との会談を、「今日迄で君は余りにも河野、大野に動かされているが」と難詰することから始めた。そして、自分の入閣を望むなら、河野派から一人も入閣させぬこと、組閣作業に池田を参与させることを呑むよう岸に迫った。しかも池田は、この際河野を「徹底的につぶし」たいと力説し、河野と同じ選挙区で議席を争う池田派の小金義照の入閣まで要求した。これに対し、岸は、河野にも池田にも入閣を断られれば内閣改造は不可能であり、退陣して大野に政権を譲ることになると説得したという。ここに、池田は入閣を受諾した[55]。

重要なことは、吉田がこの機を逃さず岸と河野の間に楔を打ち込んだことである。七月上旬から一ヶ月にわたる訪欧を終えたのち、岸は八月一八日と二〇日の二度にわたり、堤康次郎の仲介で吉田と会談している。従来から、この会談については、岸と吉田が後継首相に池田を推すことで一致を見たと論じられてはいるが[56]、なお指摘すべきは、この一連の会談で岸、吉田、池田、佐藤の四者提携が成立したことだ。すなわち、四者は岸の総裁三選と安保改定の実現に一致して支持する代わりに、岸が退陣する際には池田が後を継ぎ、池田の後は佐藤が政権を継ぐことで合意をみたのである。この補強として、四者は池田政権で佐藤が、その後の佐藤政権で池田と岸がそれぞれ要職につくことでも一致している。三時間半にわたった八月二〇日の会談の後、立会人の堤は記者団にこう胸を張った。「これで旧自由党系を一本にした岸新体制は固まった[57]」。

吉田もマッカーサーに会談の結果を伝えている。曰く、八月に岸と二度会談した結果、彼が反共政策を断固堅持するのみならず、対米協調の強化を保証したため、岸への完全なる支持を請け合った。この重大局面での首相交代は問違いであり、池田も首相就任にはまだ未熟である。池田と佐藤には、協力して岸を支えなければ河野や他の非主流派を利するだけだと説いたという。そして吉田は、米国側がすすんで安保改定に取り組んでいるとわかり、今では完全にこれを支持しているとマッカーサーに確約したのである(58)。

ここに、吉田宿願の「旧自由党か団結し、貴台〔石井光次郎〕、池田〔勇人〕佐藤〔栄作〕の三君か提携して岸〔信介〕首相を助、強力内閣人材内閣」がついに実現した。六月の党人事・内閣改造はその布石だったのである。河野の下野でようやく主流派となった吉田及び池田派は、岸政権を旧自由党系で支えて対米協調路線に引き込みつつ、遠くない将来の池田政権発足の地歩を築いた。そして、対米協調姿勢の不足を批判してきた吉田及び池田派や芦田グループと、河野派、三木・松村派、石橋派のような、対中ソ関係の改善を念頭に置いてより一層の対米自主外交を追求する勢力との間で「両岸外交」を行ってきた岸は、ここに至って対米協調勢力との提携に舵を切った。岸は、そうせねば政権を維持できないとみた。政権の危機に瀕して、彼は相矛盾する二つの政権授受の密約を結んだわけである(59)。

3　党内調整の終結と「安保改正」論者

その結果、岸はこれまでより相対的に安定した権力基盤を獲得し、三期目の総裁任期満了にあたる一九六三年一月までの政権存続に望みをつないだ。そして、安保改定に関する自民党内の調整を本格化させた。岸は参院選の後、賀屋興宣を外交調査会長に配し、船田政調会長に安保小委員会委員長を続投させた。なお、安保改定に批判的だった非主流派のうち、芦田均は六月二〇日に死去し、三木武夫は七月八日から三ヶ月半に渡る外遊に出かけた。このため、条約地域、事前協議制度、内乱条項削除及び間接侵略への対処、条約期限を争点として七月二七日から再開された自民党の党内調整では、河野派が安保改定批判の中心を担うこととなった。

河野派は七月二八日の外交調査会で、山中貞則が新安保条約から極東条項を削除すること、条約地域に沖縄及び小笠原を含めること、一〇年間の条約期限は長すぎるなどと主張し、安保改定批判の口火を切った。八月五日の河野派総会では出席者から、極東条項は戦争に巻き込まれる不安を与えており、事前協議制度に在日米軍の域外使用に対する明確な拒否権を付与すべきこと、沖縄及び小笠原は日本の領土であり、施政権返還の際には条約地域に入る旨を明文化すること、国際情勢の急転に対応すべく条約期限を短縮すべきこと、行政協定をさらに大幅に改定し、在日米軍の諸特権をより見直すべきことなどが主張された。そして、彼らは新安保条約の目的や、条約地域、条約期限、行政協定改定といった諸論点の再検討を決議し、川島幹事長に申し入れを行った(60)。

実際、河野派には極東条項の存置に批判的な意見が多かった。例えば、派閥幹部の松田竹千代文相はマッカーサーに対し、以下のように持論を展開した。曰く、ヴァンデンバーグ条項に基づく日米間の相互援助関係には憲法九条を死文化させ、自衛目的を超える軍事力増強を強いる懸念がある。日本は域外の防衛にいかなる義務も引き受けるべきでなく、日本防衛に関係ない戦闘行為にはいかなる形でも参加すべきではない。それゆえ、極東条項を削除して日本以外のいかなる地域への言及も回避すべきである(61)。

このように、旧改進党系議員を多く抱える河野派は、安保改定に際し日本の自主性回復を強調する立場を崩していない。そうしたなかで、同派は次第に条約期限問題に焦点をあて、緊張緩和のような国際情勢の変動の際に条約期限内でも安保再改定を可能にするよう要求し始めた(62)。

河野派も含め、自民党非主流派の主張には冷戦の緊張緩和に対する期待感が陰に陽に介在していた。当時、七月二三日にリチャード・ニクソン米副大統領（Richard M. Nixon）がソ連を訪問し、九月一五日にはソ連のニキータ・フルシチョフ（Nikita S. Khrushchev）も訪米するなど、米ソの雪解けが盛んに取り沙汰された。他方、中国も政府与党の分断工作に乗り出し、自民党非主流派への働きかけを強めていた(63)。

日中関係の打開を目指す石橋湛山前首相の訪中は、そのさなかのことである。彼は「石橋三原則」を提示し、訪中と安保改定及び中国の国家承認をからませないことを条件に周恩来の招請に応じていた。石橋は中国側の強硬な姿勢に不満を漏らしつつも、九月一六日に周恩来との秘密会談に臨み、九月二〇日には、岸政権の政経分離政策を否定する政経不可分原則に同意して早期の日中国交回復を謳う石橋・周恩来共同声明が発表されている。石橋は帰国後の会見で、日中関係の打開には日米関係の「修正」が必要であること、安保改定は急ぐべきではなく、中国への敵対行為とならないように留意すべきこと、一〇年間という条約期限を短縮し、一年の予告期間でもって「改廃」できるようにすべきとの見解を表明した。さらにこの後、一〇月には松村謙三が訪中して中国の経済状況を視察したほか、河野も訪ソの意向を示し始めた(64)。

しかも、これら非主流派閥は米ソ首脳の相互訪問予定が明らかになる一九五九年夏から秋口にかけて、保守第二党結成を模索したようだ。彼らが作成したとみられる「国民新党結成要綱」を概観しよう。

同文書は、「今秋から明年にかけて、安保条約の改定をめぐる保守、革新の激しく対立」する情勢のもと、戦後最大の混乱に直面する可能性を指摘した。その上で、朝鮮戦争や台湾海峡危機といった米国の戦争の渦中に入らないことを共通の広場にした、自社両党に代わる「清新にして強力な国民政党」の結成が必要だと主張したのである(65)。

この「国民新党」の政策項目は多岐にわたるが、最も重視されたのが外交・安全保障政策だった。日中国交回復の実現こそ日本外交の焦点だと考える彼らは、岸政権の安保改定を断固排撃した。曰く、米国との軍事的結合の強化を目指す岸政権の安保改定が進む限り、日中関係は打開できない。新安保条約では事前協議制度に拒否権が担保されていない以上、極東条項の存置によって極東地域の紛争に巻き込まれる。米ソ全面戦争の際、米軍に日本防衛の余力は

なく、対日防衛義務の明確化も詭弁である。このように、彼らは岸政権の安保改定を逐条的に批判していた。(66)

なかでも興味深いのは、「国民新党」の日米関係に対する見解である。曰く、安保改定は三、四年保留し、新たな世界情勢の変化に即応して根本的に「改正」または「廃棄」すべきである。今後米国はミサイル中心の戦略態勢に転じ、在日米軍を全面撤退させた上で、日本の戦術的防衛は日本の負担、極東全般の戦略的防衛は米軍の負担とするであろう。これを待って安保条約を根本的に「改正」または「廃棄」し、在日米軍基地を接収して沖縄及び小笠原を返還せしめる。その結果、行政協定も不要になると彼らは論じた。そのほか、米軍への従属性を一掃した自主防衛体制の整備、わけても直接侵略防止のための核報復力の保持、自主憲法制定に強い意欲を示していた。(67)

以上の「国民新党結成要綱」は、作成日も作成者も詳らかではない。政策内容についても実現可能性には甚だ疑問が残る。ただ、これまで述べてきた「独立の完成」という争点領域の視座からみたとき、対米ナショナリズムを色濃く反映する本文書の意味合いは重大である。憲法改正、自主防衛及び米軍の全面撤退、中ソとの関係打開を含む自主外交といった諸点は、講和独立直後の自由党鳩山派や改進党に特徴的な政策構想だった。対米自主を標榜する彼らが、岸に正面から対峙しているわけである。「独立の完成」を目指す岸の安保改定過程のなかで、対米自主を掲げた政治勢力の断裂はかくも進んでいた。

しかも、自民党内ではこうした国際情勢及び非主流派の動向が、社会党をして安保改定阻止及び「積極中立」論の正当性を喧伝させ、利敵行為を成していると警戒された。そして、船田、賀屋を中心とする党内の右派議員は内乱条項削除への慎重姿勢を一層強め、間接侵略への米軍出動明記を強硬に主張した。例えば、賀屋は間接侵略への米軍来援を条約本体か合意議事録の形で明記すべきだと強く訴えている。曰く、内乱条項削除は「容共左派」を喜ばせ、中ソに援助された内乱を招来し得る。現状の重大問題は、共産主義勢力が社会党のみならず保守勢力にも働きかけを強め、自民党の分裂を試みているということであり、石橋湛山や松村謙三にも訪中を招請した上、河野一郎にも接近している。日米両国は共に緊密に国際共産主義運動の陰謀と戦うべきであり、中立主義への転向と解釈されることは是が非でも避けねばならない。このように、河野らに対する自民党右派の警戒感はいや増すばかりだった(68)。

自民党安保小委員会は一〇月一三日、安保改定に関する党内調整の結果を取りまとめ、「小委員会報告」を決定した。河野派はこれに激しく抵抗したが、同報告は一〇月一六日に外交調査会で、同月二一日に自民党総務会で承認された後、一〇月二六日の両院議員総会で党議決定され、ここに自民党の党内調整は一区切りがついた。この「小委員会報告」では、沖縄及び小笠原有事の際には日米両国が協議し適切な措置をとり得るよう合意議事録で了解を得ること、「極東の範囲」及び事前協議に関する公的な解釈に日米間で了解を得ること、間接侵略の際の在日米軍来援を可能にするための措置を講ずること、条約期限は一〇年間とすることなどが取り決められた(69)。

これを受けて、岸は一一月二四日、安保小委員会が答申した諸項目に関する対米交渉を進めるよう山田久就外務事務次官に指示した。このうち、事前協議の文言調整と沖縄及び小笠原有事合意議事録の作成は正式の交渉に進んだ。これらに関する日米間の詰めの協議が行われたのち、一九六〇年一月六日に安保改定交渉は妥結した。その後、一月一一日に自民党外交調査会は事前協議、沖縄及び小笠原問題の処理に関する外務省の説明を受け、これを承認した。ここに新安保条約の締結に必要な政府与党における調整手続きは全て完了した。岸宿願の安保改定は、いよいよ一月一九日の日米首脳会談で新安保条約の調印を迎えることとなる(70)。

以上、本節では一九五九年六月の参院選から一九六〇年一月の新安保条約調印に至る、安保改定をめぐる岸の政治行動と自民党の党内調整をとり上げてきた。この時期、安保改定交渉が進展したほか、これとは没交渉ながら、自国防衛における自立態勢の確立や、海空兵力増強の優先を掲げた「赤城構想」が立案されるなど、岸の「独立の完成」

構想を具現化する客観的情勢自体は進展を見せていた。

他方、岸の「独立の完成」を支える国内政治基盤については暗雲が立ち込めつつあった。岸は党人事・内閣改造で吉田及び池田派との提携に舵を切った。これにより、自民党は岸、吉田、池田、佐藤の四者提携から成る対米協調路線と、非主流派である河野、三木・松村、石橋から成る対米自主路線に分極化していく。わけても後者の非主流派に居並ぶ面々は東西冷戦の緊張緩和を注視しながら、日中国交回復を重点課題として対中ソ関係の打開を志向し、岸の安保改定に正面から立ち向かうこととなる。

しかも、時を同じくして、岸の「交錯する保革二大政党制」構想のカウンターパートたる社会党の路線対立も不可逆点を超えつつあった。そこで、第三節では再度参院選の時点に戻り、安保改定をめぐる社会党の党内調整について、党内右派の視点から分析していきたい。

第三節　「安保解消」の具体化と社会党分裂

1　再建論争と「安保解消」

社会党は一九五九年六月参院選の結果を受け、深刻な敗北感に苛まれていた。党内ではその敗因をめぐり、これまでその決着を先延ばしにしてきた性格論争が再燃した。社会党分裂を招く再建論争の始まりである。社会党では非主流左派の和田派及び平和同志会が鈴木執行部への責任追及に動く一方、西尾派は党の国民政党化を声高に訴えた。

その西尾がマッカーサーと会談をもったのは、六月八日のことである。西尾は以下のように党の内情を明かした。

曰く、社会党内はマルクス主義を信奉する「容共左派」、鈴木派及び河上派のような日和見主義者、自身が率いる民主社会主義者に三分されている。右派による党の指導権奪取は時間のかかるプロセスであり、場合によっては社会党分裂もあり得るという。その上で西尾は、社会党の一定のメンバーは新安保条約の文言が「理にかない」(reasonable)、公正、公平で、日本国憲法及び日本国民の正当な懸念に対応しているものならば、安保改定に反対するとは限らないと告げた。西村や曾禰の見解を踏まえると、西尾がいう「理にかなった」安保改定が、相互援助形式ではない「安保改正」を意味することは間違いない。彼の発言には、再建論争に臨むにあたり、国民に支持される「安保改正」論を携え、米国側を味方につけて党内左派に対抗したいという戦略眼も透けていた。(71)

ところで、西尾はなぜ、鈴木派及び河上派と協調して党内での求心力を高め、非主流左派を追い出すという戦略から、脱党やむなしと考え始めたのか。その主たる要因は、鈴木派が非主流左派との協調路線に舵を切ったからである。

鈴木派は西尾・マッカーサー会談後の六月二三日、社会党は革命を目指す階級政党の性格を明確にすべきであり、国民政党論と対決すること、党の機構改革を促進すべきことなどから成る党再建案を発表し、再建論争の口火を切った。当時、総評の太田薫議長及び岩井章事務局長が、社会党は階級政党性を明確にすべきであり、総評としては共産党が平和革命を支持する限り個別争点での共闘もあり得ると表明していた。こうしたなか、鈴木派内部では右派との融和を目指す佐々木更三らを抑えて、江田三郎や成田知巳ら新世代の面々が、西尾派と、執行部への責任追及に動く非主流左派からの挟撃を防ぐべく、先手を打って左傾化を主導したという。(72)

これによって西尾の目算は崩れた。一転して窮地に陥った西尾派は、河上派との右派連合による左右対決論へと戦略を転換しつつ、党再建案として、「安保解消」及び「日米中ソ集団安全保障体制」の確立に向けた具体案作成を主張していく。こうして、社会党では九月に見込まれる一九五九年度党大会に向けて、浅沼を委員長とする運動方針小委員会を論議の場に、再建論争が闘わされた。そこでは、機構改革問題、階級政党性の是非に加えて、社共共闘及び対案作成の是非といった安保改定阻止のあり方自体が主要な争点となった[73]。

この問題に関し、非主流派の西尾派及び和田派内で安保改定の対案作成を目指す動きが見られた。和田派では、当選二回の少壮代議士だった石橋政嗣が私案として安保改定への対案を作成している。石橋は、安保改定阻止が広範な国民の支持を得るには、「〔安保〕条約の解消」ないし「破棄」への抵抗感、非現実性への世論の懸念に対応する必要があると考えていた。そこで、安保闘争の戦術として、在日米軍平時駐留の廃止、直接侵略を受けた際には日本の明示の要請によって米国の援助を受け得ること、安保条約に「一方的廃棄条項」を挿入することを骨子とする対案を作成したのである。石橋曰く、在日米軍平時駐留の廃止は日本の自主性確保と極東の緊張緩和に不可欠であるとともに、極東条項に伴う在日米軍の域外使用、核持込み、行政協定の不平等性といった諸問題の解決に資するという[74]。

他方、西尾は七月一九日、社会党が安保闘争を世論の支持の下に強力に行うためには、「安保解消」への道筋を具体的に示す必要があること、現状では米国による安全保障が必要だが、新安保条約の批准による日米安保体制の固定化を防ぐため、一年の予告期間でいつでも「安保破棄」が可能となるような対案を作成すべきだと主張した[75]。

これに対し、社会党執行部は翌七月二〇日、安保闘争では改定阻止一本に集中する旨を決定した。浅沼も党として対案は作らぬ旨を明言した。だが、七月二三日、運動方針小委員会は西尾派及び和田派の要求を受け入れ、「安保解消」の具体的方策を一九五九年度運動方針に盛り込むことが決まった[76]。

「安保解消」具体化の主導権を握りたい社会党執行部は、八月二一日、成田知巳安保改定阻止事務局長が私案を発表している。この「成田私案」はまず、条約に終止期限を設けられない場合、「一方的廃棄」の権利が認められるという「国際法の一般原則」なるものに照らし、旧安保条約においても一方的な失効通告が可能だという「法理論」を提示した。そして、「安保解消」の道筋を以下のように示す。すなわちそれは、日本政府は一定の予告期間を設けた安保条約終止の通告を行い、在日米軍を撤退させる。これと前後し、日中国交回復を先行させながら日米中ソ不可侵協定の締結をはかる。安保条約失効と同時に、三月の浅沼・張奚若共同声明に基づいて中ソ同盟条約の対日軍事条項がおのずから「解消」される。その後「日米中ソ集団安全保障体制」を作るというものであった。(77)

しかし、運動方針小委員会に提出された「成田私案」は反対意見が多く、参考案にとどまった。他方、運動方針原案は曾禰や西村ら西尾派の言を取り入れて一部表現を中和したものの、全体として左派色を濃厚に示す内容となった。そしてこの起草作業の終了により、八月末以降の党内論議の焦点は「安保解消」の具体案作成へと絞られていく。(78)

この間、西尾派に対する左派の攻勢が強まっていた。総評は八月初旬、江田三郎社会党組織委員長に対し、党は安保改定阻止に専念すべきであること、社会党左派は西尾対案構想と対決し、九月の党大会で西尾派を党幹部から排除すべきだと申し入れた。これに続いて、左派色の強い社会党青年部は、安保改定に対案を作成すべきという西尾派の「条件闘争」方針及び先述した第二組合分派活動をとり上げ、これら「反党的行為」を理由とする西尾の除名処分を要求した。総評の岩井事務局長は、八月六日の米大使館員との会談で以下のように西尾弾劾への覚悟を語っている。曰く、早期の実現性はともかく、社会党右派を分断して西尾派のみをノックアウトしたい。現在の社会党は指導権が曖昧で政権運営は不可能であり、現状のままで国政選挙に勝つことは日本の悲劇だ。ゆえに総評としては、今後一〇年間は「社会党政権」の樹立を目指す動きを防ぎ、向坂理論に基づくより一層の左傾的純化、階級闘争理論の採用によって新しい社会党に改造するつもりである。(79)

そこに八月末の総評大会が、彼らの西尾弾劾要求をより頑健なものとせしめた。同大会では下部組織への共産党員の浸潤を背景に太田及び岩井ら執行部による「社会党支持」原案が否決され、「政党支持の自由」、すなわち社共両党支持が決議されたのである。このことは、社会党左派に衝撃を与えた。非主流左派にとっては、一九五八年一二月の向坂論文及びその後の性格論争以来懸念してきた悪夢だった。鈴木派でも、党の組織委員長として労組職場組織における共産党の浸潤、総評大会の社共両党支持を目の当たりにしてきた江田が西尾派に対する最強硬論者となった。こうしたなかで総評及び和田派と西尾派及び全労会議は、次第に党分裂の可能性を看取し始めた。そして、特定の組織的支持基盤を持たない「顔の右社」たる河上派を草刈り場とする多数派工作を想定しつつあった(80)。

社会党内で「安保解消」の具体案作成作業が本格化したのは、西尾弾劾要求が彭湃と湧き上がる八月末のことである。これに先立ち、和田派は「成田私案」に批判的な姿勢を鮮明にし、外交論の見地から日米安保条約の無力化を図るべきとの方針を決定していた。これを受けて、勝間田政審会長は八月二四日に以下の私案を提示する。すなわち「勝間田私案」は、仮に旧安保条約が現存していても、日中国交回復及び日中不可侵条約、日ソ平和条約及び日ソ不可侵条約、非同盟アジア諸国との個別的不可侵条約を締結することで、安保条約が無力化される。この段階で「安保解消」を無理なく実現でき、この後に「日米中ソ集団安全保障体制」を確立するというものであった。この「勝間田私案」は、彼自身も起草作業の中心となり、その内容を説明した三月の浅沼・張奚若共同声明と比較すると、「安保解消」と「中ソ条約解消」との関係が明確にされていないほか、日中、日ソとの不可侵条約締結後に「安保解消」を行い、「日米中ソ集団安全保障体制」が確立するという道筋へと立場を転じている(81)。

これに対し、西尾派は新安保条約への対案構想を練り上げていた。西村は、海外派兵に結びつく米国との相互援助義務の削除、条約期限を一年とすること、在日米軍基地を出撃基地から補給基地にする旨の対案作成を主張している。西尾も八月二六日の会見で、改めて社会党は安保改定の対案をもって自民党と対決すべきだと表明した(82)。

2　孤軍奮闘する曾禰

党内各派から「安保解消」をめぐる諸構想が提示されるなか、社会党は八月二六日から勝間田政審会長、岡田国際局長、曾禰国民運動委員長らを中心に、党としての検討作業に着手した。この間曾禰は、党の日常活動の調査企画業務や、運動面の立案・運営を所掌する企画局長、国民運動委員長の職を足場に、敢えて「不平等条約の改廃」や安保改定の阻止といった「国民運動」の最前線に立つことで、身を粉にして党の左傾化を押しとどめてきた。彼は、あくまでも左右統一以来の社会党の外交・安全保障方針である「安保解消」「日米中ソ集団安全保障体制」論を固守することで、曾禰の持論、西尾派の見解をより多く党の方針に反映させようとしてきたのである。今回の「安保解消」の具体案作成も然りである。「社会党政権」を諦めない曾禰は、日米安保条約に関する問題は須らく政権樹立を前提に考えられねばならず、「安保破棄」のような空理空論は排すべきと考えていた。彼の西尾への忠誠心にも篤いものがあった。(83)

しかし、西尾は左派の数的優位に直面し、自らの力の限界を痛感していた。彼は九月初旬の米大使館員との会談で、西尾派は党大会を何の熱意もなく待ち受けており、脱党の見込みが増しつつあると告げている。西尾派が対案志向を鮮明にし、党内野党化、ひいては党分裂もやむなきと考え始めるにつれ、曾禰は左派に寝返ったと陰口を叩かれ、派内で孤立感を深めていた。(84)

それでも曾禰は、勝間田や岡田と「安保解消」の具体案作成に邁進した。国際局・政策審議会は九月二日、この「安保解消」の具体案を含む「当面の外交方針」原案を決定する。それは、日中国交回復及び日ソ平和条約締結を実現し、その際の宣言ないし条約に相互不可侵の主旨をおりこむこと、日中、日ソ間の交渉において、安保条約を「消滅」させる場合には、中ソ同盟条約の対日軍事条項も「消滅」させる確約をとりつけること、「日米中ソ集団安全保障体制」には「侵略の場合の対抗措置」を含み、そのなかで日本は憲法の規定に従う旨を明記することで、他国と軍事同盟関係に立たないことを確約すること、以上のような国内体制の確立及び国際情勢の展開と「相まって安保条約を解消」することを骨子としていた。[85]

この「当面の外交方針」原案に対し、九月三日の中執では左右両派から反対意見が浴びせられた。まず左派からは、憲法の範囲内で侵略に対抗するというのは自民党の自衛権の言い分と変わらない、緊張緩和を前提としながら侵略を予想するのは矛盾だなどと批判された。これに対し、岡田国際局長は、「日米中ソ集団安全保障体制」が確立するまでの侵略行為及びこれへの対抗措置には、憲法の範囲内という制限がかかる旨を確認したに過ぎないと抗弁した。[86]

反対に西尾派からは、主に西村によって、侵略に対する自衛について社会党の考えを明記すべきだ、第二次浅沼訪中における共同声明との矛盾をどう説明するのかなどと論難された。西村は、社会党が安保改定阻止に成功した場合、「相互援助的軍事同盟は潰れても、〔占領政策の延長として、社会党がその不平等性、不合理性を強く指弾してきた〕軍事従属的条約と行政協定はそのまま継続される（中略）。この事態に対し、わが党は今後の現実問題としていかに対処するつもりであるか」と執行部を糺したのである。西村は言う。世論は旧安保条約を「廃止」してほしいが、直ちには実現不可能なので、安保改定で米国の極東政策に日本が軍事的義務を負わず、核兵器持込みを明確に拒否することを望んでいる。加えて、この「当面の外交方針」原案は、「安保体制の打破」が日中・日ソ不可侵協定や「日米中ソ集団安全保障体制」の前提条件だという第二次浅沼訪中の共同声明と矛盾する。執行部はこれをどう説明するのか。西村は以上のように党執行部を問いただし、鈴木委員長にも同様の趣旨を書翰に認めた。[87]

こうした左右両派からの批判を受けて、結局中執は「当面の外交方針」原案を承認せず、修正案の提出を指示した。

国際局・政審・国民運動委員会による再検討の後、九月八日の中執で、「当面の外交方針」は「侵略の場合の対抗措置を含む」を「安全保障の措置を含む」に、「〔国内体制の確立及び国際情勢の展開と〕相まって安保条約を解消」を「並行して米国政府との間に安保条約解消の外交交渉を行う」へと修正したうえで承認された(88)。

ここに社会党は、曲がりなりにも「安保解消」の具体案を策定した。確かに、この「当面の外交方針」は原案の段階から、従来同様にスローガンを並べたものだと批判的に報道されている。しかしこれは、曖昧な表現も多いとはいえ、左右統一時の「国際平和確立の方途」から「安保解消」の道筋を具体化した苦心の作であった。その実務を担った曾禰は九月四日、米大使館員にこう心情を吐露した。曰く、自分は「当面の外交方針」をめぐる党内論議を岡田国際局長とともに主導したが、左派に寝返ったと後ろ指を差されようが構わない。いかなる場合でも、社会党は政権を獲得するという観点で外交・安全保障政策を考えるべきであり、「安保破棄」には全面的に反対する。現実的な目標を掲げる右派は、いつか社会党の指導権を奪取できるに違いない(89)。

このように、安全保障の措置を含む「集団安全保障体制」への道筋、国際情勢の緊張緩和の際における安保条約及び中ソ同盟条約の「同時解消」など、左右統一交渉時の旧右派社会党の議論に限りなく近づいた「当面の外交方針」の中執承認は、曾禰からすれば大きな成功のはずであった。

だが、曾禰の奮闘はまたしても実を結ばなかった。九月一二日から始まった社会党再建大会は、予想通り開始早々に非主流左派が西尾除名決議案を提出する大荒れの展開となった。党分裂だけは回避したい鈴木派は、西尾問題の統制委員会への付託を落としどころに非主流左派と河上派を同調させようと模索した。これに対し、西尾派は翌九月一三日、曾禰や伊藤卯四郎社会党会計委員長が河上派の河野密と連携し、両派で統制委員会付託案に反対することを申し合わせた。だが、同日の大会運営委員会で西尾統制委員会付託案が賛成三七票（左派連合）、反対一七（河上派）、棄権一三（西尾派）で可決され、大会上程を許すこととなった。同日夜、この統制委員会付託案は、西尾の「一身上の弁明」、河上丈太郎自らの反対討論にもかかわらず、賛成三四四票、反対二三七票で可決された。

こうして、党再建大会は西尾処分問題に覆い尽くされ、大混乱に陥った。西尾派は大会をボイコットし、曾禰、伊藤らが党役職の辞任を確認した。また、統一維持を図る河上派も、曾禰や伊藤の工作が実り、西尾派の大会出席及び議事進行への協力を条件に右派連合として党内野党化することを決めた。他方、鈴木派は河上派の主流派残留を必死に説得した。西尾派と鈴木派がそれぞれ河上派の取り込みに注力していた(90)。

だが、その最中の九月一四日夜、西尾は朝日新聞社の取材で新党構想を漏らしてしまった。西尾は、無理のある保革二大政党制よりも純化された四大政党、五大政党の方が国民の選択肢ができ、自民党分裂の可能性も出てくる。河上派は社会党分裂を避けたいなら具体案を出すべきであり、それが受け容れられなければ西尾派とともに左右分裂するという明確な態度をとらねば問題外だなどと発言し、大々的に報道された。当然河上派は態度を硬化させた。彼らは西尾の言動を批難しつつ、鈴木派の説得に応じて大会に出席した。そして、一九五九年度運動方針及び「当面の外交方針」その他政策案のみを原案通り承認した上で、一ヶ月の休会を申し合わせた。こうして、社会党大会は九月一六日に河上派の提案通り運動方針、「当面の外交方針」その他を原案通り承認して散会した(91)。

かくて西尾派は孤立した。彼らは衆参三二名で再建同志会を結成して党内野党化すると、一〇月二五日、社会党脱党に踏み切って院内団体社会クラブを結成した。彼らは爾後、河上派を主な標的として社会党右派の残留組を切り崩しながら、新党結成へと動き出す。一一月六日に曾禰を伴ってマッカーサーと会談した西尾は、想定していたよりもはるかに新党運動への支持が集まり報道も好意的だと述べ、安堵の意を示した。曾禰は、西尾新党は労働者のみならず、農業団体、中小商工者、知識人をも組織することを目指し、新党の綱領は旧右派社会党綱領を大部分踏襲すると明らかにした。旧右社綱領は河上派主導で起草したものだから、彼らを西尾新党に引きつけることに役立つというのがその理由であった。そして、西尾は河上派からの離脱者糾合に自信を示しつつ、新党結成について大使に逐次報告することを約束し、会談を終えた。西尾ら社会クラブは、河上派からの離党者が結成した民社クラブを吸収して一一月三〇日に新党準備委員会を設立したのち、ついに一九六〇年一月二四日に民主社会党を結党した。それは、岸が日米首脳会談で新安保条約に調印した五日後のことだった。(92)

3　岸と社会党の分裂

ところで、西尾派の脱党に最も困惑したのは、ほかならぬ岸だった。本章の末尾に、岸の視点から社会党分裂の意味合いを論じておきたい。

話は遡るが、そもそも岸は、第一節で述べた西尾の政略、すなわち社会党右派による指導権奪取と非主流左派の追い落としという策自体に限界を感じていた。中道第三党構想が下火になった二月下旬の時点で、岸は有力なブレーンたる鈴木貞一に対し、「何んとかして西尾氏の力を強める方法はないかしら。自民党からも相当の力をはき出しても良い」「西尾と三木が組んで真に立派な社会党となればよい」などと語っている。(93)「交錯する保革二大政党制」を目指す岸は、社会党右派の強化のためには三木ら自民党左派を西尾の援軍として放出してもよいとまで考えていた。

その後参院選を経て、岸は六月五日のマッカーサーとの会談で西尾派脱党の可能性を伝えている。興味深いのは、岸が、西尾派脱党の際に自民党の「リベラル派」が二〇人強合流しても一切構わず、むしろそれは西尾新党に充分な勢力を与えて社会党左派を痛打できると語っていることだ。岸がいう自民党「リベラル派」が三木・松村派、石橋派などを指すことは言うまでもない。この時期、彼は「容共左派」の封じ込めに資するならば、社会党内における西尾派の勢力伸長の次善の策として、中道第三党の結成でもよいと考えるようになっていたのである。[94]

その岸は、一九五九年秋の社会党分裂について、「二大政党政治はこれによって一角が崩れた。（中略）これは日本の政治全体からいえば大きな問題」だと受け止めた。曰く、「私は一貫して、保守党と革新政党の二大政党制にすべきだという考えですから、社会党が分裂することは望ましくないと思っていました。（中略）本来は社会党自身が西尾君一派の考え方をもって（中略）政権を担当する国民政党にまで成長してもらいたいというのが私の一貫した考えでした。（中略）分離小党化するということは望ましい形ではないんです。（中略）やっぱり社会党全体がもう少し右寄りになってくれなきゃ困るんだ[95]」。

この回想は岸の本音、ないしは政治的信念の吐露とみてよい。岸は、「独立の完成」には政権交代可能な国民政党としての革新政党の台頭と、それによる「交錯する保革二大政党制」が不可欠だと考えてきた。だからこそ、岸は三輪寿壮らによる社会党統一と相通じながら保守合同を実現させた。暫くは保守安定政権で独立後の内憂外患を収拾しつつ、社会党の責任政党への成長を待つというのが、岸の基本的なスタンスであり、それゆえに、政権発足後は社会党右派の勢力伸長と左派の封じ込めを企図してきたのだった。そのような岸にとって、中道第三党ならともかく、西尾派が河上派などを一部切り崩したとはいえ、孤立した形で民主社会党を結党するなど決して望ましいことではなかった。西尾派という「交錯する保革二大政党制」への留め金を失うことは、社会党全体をますます左に放つことだと捉えられたのである。

いずれにせよ、西尾派の脱党は自民党内の分極化傾向とともに、対米自主を唱えてきた政治勢力の細分化に拍車をかけた。そしてこのことは、吉田及び池田派を中心とする対米協調勢力と社会党左派及び共産党といった左派勢力が相対的に台頭する素地を整える。このように、安保改定過程のなかで、岸の「独立の完成」構想の国内政治基盤たる

「交錯する保革二大政党制」は、その展望を失いつつあったのである。

注

（1）「十月四日総理、外務大臣、在京米大使会談録」一九五八年一〇月四日、「米第一次案　Draft Treaty of Mutual Cooperation and Security Between Japan and the United States of America」一九五八年一〇月四日（二〇一〇―六二二六「日米安全保障条約の改定に係る経緯」第一巻所収、外務省外交史料館所蔵）。なお、条約地域交渉は、坂元、前掲書、第五章。波多野、前掲書、第三章。河野、前掲「日米安保条約改定交渉と沖縄」を参照。

（2）一九五八年一一月六日付吉田茂発池田勇人宛書翰（『吉田茂書翰』七一頁）。一九五九年三月二九日付吉田茂発朝海浩一郎宛書翰（『朝海浩一郎日記』六四〇―六四一頁）。

（3）Desp. 178, Tokyo to DoS, August 7, 1958, op. cit.

（4）『芦田均日記　第七巻』一六三頁、一九五八年九月二五日の条、一六六―一六七頁、一〇月二日及び一〇月三日の条、一七八―一七九頁、一一月三日の条。Embtel. 1115, Tokyo to DoS, November 28, 1958, *FRUS 1958–1960*, Vol. XVIII, Japan; Korea, #35, pp. 100–104.

（5）河野、前掲「外交をめぐる意思決定と自民党」二七七―二七八頁。

（6）当時の報道でも、安保改定交渉の開始とともに自民党内で保守合同以来の外交路線の相違が顕在化したと強調されている（『朝日新聞』一九五八年一二月六日付朝刊二面）。

（7）日本社会党『社会新報』一九五八年三月五日付一面。『朝日新聞』一九五八年三月六日付朝刊一面。

（8）原彬久、前掲『戦後日本と国際政治』二一〇―二一一頁。なお、社会党のＮＥＡＴＯ論に基づく安保改定批判としては、当時和田派の少壮議員だった石橋政嗣による以下の追及が最も簡潔かつ体系的である。曰く、「先日総理がブラウン記者と会談をなさいました。（中略）第一に金門、馬祖を中心にして大きな紛争が起っておる時期であり、それからまた現在安保条約の改定の話し合いを進めておられる時期である。こういうときにああいう会談の内容が発表されたということで、どうしても結びつけて考えざるを得ない（中略）今アメリカは韓国との間に相互防衛条約を持っている。それから台湾との間に持っている。これと同じような形が今度は日本との間にとられる。そういたしますと沖縄というものをかなめにして、実質的ないわゆるＮＥＡＴＯ結成というものに発展していく。沖縄が攻撃された場合には、韓国もみずからの国が攻撃されたものと考え、台湾もそう思う、日本もそう思う、こういうような形になってくる。直接沖縄に攻撃が先にきたのではなくて、かりに韓国に攻撃が加えられる、台湾に攻撃が加えられる場合にも、結果的には沖縄から米軍が動き出した場合には、ここが攻撃されてきて、実質的にまた日本も共同防衛という立場で動かざるを得ないような状態になってくる。これでは（中略）沖縄を含めた共同防衛地域でもって、そういう日本とアメリカの間の相互防衛援助条約というものが作られれば、ＮＥＡＴＯが作られることと一つも変らぬじゃないか」（「第三十回国会衆議院内閣委員会議録第五号」一九五八年一〇月二三日、三－四頁）。

（9）原彬久、前掲『岸信介証言録』二三一－二三五頁及び四二一－四二三頁。

（10）原彬久、前掲『戦後日本と国際政治』一九五－二一二頁。Desp. 636, Tokyo to DoS, "Views of Three Socialists on Current Political Topics", December 12, 1958, *RDOS, IAJ 1955–1959*, Reel. 29.

（11）『朝日新聞』一九五八年一一月一七日付夕刊一面、一一月二三日付夕刊一面、一一月二八日付夕刊五面、一二月一〇日付朝刊五面。なお、西尾派は全労会議のほか、財界からも一定の政治献金を受けていた（Embair. G-431, Tokyo to SoS, January 21, 1959, *RDOS, IAJ 1955–1959*, Reel. 29）。

（12）Desp. 486, Tokyo to DoS, "Views of Socialist Party Official on Proposed Revision of Police Duties Law and Cecil Brown Interview", October 27, 1958, *RDOS, IAJ 1955–1959*, Reel. 34. Desp. 636, Tokyo to DoS, December 12, 1958, op. cit.

（13）東郷、前掲書、九三－九四頁。

（14）原彬久、前掲『戦後日本と国際政治』二一三－二一七頁及び『岸信介証言録』二四二－二四七頁。

（15）Embtel. 1443, Tokyo to SoS, January 20, 1959, *RDOS, IAJ 1955–1959*, Reel. 29. 一九五九年一月二一日付吉田茂発佐藤栄作宛書翰（『吉田茂書翰』三三二頁）。

（16）岸、前掲書、四五一－四五六頁。

（17）『芦田均日記　第七巻』二〇一頁、一九五八年一二月二〇日の条。岸、前掲書、四五二－四五三頁。

（18）向坂逸郎「正しい綱領、正しい機構」（『社会主義』第八八号、一九五八年、四六－五二頁）。『朝日新聞』一九五八年一二月一〇日付朝刊五面。

（19）『朝日新聞』一九五八年一二月一九日付朝刊一面。

（20）「陳毅中国外相の日米安保改定交渉非難声明」一九五八年一一月一九日、及び「日米安保改定交渉に関するソ連覚書（ソ連外務大臣より門脇駐ソ大使に手交された一九五八年十二月二日付覚書訳文）」一九五八年一二月二日（データベース「世界と日本」所収 https://worldjpn.net 最終閲覧：二〇二四年四月一八日）。原彬久、前掲『戦後史のなかの日本社会党』一三〇－一三五頁。杉浦、前掲「中国の『日本中立化』政策と対日情勢認識─日本社会党の訪中と日本国内の反米・反岸闘争の相互連鎖（一九五八年六月～一九五九年六月）─」五二－五四頁。

（21）Embtel. 1137, Tokyo to SoS, December 1, 1958, Desp. 614, Tokyo to DoS, "Views of Right Socialist Leader on Current Political Situation", December 2, 1958, *RDOS, IAJ 1955–1959*, Reel. 28. Embair. G-431, Tokyo to SoS, January 21, 1959, op. cit.

（22）Desp. 614, Tokyo to DoS, December 2, 1958, op.cit. Desp. 843, Tokyo to DoS, "Views of Two Prominent Socialist Leaders on Future of Socialist Party", January 30, 1959, *RDOS, IAJ 1955–1959*, Reel. 29.

（23）Embtel. 1180, Tokyo to SoS, December 5, 1958,『集成Ⅴ』第四巻、三〇四－三〇五頁。

（24）Embtel. 1436, Tokyo to SoS, January 19, 1959, Embtel. 1442, Tokyo to SoS, January 20, 1959, Embair. G-431, Tokyo to SoS, January 21, 1959, *RDOS, IAJ 1955–1959*, Reel. 29. 日本社会党『社会新報』一九五九年一月二五日付一面及び二月五日付一面。

（25）『朝日新聞』一九五九年一月二六日付朝刊一面、二月一八日付朝刊一面及び夕刊一面、二月二〇日付朝刊一面。

（26）『読売新聞』一九五九年一月三一日付朝刊一面及び夕刊二面。『朝日新聞』一九五九年一月三一日付朝刊二面。

（27）Embtel. 1513, Tokyo to SoS, January 29, 1959（「一九六〇年日米安全保障条約改定関係資料」所収、国立国会図書館憲政資料室所蔵）。『朝日新聞』一九五九年一月二九日付朝刊一面及び二月一九日付夕刊一面。

（28）『朝日新聞』一九五九年二月一五日付朝刊二面及び三月二〇日付朝刊二面。

（29）原彬久、前掲『戦後日本と国際政治』二二八－二四四頁。自由民主党「日米安保条約改定問題」（『政策月報』第四〇号、一九五九年、二二五－二二七頁)。Desp. 1178, "Liberal-Democratic Party 'Principles' for Revision of the Security Treaty and Administrative Agreement", April 16, 1959, 石井修監修『アメリカ合衆国対日政策文書集成Ⅰ　日米外交防衛問題　一九五九－一九六〇年』(柏書房、一九九六年)〔以下、『集成Ⅰ』〕、第六巻、一八七－一九一頁。

(30)『毎日新聞』一九五九年四月二七日付朝刊一面。『朝日新聞』一九五九年四月一一日付朝刊一面及び五月三日付朝刊一面。

(31)『読売新聞』一九五九年二月一一日付朝刊二面。「訪中使節団の交換すべき意見に関する方針(一九五九・二・一六中執委)」(「浅沼稲次郎関係文書」一一一五所収、国立国会図書館憲政資料室所蔵)。

(32) 前掲、「訪中使節団の交換すべき意見に関する方針(一九五九・二・一六中執委)」参照。

(33) 曾禰益・岡田春夫「対談　中立問題をめぐって」(『月刊社会党』第二三号、一九五九年、三九－四七頁)。

(34) Desp. 636, Tokyo to DoS, December 12, 1958, op.cit. Desp. 785, Tokyo to DoS, "Japan's Relations with Communist China", January 14, 1959, 石井修・小野直樹監修『アメリカ合衆国対日政策文書集成Ⅱ　日米経済問題　一九五九－一九六〇年』(柏書房、一九九六年)〔以下、『集成Ⅱ』〕、第七巻、二八九－二九五頁。

(35)「訪中使節団の派遣にあたり党執行部に要望する」一九五九年二月二四日、及び田中稔男「訪中使節団について」〔作成日不明〕(「浅沼稲次郎関係文書」一一一五所収、国立国会図書館憲政資料室所蔵)。

(36)『朝日新聞』一九五九年二月二八日付朝刊二面。

(37) 曾禰、前掲書、二〇四－二〇六頁。

(38) 杉浦、前掲「中国の『日本中立化』政策と対日情勢認識—日本社会党の訪中と日本国内の反米・反岸闘争の相互連鎖(一九五八年六月〜一九五九年六月)—」五七－五九頁。

(39)「政治分科会記録」一九五九年三月一一日(「浅沼稲次郎関係文書」一一一五所収、国立国会図書館憲政資料室所蔵)。「共同声明の経緯」(『月刊社会党』第二四号、一九五九年、四七頁)。曾禰、前掲書、二〇七－二一〇頁。杉浦、前掲「中国の『日本中立化』政策と対日情勢認識—日本社会党の訪中と日本国内の反米・反岸闘争の相互連鎖(一九五八年六月〜一九五九年六月)—」五五－六一頁。

(40)「(第一号)日本社会党訪中使節団長浅沼稲次郎・中国人民外交学会々長張奚若共同コミュニケ(日本側案)」、「(第二号)中国人民外交学会と日本社会党訪中使節団との共同声明(中国側案)」、「(第三号)日本社会党訪中使節団々長浅沼稲次郎・

中国人民外交学会々長共同コミュニケ（最終草案）」［いずれも作成日不明］（「浅沼稲次郎関係文書」一一一五所収、国立国会図書館憲政資料室所蔵）。「周恩来総理との会見」（『月刊社会党』第二四号、一九五九年、三四－四二頁）。曾爾、前掲書、二〇七－二一〇頁。杉浦、前掲「中国の『日本中立化』政策と対日情勢認識—日本社会党の訪中と日本国内の反米・反岸闘争の相互連鎖（一九五八年六月～一九五九年六月）—」五九－六一頁。

（41）「日本社会党訪中使節団団長浅沼稲次郎　中国人民外交学会会長張奚若　共同コミュニケ（正文）」（『月刊社会党』第二四号、一九五九年、四三－四六頁）。

（42）『朝日新聞』一九五九年四月五日付朝刊二面。『読売新聞』一九五九年四月五日付朝刊二面。

（43）『朝日新聞』一九五九年四月二五日付号外一面。

（44）Embtel. 2598, Tokyo to SoS, June 5, 1959, *RDOS, IAJ 1955–1959*, Reel. 30. Embtel. 2600, Tokyo to SoS, June 6, 1959, *FRUS 1958–1960*, Vol. XVIII, Japan; Korea, #70, pp. 185–187.

（45）東郷、前掲書、九五頁。

（46）中島信吾、前掲書、七〇－七一頁及び一五九－一六二頁。吉田、前掲書、六一－六五頁。

（47）佐道、前掲『戦後日本の防衛と政治』八九頁。中島信吾、前掲書、七〇－七二頁。

（48）防衛局「防衛力整備計画　第一部防衛力整備計画作成上の前提的事項」一九五九年一〇月（渡邊昭夫監修、佐道明広・平良好利・君島雄一郎編『堂場文書〈DVD－ROM版〉』丸善学術情報ソリューション事業部企画開発センター、二〇一三年［以下、「堂場文書」］DISCⅡ－一九一〇所収）。防衛局「第二次防衛力整備計画作成の方針について（修正版）」一九五九年六月一八日（「堂場文書」DISCⅡ－一九〇一所収）。「次期防衛力整備計画について」［作成者及び作成日不明］（「堂場文書」DISCⅡ－一九〇二所収）。

（49）佐道、前掲『戦後日本の防衛と政治』九二－九四頁。吉田、前掲書、六三－六四頁。

（50）植村秀樹「安保改定と日本の防衛政策」（『国際政治』第一一五号、一九九七年、二七－四一頁）。「赤城構想」に関し、自主防衛論の発露と評するものには佐道、前掲『戦後日本の防衛と政治』及び同『自衛隊史—防衛政策の七〇年—』（筑摩書房、二〇一五年）、日米安保強化論と捉えるものには中島信吾、前掲書がそれぞれ挙げられる。

（51）原彬久、前掲『戦後日本と国際政治』二五八－二七〇頁。

(52) 北岡、前掲『自民党』一〇四－一〇六頁。
(53) 『朝日新聞』一九五九年六月一三日付朝刊一面。
(54) 「岸氏との懇談」一九五九年六月二四日（「鈴木貞一関係文書」一五－五所収、国立国会図書館憲政資料室所蔵）。
(55) 同上、及び「岸氏と電話」一九五九年六月一八日（「鈴木貞一関係文書」一五－五所収、国立国会図書館憲政資料室所蔵）。岸、前掲書、四八九－四九一頁。原彬久、前掲『岸信介証言録』二五五－二六一頁。岸・矢次・伊藤、前掲書、二三八－二四〇頁。
(56) 原武史『戦後政治と温泉―箱根、伊豆に出現した濃密な政治空間―』（中央公論新社、二〇二四年）、一八九－一九八頁。安井浩一郎・NHKスペシャル取材班『吉田茂と岸信介―自民党・保守二大潮流の系譜―』（岩波書店、二〇一六年）、一〇二－一〇七頁及び一二四－一二七頁。
(57) 『読売新聞』一九五九年八月一九日付朝刊一面、八月二一日付朝刊一面、八月二六日付夕刊二面。Embtel. 3102, Tokyo to SoS, March 26, 1960, *Confidential U.S. State Department Central Files, Japan, 1960–January 1963: Internal and Foreign Affairs,* (Bethesda, MD: University Publications of America, 1997) [Hereafter cited as *RDOS, IAFAJ 1960–1963.1*], Reel. 1. なお、堤は米大使館に対し、「昨年〔一九五九年〕八月に吉田、岸、池田、佐藤との会談に参加した」。この会談で四者は、岸がもう一期続投すること、岸後継は池田、池田の後継は佐藤ということで固く合意した。現在の非主流派の反岸運動に照らして、自分がこの合意の監視役を担っているなどと語っている。堤の説明通りなら、八月二〇日の岸・吉田会談に池田や佐藤も同席していたことになるが、堤康次郎の個人文書等を調べても、管見の限りその痕跡は見当たらない〔「池田内閣誕生に至る経緯（昭和三一年三月二六日～昭和三五年九月八日）」（早稲田大学文化資源データベース「堤康次郎関係文書」八三二所収）。三康文化研究所編『池田内閣誕生まで』（三康文化研究所、一九六〇年）参照〕。
(58) Embtel. 579, Tokyo to SoS, August 31, 1959, *RDOS, IAJ 1955–1959,* Reel. 30.
(59) なお、岸は「大野密約」には回想録で相応に言及をしているが、吉田、池田、佐藤との四者提携には管見の限り全く言及していない。後年、原彬久氏から箱根での吉田訪問を問われた際にも、岸は新安保条約の諸問題を含む外交政策について報告をし、意見を聞いていたとのみ答えている（原彬久、前掲『岸信介証言録』二七八頁）。
(60) 『読売新聞』一九五九年七月二九日付朝刊一面及び八月六日付朝刊一面。

（61）『朝日新聞』一九五九年七月二六日付朝刊二面。Desp. 267, Tokyo to DoS, "Transmittal of Memorandum of Conversation between Takechiyo MATSUDA, Minister of Education and the Ambassador", August 25, 1959,『集成Ⅰ』第七巻、三四一－三四五頁。

（62）原彬久、前掲『戦後日本と国際政治』二七〇－二七九頁。Embtel. 1126, Tokyo to SoS, October 13, 1959,『集成Ⅰ』第八巻、一七－一九頁。

（63）杉浦康之「中国の『日本中立化』政策と対日情勢認識―『断絶』情勢下での自民党分断工作（一九五八年五月－一九五九年一一月）―」（『安全保障戦略研究』第一巻第二号、二〇二〇年、一一五－一三七頁）、一二七－一三〇頁。

（64）井上、前掲書、二二四－二三二頁。『朝日新聞』一九五九年八月二八日付朝刊一面、八月二九日付夕刊一面、九月二七日付朝刊二面。「石橋湛山元総理と周恩来総理との共同声明」一九五九年九月二〇日（データベース「世界と日本」所収 https://worldjpn.net 最終閲覧：二〇二四年四月一八日）。なお、石橋・周秘密会談で、石橋は相互不可侵を内容とする「日中米ソ平和同盟」構想を提示したと言われる（増田弘「石橋湛山―脱〝米ソ冷戦〟を目指したリベラリスト―」（増田編著、前掲『戦後日本首相の外交思想』一〇九－一三〇頁）、一二三－一二九頁）。また、河野は大野をはじめ党内から自重を促され、結局訪ソ計画を中止した（『朝日新聞』一九五九年一〇月一七日付朝刊一面）。

（65）「国民新党結成要綱」（「石橋湛山関係文書」六〇二所収、国立国会図書館憲政資料室所蔵）。増田弘『政治家・石橋湛山研究―リベラル保守政治家の軌跡―』（東洋経済新報社、二〇二三年）、四五八－四六二頁。

（66）同上。

（67）同上。

（68）Desp. 442, Tokyo to DoS, "Socialist Party Document Concerning Plan for Anti-Security Treaty Drive", October 12, 1959,『集成Ⅰ』第八巻、八－一六頁。Desp. 517, Tokyo to DoS, "Conversation between Ambassador MacArthur and Liberal Democratic Party Foreign Affairs Research Council Chairman Okinori KAYA", October 27, 1959, *RDOS, IAJ 1955–1959*, Reel. 31.『社会新報』一九五九年一一月一五日付一面。

（69）原彬久、前掲『戦後日本と国際政治』二七〇－二八四頁。河野、前掲「外交をめぐる意思決定と自民党」二八〇－二八二頁。「外交調査会日米安全保障条約改定小委員会報告」一九五九年一〇月二一日（自由民主党、前掲『自由民主党党史　資料編』五九五－五九六頁所収)。Desp. 482, "Liberal-Democratic Party Coordinates Its Position on Security Treaty Revision", October 19, 1959,『集成Ⅰ』第八巻、四〇－四五頁。

(70) 原彬久、前掲『日米関係の構図』一七三－一八二頁。河野、前掲「外交をめぐる意思決定と自民党」二八三－二八五頁。

(71) Embtel. 2619, Tokyo to SoS, June 9, 1959, Embtel. 2620, Tokyo to SoS, June 9, 1959（「一九六〇年日米安全保障条約改定関係資料」所収、国立国会図書館憲政資料室所蔵）。

(72)『朝日新聞』一九五九年六月一七日付夕刊一面、六月一九日付夕刊二面、六月二一日付朝刊一面、七月一四日付朝刊二面。

(73)「社会党各グループの社会党再建案」一九五九年七月一日（「浅沼稲次郎関係文書」一二七二所収、国立国会図書館憲政資料室所蔵）。『日本社会新聞』一九五九年七月一三日付二－三面（『社会党機関紙集成Ⅳ』第一〇巻、二一六－二一九頁所収）。『朝日新聞』一九五九年七月八日付朝刊一面、七月九日付朝刊一面、七月一五日付朝刊一面。

(74) 石橋政嗣「現時点に於ける日米安保条約改訂問題に就て（私案）」一九五九年六月一五日（「石橋政嗣関係文書」二六一所収、国立国会図書館憲政資料室所蔵）。この対案構想を石橋の思想及び政治行動の中で位置付ける研究として、安田光穂「『理想』と『現実』のはざまで―石橋政嗣と日米軍事同盟―」（『国際関係論研究』第三四号、二〇一九年、一－二八頁）。

(75)『読売新聞』一九五九年七月二〇日付朝刊一面。

(76)『朝日新聞』一九五九年七月二一日付朝刊一面。『読売新聞』一九五九年七月二四日付朝刊二面。

(77) 成田知巳「安保条約の解消の方法について」（「浅沼稲次郎関係文書」一二九三所収、国立国会図書館憲政資料室所蔵）。「一九五九年日本社会党運動方針草案」（「浅沼稲次郎関係文書」一二九二所収、国立国会図書館憲政資料室所蔵）。『朝日新聞』一九五九年八月三日付朝刊一面。

(78)『読売新聞』一九五九年八月二五日付朝刊一面。『朝日新聞』一九五九年八月一九日付朝刊一面、八月二〇日付朝刊一面及び二面。この一九五九年度運動方針では、まず議会主義に比して院外大衆運動重視の姿勢を明確にした。また、すべての運動を安保体制打破及び岸政権打倒に結びつけ、「当面は改定阻止の一点に集中」すること、「日中国交回復と安保改定阻止とは切り離せない。安保条約が相互軍事同盟に改定され、核武装化が進めば（中略）日中国交の回復はさらに困難の度を加える」がゆえに、一九五八年九月の「日中関係打開の基本方針」及び第二次浅沼訪中での共同声明に基づいて、「安保闘争の重要な一環として日中国交回復運動を組織的に展開していく」ことが盛り込まれた（『社会新報』一九五九年八月二五日付二一―二三面)。

(79) 『朝日新聞』一九五九年八月四日付朝刊二面、八月一七日付朝刊一面、九月一一日付夕刊一面及び二面。Desp. 245, "Sohyo's Secretary General Discusses Socialists and Security Treaty", August 20, 1959,『集成Ⅰ』第七巻、三二五―三二八頁。

(80) 『読売新聞』一九五九年八月二九日付朝刊一面。Desp. 312, Tokyo to DoS, "Socialist Views on the Coming Party Convention", September 2, 1959, *RDOS, IAJ 1955–1959*, Reel. 30.

(81) 『読売新聞』一九五九年八月一二日付朝刊二面及び八月二五日付朝刊一面。『朝日新聞』一九五九年八月一二日付朝刊二面。

(82) 『読売新聞』一九五九年八月二五日付朝刊一面。『朝日新聞』一九五九年八月二七日付朝刊二面。

(83) 『読売新聞』一九五九年八月二八日付朝刊二面及び九月一日付朝刊一面。『朝日新聞』一九五九年九月一日付朝刊一面。Desp. 366, Tokyo to DoS, "Conversation with Right-Wing Socialist Eki Sone on Socialist Party Convention, Security Treaty, and Russian Peace Treaty", September 15, 1959, *RDOS, IAJ 1955–1959*, Reel. 31.

(84) Desp. 318, Tokyo to DoS, "Views of Suehiro NISHIO regarding the Socialist Party Convention; Handling of the Security Treaty in the Diet; and ISHIBASHI's Trip to Communist China", September 3, 1959, *RDOS, IAJ 1955–1959*, Reel. 30.

(85) 国際局・政審会「日本の独立と国際緊張緩和について―当面の外交方針―」一九五九年九月三日（「浅沼稲次郎関係文書」一二九四所収、国立国会図書館憲政資料室所蔵）。『朝日新聞』一九五九年九月三日付朝刊一面。

(86) 『日本社会新聞』一九五九年九月一四日付一面（『社会党機関紙集成Ⅳ』第一〇巻、二七八―二七九頁所収）。

(87) 同上。一九五九年九月四日付西村栄一発鈴木茂三郎宛書簡（「鈴木文庫」二一―〇六二―〇二所収、法政大学大原社会問題研究所所蔵）。

(88) 国際局・政審会「日本の独立と国際緊張緩和について―当面の外交方針（草案）―」一九五九年九月八日（「浅沼稲次郎関係文書」一二九四所収、国立国会図書館憲政資料室所蔵）。『読売新聞』一九五九年九月五日付夕刊一面、九月六日付朝刊二面、九月九日付朝刊二面。

(89) Desp. 366, Tokyo to DoS, September 15, 1959, op.cit.

(90) 高橋勉『資料　社会党河上派の軌跡』(三一書房、一九九六年)、一三四－一四三頁。曾禰、前掲書、二一六－二一七頁。

(91) 日本社会党『社会新報』一九五九年九月二五日付一－四面。『読売新聞』一九五九年九月一七日付朝刊一面。高橋、前掲書、一四三－一五三頁。曾禰、前掲書、二一八頁。中北、前掲「日本社会党の分裂」六四－六七頁。

(92) Embtel. 1440, Tokyo to SoS, November 7, 1959, *RDOS, IAJ 1955–1959*, Reel. 31.

(93) 「岸氏との會談」一九五九年二月二六日(「鈴木貞一関係文書」一五－三所収、国立国会図書館憲政資料室所蔵)。

(94) Embtel. 2600, Tokyo to SoS, June 6, 1959, op. cit.

(95) 岸、前掲書、五〇七－五〇八頁。原彬久、前掲『岸信介証言録』二八二－二八三頁。

第五章　五五年体制の固定化と「独立の完成」

本章では、一九六〇年一月の新安保条約調印から一九六一年六月の池田訪米及び七月の二次防決定に至る政治外交過程を考察する。

周知のように、岸は一九六〇年六月、安保闘争の高揚を受けて退陣を余儀なくされ、「独立の完成」という争点領域に占める一政治過程としての安保改定過程は終焉を迎えた。だがそれは、直ちに「独立の完成」という争点領域の消失をもたらすとは限らなかった。そこで本章では、新たに安保改定のフィードバックに着目しながら、「独立の完成」をめぐる政策構想及び国内政治基盤がいかなる帰結を迎えたのか、実証的に明らかにしていく。

以下、まず第一節では、新安保条約の調印から安保闘争及び岸退陣に至る日米関係及び国内政治過程を考察する。続く第二節では、池田政権の発足と一九六〇年一一月の衆院選について検討する。第三節では、安保改定後の「独立の完成」の史的展開に着目して池田政権初期の外交・安全保障政策を考察したい。

第一節　新安保条約調印後の日米関係と岸退陣

1　新安保条約と日米関係

一九六〇年一月一九日、日米首脳会談で新安保条約及びその関係協定が締結された。そこでは、極東条項の存置と事前協議制度の導入、内乱条項の削除、一〇年間の条約期限の明記などが規定された。その上で、新安保条約では、第五条で米国の対日防衛義務とこれに対応する在日米軍基地の共同防衛義務が、第三条でヴァンデンバーグ条項がそれぞれ盛り込まれ、相互援助条約の性格が明確にされた。また、これらに加え、新条約第二条で新たに政治経済条項を挿入し、軍事安全保障にとどまらない、日米間の広範な協力関係を強調している。岸宿願の相互援助型の安保改定は、あとは国会承認及び批准書交換を待つのみとなった。(1)

新安保条約調印を終えた岸は、翌一月二〇日の会談で六月一九日から二日間にわたるアイゼンハウアー大統領の訪日に同意をとりつけた。新条約及び関係協定の国会承認がそれまでに完了しているという想定に基づく、アイク訪日の招請である。後年の回想によれば、岸は日米関係の発展を印象付ける意味で、アイク訪日を模索したという。そして、「独立の完成」の一里塚としての安保改定に目処が立ったとみた岸は、「安保の次は改憲」だと考え、憲法調査会による憲法改正の答申を次の目標に据えた。岸は、新安保条約の締結を実現してますます意気盛んだった。(2)

実際、岸周辺の政治家たちも次の段階の「独立の完成」を見据え始めていた。安保改定に関する党内調整をとりまとめ、自民党政調会長の座にあった船田中は、この頃頻繁にマッカーサー及び米大使館員と会談の機会を持ち、安保改定後の政策課題を議論している。船田は、岸の総裁三選への意欲を確信しており、岸以外の誰も現段階では総理への有資格者ではないと言い切る。曰く、安保改定の後は、外交面では新安保条約に基づく日本外交の新たな方向性として、経済面を中心とする日米関係の強化及び日中関係の打開が争点化するはずである。また内政面では、憲法改正、及び日本の政治社会構造に適しない占領政策の包括的是正が行われなければならない。これらの政策課題の遂行には岸の指導力が不可欠であり、自民党の有力者は岸の指導下に結集すべきである。(3)

このように、船田は岸政権を続投させ、「独立の完成」の実をあげるべきだと考えていた。事実、この時期船田は様々な場で、さらなる「独立の完成」の具現化が必要だと発信している。彼は、独立後わずか八年にして驚異的な経済復興と民生の安定を実現したのは日米安保体制の恩恵であると主張し、いわゆる「安保効用論」に基づいて安保改定への支持を求めた。ただ、船田にはこの八年間が、「ただ漫然として占領政治から独立へ移ってしまった」ようにみえてならなかった。それは、「わが国が主権を回復し、独立をかち得るに当たって、国民に対し国家の独立ということは（中略）責任の重大であるということについて自覚を促すような、何らの措置も講ぜられておらなかった」という問題意識による。だからこそ船田は、安保改定後はいっそう「政治経済、その他あらゆる施策において、長期的、総合的計画の樹立が必要である。すなわち日本は文化的福祉国家の建設を目指して、国内態勢を整備し、諸般の根本政策を策定して、将来の発展に備えるべきである。（中略）文教の刷新、選挙制度の改革、行政の改善を是非ともやりたい」と訴えた[4]。

マッカーサーが評したように、このような船田の政策構想はいかにも岸が好むところであった。岸自身、マッカーサーに対し、新安保条約批准を見越して長期政権担当の意欲を示唆していた。マッカーサーも、新安保条約の批准が難なく成功し、その後の内閣改造及び党人事も上首尾に乗り切れば、岸は総裁三選がかかる一九六一年の総裁選に非常に良い立場で臨めるだろうと見込んでいた。このように、岸、そしてその周辺の政治家たちは新安保条約を締結したのち、安保改定後の「独立の完成」に想いを馳せるようになっていたのである[5]。

だが、安保改定後の米国の対日政策は、岸の「独立の完成」構想に沿うものではなかった。米国国務省は安保改定交渉中から、NSC五五一六／一に代わる対日基本政策の策定を進めていた。新たな対日政策について国務省から諮問を受けた駐日米国大使館は、一九六〇年三月、以下のような答申書を送付した。そこでは、NSC五五一六／一の命題たる日本の「占領から独立への移行」、つまり日本の政治軍事的自立は新安保条約の締結で達成済みとされた。その上で米大使館は、今後は日米間の経済通商関係の強化に重点をおき、対等なパートナーシップの確立へと対日政策の主眼を転換すべきだと主張したのである。これを踏まえ、新たな対日基本政策文書ＮＳＣ六〇〇八／一では、今後は日本にも西側自由陣営の一員としての貢献を求めるが、そこでは軍事的貢献よりも、経済成長や対外経済援助のような経済的貢献を重視すること、対日政策の重点も日米間の経済通商関係の強化に置くことが明記された(6)。

この背景の一つが日米貿易自由化問題である。当時米国では貿易黒字の減少及び巨額の対外軍事支出を主因とする国際収支の悪化が表面化し、ドル防衛が喫緊の課題に浮上しつつあった。そして米国は、その解決策として貿易自由化及び軍事支出の削減を図った。その主な対象国は欧州諸国だったものの、対日政策にも波及しつつあった(7)。

第一章で述べた通り、戦後復興期にあった一九五〇年代の日本は輸入超過の状態が続いていた。とりわけ、工業原料の輸入先が中国大陸から米国にかわるなか、戦後は慢性的に大幅な対米輸入超過が続き、そのことが貿易全体の輸入超過傾向を生んでいた。固定相場制のなかで外貨準備高の少ない日本は、景気拡大局面で設備投資のための内需が高まると輸入超過となって国際収支が悪化し、金融引締めなどの措置によって景気後退局面に陥るという「国際収支の天井」に慢性的に苦しめられてきたわけである。

岸が経済自立を最優先課題として保守合同を唱えたのも、朝鮮戦争休戦後に顕在化した悪性インフレ及びその後の安定恐慌という経済危機に直面したからである。だからこそ岸は、日本経済には国際収支の均衡と国内生産力の増強による輸出振興が必要であり、そのための処方箋として、経済政策に計画性を付与すること、つまり修正資本主義及び福祉国家の建設を唱えた。その後、石橋政権の積極財政に伴い外貨準備高が半年で半減するなど、国際収支が極度に悪化するなかで政権を発足させた岸は、金融引締めと輸出振興によってその均衡回復に努めた。これが功を奏し、日本経済は神武景気の収束及びなべ底不況を乗り越えて一九五八年後半から回復局面に入った。この頃、軽工業、繊維製品を中心に日本製品もようやく国際競争力が高まり、日本は輸出志向型国家へ転じている。わけても対米輸出の伸びは著しく、岸政権は戦後初めて日米貿易の収支均衡を実現した。このように、輸出振興で外貨準備高が回復する基調を整え、国際収支の天井を高くしたことは、経済自立を唱えてきた岸の面目躍如に違いなかった。(8)

米国はこうした岸政権期の日本経済の復調を受けて、日本に貿易自由化を迫ったわけである。確かに、日本が輸入制限を設けてきた最大の理由たる国際収支の赤字幅が急速に収縮するなかで、貿易自由化は早晩避けられないことではあった。だが、国際収支が悪化している米国の都合として、日本の貿易自由化を欲したのも事実である。マッカーサーは米国の峻厳なる見解をこう告げる。曰く、米国は日米貿易における日本側の制限及び差別待遇を日本経済の回復のために甘受してきたが、今や日本経済は国際収支で五億ドルの黒字をあげるほど回復を遂げた。それでも日本が貿易自由化を欲しないならば、米国は保護主義的措置に踏み切るし、今後米国が貿易自由化を適用する欧州市場からも日本は締め出されるであろう。(9)

このように、岸の経済自立政策が具現化するなかで、日本の貿易自由化を欲する米国は対日基本政策の重点を日米間の経済通商関係の強化に転じた。その際、NSC六〇〇八／一には、日本は結局未だに安全保障及び経済通商面で米国に深く依存しているのだから、米国との提携関係の強化や西側自由陣営の利益に沿う国際的役割の遂行といった米国の政策目標へと方向づけることは容易いと言及されている。その上で米国は、日本を対共産圏貿易に走らせないよう、日米貿易の進展と、GATT第三五条適用による西欧諸国の対日貿易制限の撤廃によって、日本に西側陣営の自由貿易市場を開放することこそ対日基本政策の骨格だと位置付けたのである。(10)

ところで、以上の米国の対日基本政策の煽りを受けたのが二次防問題である。当初予定を変じて一九六〇年度から一九六五年度までの六ヶ年計画となった二次防案は、一九五九年七月の「赤城構想」発表を経て、同年一〇月に公式な防衛庁案として成文化された。同案は、国民所得が年率六・五%伸びるという推定のもと、対GNP比二・二〜二・三%、総計で約一兆五二〇〇億円を計上していた。一次防(一九五八年度〜一九六〇年度)における防衛費の対GNP比が一・五%にすら届かない当時にあって、「赤城構想」は極めて野心的な目標を立てたといえる。防衛庁は約一兆五二〇〇億円という総予算のうち、二〇〇〇億円弱は米国による軍事援助計画(Military Assistant Program, MAP)を想定していた。そして、二次防を一九六〇年度予算案に反映させたうえで、新安保条約を締結する一九六〇年一月の日米首脳会談の討議項目に挿入する目算を立てていた。それゆえ、防衛庁としては同案を一九五九年一一月中に国防会議での決定に持ち込む腹積もりであった(11)。

だが、この目論見は暗礁に乗り上げた。それは第一義的には、社会党が二次防を安保改定と絡めて日米軍事同盟の強化だと批判し、自民党の非主流派も早期決定に慎重論を唱えたことによる。だが、米国の対日政策も同様に重要な制約要因となった。というのも、大蔵省が国民所得の伸び率の不確定性に加え、米国もドル防衛のために対外軍事支出を減らすという観測があるなかで、多額の対日MAP援助を前提に予算を編成することは不可能だと強硬に反対したのである。結局同案は、米国の対日軍事援助方針が明確になるまで決定を先送りされた。これによって二次防は一九六一年度からの五ヶ年計画となり、その内容も大幅な練り直しを余儀なくされる(12)。

このように、保守勢力にとっての「独立の完成」を具現化する重要な政策だった二次防の前に、米国のドル防衛政策が立ちはだかった。新安保条約の締結後の日米関係について、安保改定を奇貨としたより一層の「独立の完成」の具現化を目指す岸と、「占領から独立への移行」は達成済みだと考える米国とのすれ違いが、ここにきて顕在化しつつあったのである。

2　岸の早期解散構想と民社党

他方、岸と米国が見解の一致をみたのが、民社党を育成する必要性である。一九六〇年一月二四日、西尾委員長、曾禰書記長、水谷長三郎国会議員団長を党首脳とする民社党が正式に結成された。衆院四〇名、参院一七名、計五七名の議員を擁する一大政党の旗揚げである。ここに至るまで、西尾ら社会クラブは河上派を切り崩しつつ、曾禰を中心に綱領及び政策の立案、運動方針の策定に取り組んだ。民主社会主義を標榜し、議会主義、国民政党論を掲げた民社党は、経済政策では混合経済を目標とする福祉国家の建設を、外交・安全保障政策では自衛権及び自衛力保持の容認、「自主独立」を旗印とする国連の集団安全保障を重視した。特に、曾禰が起草した外交方針案は、社会党の非武装中立を明確に否定した上で、日米安保条約の「段階的解消」、日本防衛のみを基地使用目的とする在日米軍の有事駐留化、域外出動への拒否権明記及び核持込みの禁止を謳っていた。西尾が結党大会後の記者会見で五年以内の政権担当に意欲を示すなど、民社党の面々は意気軒昂であった[13]。

前章で述べたように、岸にとって西尾派の社会党脱党という「分離小党化」は最善の形ではなかった。だが、民社党結党という事態に至った以上、「西尾氏一派が日本の社会主義政党の主流となるよう期待するしかな」かった。むしろ、どちらかといえば米国側の方が民社党に期待を寄せていた。例えば、米大使館は一九五九年一二月中旬の時点で、西尾新党が社会党の支持基盤を掘り崩すことで、次期総選挙では自民党が二八五議席、社会党が一〇五議席、西尾新党が七〇－八〇議席を獲得しそうであり、西尾新党は自民党及び社会党を中道に引きつけ、日本政治の分極化を防ぐ勢力になるだろうと分析していた[14]。

その際重要なことは、この西尾新党こそ五五年体制成立時の命題を達成させるものだと評価されたことである。米大使館曰く、保守合同及び社会党の左右統一は本来、急進左派を穏健化させつつ、保守政党に進歩的政策を採用させることで、持続可能かつ民主的な二大政党制をもたらすことを目標としていた。このうち後者は相当程度達成されたが、急進左派の穏健化はいまだ成就していない。それゆえ、五五年体制成立時の眼目を達成させようという西尾新党の存在は米国の利益に大いに資するというのが彼らの見解であった。こうした見解は、米国の対日基本政策NSC六〇〇八／一にも採用された。すなわち、民社党を将来的に保守政権のオルタナティブとなるような中道右派の社会民主主義政党へと育成することが、米国の対日政策の一つの眼目に据えられたのである。(15)

以上のような米国の民社党評価は、岸と軌を一にしている。岸は、「独立の完成」の国内政治基盤として「交錯する保革二大政党制」の確立が不可欠であり、そのカウンターパートには西尾派が望ましいと考えてきた。実際、五五年体制は保守政党が「進歩的な政策」を採用し、社会党は右派を中心に「社会党政権」を目指して政策を現実化するという、政権交代可能な「交錯する保革二大政党制」を含意として成立したわけである。確かに、米国の民社党への期待は、総じて社共両党の弱体化及び西側自由陣営にコミットする野党の育成なので、「独立の完成」を奉ずる岸と志向性に相違がないわけではない。さりながら、元来の五五年体制成立の含意たる「交錯する保革二大政党制」の成否が、民社党の党勢にかかっていたと評することは可能であろう。

さて、この頃岸を取り巻く国内政治過程は風雲急を告げていた。自民党では新安保条約の調印に前後して、「安保の次」という政策課題が、「岸の次」を見据える派閥間権力闘争と連動しつつ浮上してきた。一九六〇年の年明けと同時に、河野ら非主流派が「安保花道論」を主張し、条約批准後の岸退陣を要求したのである。かつて岸は「講和花道論」に基づき反吉田勢力を糾合して吉田倒閣に全力を挙げた。だが今回は、その岸自身が吉田に支えられて政権を続投し、日本民主党に集った当時の同志たちに「安保花道論」を突きつけられた格好である。(16)

他方、西尾派脱党後の社会党は、従来の「安保解消」の具体策策定から、大衆運動に軸足を置く安保改定阻止へと方針を転換していた。社会党は一月二六日の中央委員会で「当面の活動の基本方針」「安保改定阻止闘争方針」などを承認し、「安保体制の打破」を目指す「国会闘争」「院外大衆闘争」への傾注を決定した。岸が後年振り返るように、「同じく社会主義を標榜する政党が二つある場合、それぞれは存在価値を主張するために、〔中略〕一方が現実的、常識的な姿勢を示せば、一方は対抗上観念的、急進的にならざるを得ない」。党分裂の動揺と混乱にあえぐ社会党は、この後、三月に入って鈴木から浅沼への委員長交代を迎える。彼の指導の下で、社会党は党勢回復への活路を急進的な大衆運動に見出し、安保闘争への道を突き進むのである。(17)

以上のような日米関係の構図及び日本の国内政治過程のなかで、岸は局面打開を図るべく早期の衆院解散を目指した。岸曰く、「中共、ソ連に使嗾された社会党、共産党、労働組合の反対運動は急速に激化し、暴動と化す可能性も無しとはいえなかった。また、自民党内の反主流派による蠢動も、次第に目に余るものになりつつあった。これらに対抗し、とやかく言わせないためには、解散は最も有効な手段であった」。彼は、六月一九日のアイク訪日予定から逆算し、かつ選挙戦及び条約審議の日程を踏まえ、二月五日の新安保条約及び関係協定の国会提出直後を絶好の機会として、二月二〇日前後を時限に衆院解散を模索した。総選挙には絶対に勝てると確信する岸は、その後の政局を優位に進めるうえで、「国民に現行の安保条約と新条約の違いを示して、いかに新条約が立派なものであり、また日本にとっていかに利益であるかということを総選挙によってナニし〔示し〕たかった」のである。(18)

早期解散を狙う岸に、「西尾氏一派が日本の社会主義政党の主流となるよう期待する」という動機があったかどうかは判然としない。少なくとも管見の限り、史料上から為政者岸にそのような動機は全く看取できない。ただ、後世の後知恵として結果的に鑑みれば、民社党の爾後の党勢発展は、そして、敷衍すれば「交錯する保革二大政党制」への再均衡は、この早期解散の成否に懸かっていただろう。民社党自身、西尾人気の賞味期限が短いことはよく承知しており、新党結党の余勢を駆って一刻も早く衆院選に臨みたかった。しかも、この頃民社党を中核とする総選挙後のオール右派連合構想も存在していた。民社党に対し、社会党に残留する河上派議員から「次の総選挙が済んだら社会党を離れて〔西尾〕新党に行くから待っていてくれ」という話が三々五々届いていたという。[19]

だが、岸の目論見は実現しなかった。その理由は、一つには先行研究でも指摘されるように自民党幹事長として選挙戦に全責任をもつ川島が、衆院解散に断固反対したからである。すなわち川島は、非主流派の反発を念頭に、衆院解散で党内を取りまとめることは到底不可能であり、党が割れていては総選挙に勝ち目はないとして岸の意向に最後まで首肯しなかった。[20]

これに加えて、米国が岸の早期解散論に反対したことも重要である。一九六〇年一月末、岸の動きを察知したマッカーサーに対し、国務省は早期解散に反対するよう指示した。それは、第一に衆院解散による政治空白は新安保条約の審議日程を窮屈にするうえ、米国上院での会期内批准をも危うくするからだった。加えて、国務省は選挙戦が新安保条約の修正要求を誘発することを懸念した。つまり、安保再改定を強く警戒したのである。岸政権の政局混迷によって外交交渉の延期と、その間の自民党の党内調整及びこれを踏まえた新論点の日米交渉を繰り返し、新安保条約の調印時期が予定より大幅に遅れたこれまでの経緯を鑑みれば、米国国務省の懸念は当然のものだった。[21]

こうして、岸の早期解散論は自民党の党内情勢のみならず、米国によっても阻まれた。岸は懊悩し、眠れない日々を過ごしたあげく、解散を断念した。そして、岸はこの挫折を後々まで深く悔恨することになる。[22]

岸の解散断念を経て、二月早々には新安保条約及び関係協定をめぐる国会論戦が本格化した。六月のアイク訪日までには新条約の国会承認を取り付けたい岸に対し、社会党はその廃案及び岸退陣を目指して審議引き延ばしに全力を挙げた。案の定、社会党の巧みな国会戦術によって条約審議は著しく停滞する。特に、新安保条約第六条の極東条項に関して、「極東」に具体的にはどの地域が含まれるのかという「極東の範囲」問題は岸を大いに苦しめた。しかも、安保審議が佳境を迎えた五月には、社会党の追及によっていわゆるU―2型機撃墜事件が発覚し、事前協議制度の厳格化を求める声が一段と高まった。(23)

3　民社党の修正案と岸

社会党の国会追及と呼応して、自民党内では非主流派の河野派、三木・松村派、石橋派が「極東の範囲」問題への警戒感から新安保条約への批判を強めた。特に、二月二六日に岸が政府見解として、「極東の範囲」とは「大体においてフィリピン以北並びに日本及びその周辺の地域であって、韓国及び中華民国の支配下にある地域もこれに含まれる」と答弁したことは、親中派を多く抱える三木・松村派及び石橋派を刺激した。この岸答弁によれば金門、馬祖といった第二次台湾海峡危機の紛争地も、在日米軍が出動し得る「極東」に含まれるからである。非主流派は二月二八日の会合で、「極東の範囲に金門、馬祖を含めることは、日中関係打開のためにも好ましくなく、また戦争にまきこまれるおそれがある」などと政府見解を批判した。その上で彼らは、三月四日の自民党安保小委員会で、上記政府見解は取り消すべきである、日本の存立に深い関わりのない金門、馬祖の防衛のために米国に日本の基地を使用させる必要はないなどと主張した。(24)

さらに、三木・松村派は新安保条約の承認に際して付帯決議を採択すべきと主張した。すなわち彼らは、安保改定に対する中ソの誤解を解くため、新安保条約は防衛的性格であり、日中国交回復及び日ソ関係に留意する旨を強調すること、「極東の範囲」に具体的な地名をあげないこと、在日米軍が出動する場合はその範囲をその都度事前協議することの三点を付帯決議として国会に提出することを申し合わせ、三月一七日に三木から岸に直接申し入れた。また、三木はこの付帯決議案のなかに、国際情勢に重大な変化が起きた場合には新安保条約の再交渉を行うこともつけ加え、池田と文面のすり合わせを行っている。日中関係を重視し、岸の安保改定に対して「日本が米国と攻守同盟を結んで戦争に捲き込まれることはまづい」と警戒してきた三木・松村派の政策的一貫性が看取される。(25)

以上にみた自民党非主流派及び社会党の攻勢にあって、新安保条約の国会審議は緊迫度を増した。そのなかで、民社党は岸を衆院解散に踏み切らせる戦略を温めていた。そして、そのための切り札こそ安保改定への修正案であった。国会論戦の山場を四月前半と予測した民社党は、自民党非主流派の反響を呼ぶような安保改定の修正案を提示して自民党内の対立と混乱を深め、岸をして衆院解散に踏み切らせようとしたのである。民社党議員たちは三月一〇日、米大使館員に以下のように戦略を伝えた。曰く、いま衆院解散となれば岸率いる自民党主流派と民社党が最も利益を得て、社会党と自民党非主流派が大敗する見込みである。四月解散に向けて民社党は安保審議の促進を求めており、日本自身の必要に応じた防衛政策とは何か、真剣に研究しているという。(26)

かくして民社党は、安保審議が佳境を迎えていた四月二三日、満を持して新安保条約の修正案を発表した。それは、「段階的安保解消」という党の外交方針を掲げた上で、ヴァンデンバーグ条項の削除、在日米軍基地の共同防衛義務の削除、日本防衛目的のみの有事駐留（常時駐留の撤廃及び極東条項削除）、事前協議における在日米軍の「配備」及び装備に関する完全な拒否権の確立、核持込み禁止の明文化、条約期限は一年の予告でいつでも「改廃」可能とするものであった。ここに民社党は、社会党にあって西尾派が年来有してきた外交・安全保障政策、すなわち現状では米国による安全保障を確保しつつ、「段階的安保解消」を目指す上で、日米間の軍事的結合の強化をもたらす相互援助条約化には断固反対するとの姿勢を鮮明に示したのである。(27)

民社党の修正案には、冷戦秩序に基づく同盟関係の体裁や対米貢献の要素が明らかに皆無である。在日米軍の基地使用目的を日本防衛のみに限定した上での有事駐留論をはじめ、極東条項、ヴァンデンバーグ条項、在日米軍基地の共同防衛義務を全て削除し、事前協議制度の厳格化を迫る姿勢は、日米間の双務性及び相互性を否定し、多分に在日米軍の権益を制約するものである。加えて、民社党は爾後「自主独立外交」を掲げ、自国防衛のための防衛力増強を主張していく。再軍備と米軍撤退を主張する民社党は、講和独立後、対米ナショナリズムの発露として「独立の完成」を目指し、対米自主を掲げた政治勢力の理念型としての「安保改正」論を打ち出したといえよう。

実はこの時、岸の脳裏にも衆院解散がちらついていた。民社党の早期解散論は岸の望むところだったのである。四月下旬になっても新条約採決の目処すら立たず、通常国会の会期延長が視野に入るさなか、業を煮やした岸は賀屋興宣に向かって解散の意思を伝えた。曰く、「〔条約審議を〕延ばせば延ばすほど議会の空気は悪くなる。審議を延ばしたところでこれは変りはしない。（中略）思い切って解散をしようか」。東条内閣でともに戦時経済を担い、巣鴨の獄中生活で苦楽を共にした気の置けない仲ゆえか、岸は安保審議への苦悩と解散への決意を賀屋に吐露したのである。(28)

賀屋は岸を懸命に押しとどめた。賀屋は岸派古参幹部の川島幹事長や椎名悦三郎官房長官以上に、岸のため、安保改定の成就のために衷心から衆院解散に反対した。賀屋は岸にこう諭したという。曰く、解散すれば「何がしか社会党が増加して、自民党の数は幾らか減る」。そうなれば条約審議の情勢は極度に悪化し、新安保条約はなおさら批准できなくなってしまう。それゆえ、「過半数をとるということで解散を考えるということはじつに軽率である」。(29)

しかも、民社党も安保改定修正案の国会提出には至らなかった。条約審議の緊迫度が増し、アイク訪日との兼ね合いから自民党の強引な議事進行が目立つなか、民社党では水谷長三郎国会議員団長、春日一幸国会対策委員長を中心に社会党との協力論が高まったのである。彼らには、民社党が自民党とともに議事進行を促進させることは、新安保条約の承認に手を貸したようにみられるという懸念があった。それゆえ、西尾及び曾禰ら執行部も安保改定修正案の国会提出に最後まで踏み切れなかった。(30)

4 岸の退陣

かくて、岸は万策尽き、いよいよ追い込まれた。そして、条約審議及びこれを取り巻く国内政治過程が緊迫の度を深め、アイク訪日が差し迫る五月一九日深夜、岸は国会会期の延長とともに、新安保条約の衆院強行採決に踏み切った。警官五〇〇人が国会に動員され、社会、民社両党が欠席するなかでの与党単独採決である。自民党でも河野、三木、松村、石橋ら非主流派の二七名が採決を欠席した。(31)

これを受けて、安保改定阻止の院外大衆運動は民主主義擁護、岸政権打倒へと争点を転じ、一気に高揚した。連日数万人のデモ隊が国会周辺を取り囲み、警官隊と衝突を繰り返した。社会党は憲法第五四条第二項を念頭に、衆院解散及び参議院閉会によって新安保条約の自然承認を阻止すべく、臨時党大会で議員総辞職論を採択した。衆院議員一二五名の辞表を浅沼委員長が受理し、事態の推移如何で衆院議長に提出できるという態勢をとったのである。社会党・総評を母体とする安保改定阻止国民会議が率いた院外大衆運動は、六月四日の第一七次統一行動が全国四四五ヶ所で参加者五六〇万人を数えるほどに膨れ上がった。戦後最大の国鉄運休が行われたのもこの時である。(32)

岸は衆院強行採決ののち、アイク訪日をいかに実現するかに心を砕いていた。まずもって、安保闘争の高揚を受けて大野副総裁や川島幹事長ら自民党執行部すら岸の退陣を主張し始めるなか、アイク訪日の成否には政権の存亡がかかっていた。加えて、史上初めての米大統領訪日にあたり、昭和天皇がアイゼンハワー大統領を羽田空港で出迎えることになっていたため、警備を万全ならしめる必要もあった。岸は、「反対派のデモによって盟邦の大統領に何か危害が加えられるとか、アイクを迎える天皇陛下に何かあったということになれば、総理大臣として本当に死んでも償いがつかない」気持ちだったという(33)。

だが、六月一〇日のハガティー事件はその警備態勢の脆さを晒し、岸のアイク訪日実現への自信を揺るがした。次いで六月一五日、全学連主流派四〇〇〇人が国会構内に突入して警官隊と衝突するなかで、東大生樺美智子が圧死するという樺事件が発生した。岸はそれまで、赤城防衛庁長官に対してデモ隊鎮圧のための自衛隊出動を要請するなど、アイク訪日への執念を見せていたが、樺事件を受けてついにアイク訪日の中止を決断した。そして、これをもって岸は退陣を決意した。六月一九日の新安保条約の自然承認、六月二三日の批准書交換を見届けた後、岸はデモ隊の轟々たる叫声のなかで退陣を表明したのである(34)。

こうして、一九五〇年代における「独立の完成」という争点領域で中心的役割を演じ続けた岸は政治の表舞台を去った。だが、岸退陣でもって「独立の完成」という争点領域が失われるとは限らなかった。経済自立と政治軍事的自立としての「独立の完成」という視点から見ると、日米貿易自由化及び「赤城構想」としての二次防の帰趨は重要である。また、「独立の完成」のための国内政治基盤の確立に関していえば、民社党の党勢を含む政党配置としての五五年体制も未だ流動的である。では、安保改定が実現したのち「独立の完成」という争点領域はいかなる展開を見せたのだろうか。次節以降で検討していくことにしよう。

第二節　池田政権の発足と五五年体制の固定化

1　河野新党問題

岸の後継を争った七月一四日の自民党総裁選は、官僚派連合と党人派連合の全面対決という構図で知られる。池田支持に固まる官僚派と、石井光次郎の擁立で一本化した党人派連合との対決構図に藤山愛一郎が割って入る三つ巴の戦いに勝利したのは池田だった。こうして七月一九日、池田政権が発足した。

この総裁選に際し、岸は一九五九年一月の「大野密約」を反故にして池田支持に回った。岸曰く、河野が非主流派に転じ、安保改定に最後まで抵抗して岸倒閣の動きすら見せたことは明らかに約定違反であり、この段階で「大野密約」は反故になった。「彼〔大野〕を総理にするということは、床の間に肥担桶を置くようなもの」だと岸はいう。人物の識見を重くみる彼の、辛辣な大野評である。そして、岸は一九五九年八月の四者提携に基づき、吉田と会談して池田支持の意向を伝えた。その際、岸は池田に対し、新安保条約採決を欠席した河野、三木らの除名を条件に総裁選での支持を確約した。こうして、粛党を要求する岸派及び佐藤派の支持を固め、池田は総裁選に勝利をおさめた(35)。

その池田政権の至上命題は、安保闘争で深刻に傷ついた日米関係の修復と国内政局の収拾だった。安保闘争直後の騒然たる世情にあって、その収拾には解散総選挙が必至と考えられていた。選挙管理内閣としてスタートを切った第一次池田政権は、党三役を池田派の益谷秀次幹事長、佐藤派の保利茂総務会長、岸派の椎名悦三郎政調会長で占め、内閣では宏池会が池田を含めて五、佐藤派が三、岸派が四の閣僚ポストを得た。他方、非主流派からは一本釣りの形で石橋派の石田博英が労相に起用されたのみで、河野派及び三木・松村派は一人も登用されず、完全に干された。総裁選後の論功行賞とこぞって報道される、主流三派への偏重人事である。(36)

こうして、岸の粛党圧力により党内野党化した河野派では、局面打開策として新党結成論が浮上した。八月五日、軽井沢での派閥研修会で今後の来し方を協議するや、新党論が噴出した。そこには、岸派及び佐藤派が安保欠席組の除名を公然と要求し、河野派が人事面で完全に干された現状において、このままでは次期総選挙で派閥の若手や新人候補に公認が得られず、対抗馬まで擁立されかねないという危機感があった。(37)

そもそも、河野新党問題の発端は五・一九安保強行採決に遡る。条約審議の期間中、岸の強引な国会運営を問題視していた河野は、衆院採決の翌日に三木の事務所を訪問し、思い詰めた口調で「もう国会議員を辞める」と告げた。つい数年前まで反河野の急先鋒だった三木も、この日は河野の宥め役に回ったという。爾後、岸退陣及び安保批准前の衆院解散を要求した三木・松村派は、これが岸に拒絶されるや、まず三木が新党結成論に傾いた。続いて岸の退陣表明以降は、三木に代わり松村謙三が新党結成に意欲を示し始め、河野に保守二党論を説いたという。(38)

ただ、河野はこの時点では総裁選に活路を見出していた。盟友大野の総裁選勝利による党人派政権を目指したのである。ゆえに、彼は松村の献策に乗らなかった。そして河野派は党人派連合の結成にあたり、共産圏諸国との経済交流の促進及び国交の合理的打開、アジア・アフリカ諸国の民族主義の尊重、政治の官僚主義的風潮の刷新、強権的政策を排した政党政治の確立を党風刷新案として提示した。河野は、こうした政策構想を携えて党人派連合をまとめ上げ、自民党自体の主導権を奪取しようとしたのである。(39)

けれども、この総裁選で党人派連合は惨敗を喫した。河野が保守二党論を唱えるのはこれ以降のことである。河野は鳩山自主外交路線の後継者として、吉田の対米協調路線を踏襲する池田とは根本的に政策が異なること、ゆえに三木・松村派、石橋派といった非主流派にも呼びかけて清新な保守第二党をつくり、自民党を過半数割れに追い込んで政策協定による連立政権を組むことで、自らの政治路線を反映させたいという所信を示した。かつての日ソ国交回復後の吉田による旧自由党系脱党、保守二党論と攻守が入れ替わった形である。(40)

河野の新党構想に対し、当初石橋派は割合積極的であったようだ。これらの非主流派には、前章で述べた「国民新党」構想を含めて、大なり小なり保守二党論が存在したようである。河野派内部にも慎重論はあったが、河野のパトロンたる永田雅一、萩原吉太郎らが新党構想に賛成したという。河野は、松村、石橋、そして党人派として盟友関係にある大野と個別の会談を持ち、新党結成への協力を呼びかけた。池田及び自民党主流派、そして社会、民社両党も河野新党の成否に注目していた。(41)

しかし、河野はわずか一週間で新党結成の断念を余儀なくされた。というのも、河野派は党公認問題を懸念して解散総選挙前の新党結成を目指したけれども、他派は、池田政権が低姿勢、「寛容と忍耐」を打ち出して順調な滑り出しを見せるなか、総選挙の結果をみてから去就を判断したいと考えたためである。河野は八月一二日、真っ先に保守二党論の提唱者たる松村を訪問して新党への協力を求めたが、彼は旗幟を鮮明にしなかった。今でこそ三木・松村派は非主流派だが、池田は日中関係の打開に積極的であり、三木とも気脈を通じる相手だった。彼らは池田を政敵とする河野とは立場が違ったのである。案の定、三木も同日中には、岸政権と池田政権は性格が異なるとして河野新党への不参加を表明する。追い打ちをかけるかのように、河野は八月一四日、盟友大野からも新党結成を思いとどまるよう促された。大野派も八月一六日、新党不参加を正式に決定した。(42)

こうして三木・松村派、大野派も動かずと判明するや、河野派は動揺した。単独脱党か、自民党残留かで意見が割れ始めたのである。中曽根によれば、彼も新党結成は慎重に考えるよう河野に具申した。河野には大野による隠忍自重の忠言が最も堪えたという。曰く、「河野さんは、切歯扼腕、ただならざる興奮した状態だった」。[43]

かくして河野は八月一八日に記者会見を開き、「河野新党の公約」となるはずだった政策申入書を読み上げた上で、新党結成の断念を表明した。河野の主張を見てみよう。彼曰く、社会党の分裂に伴い保革二大政党という構図が崩れているなかで、自民党による一党独裁、専制政治を防ぐためには保守も二党に分かれ、政治の調整を行う必要がある。そのうえで政策面では、向米一辺倒から脱却して対共産圏諸国への自主外交を推進したい。また、池田政権の大企業中心主義の経済政策を中小企業重視へ転換し、農村政策の振興をはかるべきである。[44]

以上の主張から明らかなように、新党結成を目指した河野の真意は対米自主勢力の再結集にあった。「独立の完成」を真っ先に唱導し、敢然と吉田に立ち向かった鳩山の理念を蘇らせ、岸の安保改定によって歪められた国権回復としての「独立の完成」を具現化しようと志したのである。事実、かつて鳩山の側近だった大野、石橋に声をかけ、旧改進党左派の三木・松村派を糾合し、吉田の後継者を自認する池田に対抗する構図は、第一次保守合同当時の「救国新党」構想を彷彿とさせる。これを裏書きするように、河野は新党名を「日本民主党」と決め、自らの事務所に掲げている鳩山と三木武吉の肖像画を日夜見つめながら新党運動に奔走したという。だが、乾坤一擲の勝負はあっけなく幕を閉じた。八月二二日の河野派総会は自民党残留を正式に決定し、ここに新党構想は潰えたのである。[45]

2　自民党新政策――「安保効用論」再考――

河野新党構想の挫折を受けて、自民、社会、民社の主要政党は選挙準備を本格化させた。まず自民党を一瞥したい。日米関係の修復と国内政局の収拾を至上命題とする池田は、国民所得倍増計画を中心とする経済発展、及び社会保障の充実による政治的統合でもってこの課題に取り組もうとした。同時に、池田は政権発足直後の七月二二日、日米安保条約の再改定は検討しない意向を明らかにした。次いで、九月一〇日には、国民の強い反対があった場合は憲法改正は絶対にしないと表明している。(46)

このように、池田政権は改憲・安保問題の争点化回避を図った。九月五日に発表された選挙政綱「自由民主党新政策」では、まず冒頭で「寛容と忍耐」、民主政治の擁護、暴力排除を謳った。また、拡大均衡的な経済成長の推進、完全雇用及び生活水準の向上から成る福祉国家の建設を掲げるなど、経済政策に多くの紙幅を費やした。その上で、同文書では外交・安全保障に関して「安保効用論」を前面に打ち出した。すなわち、安保改定では旧安保条約の不備や不合理な点を、日米両国が自主対等の立場に立って改善し、もって日米安保体制は確立された。そうした「日米安保体制のもとにあればこそ、わが国は必要最小限の自衛力を整備すれば足りる」。だが、もし日本が「安保解消」によって中立化すれば、日米貿易が途絶え、日本経済は困窮し、国民生活は悲惨な状態におち込むだろう。このように、池田政権は経済的効用の観点から安保改定及び日米安保体制の正当性を強調した。(47)

実のところ、「安保効用論」の原型は岸政権期に定式化されている。安保改定に関する党内調整を主導した賀屋や船田が、一九五九年七月末から世論啓発の一環として広報資料を公刊するなかで、「安保効用論」を定式化したのである。そこでは、独立からわずか七年で驚異的な経済発展と国民生活の安定が実現できたのは、「日米安保条約によって、わが国の防衛費の負担が著しく軽くなり、そのため他の重要施策の実現が可能となった」からだと論じられる。その上で、社会党の「安保解消」を実行すれば、日米貿易のみならず、自由諸国全体の不信を招いて日本経済と国民生活が「破滅的な困難におちいる」と警鐘を鳴らしている。(48)

賀屋や船田が「安保効用論」を案出した動機は、安保改定、ひいては日米安保体制に支持を集めることに尽きる。世論啓発の重点を、安保改定に「国民大衆が納得共感すること」に置いた彼らは、「日本の今日の平和と安全、従って経済の繁栄は安保条約の背景による」ということを広報宣伝項目の先頭に据えた。彼らの意向を受けて、岸も九月以降、国会答弁で「安保効用論」を用いはじめた。このように、「安保効用論」は岸政権期に定式化されていた。国民所得倍増計画に全面的に覆われた「自民党新政策」に関して、外交・安全保障政策は『刺身のツマ』であり、（中略）ほとんど岸内閣の方針をそのまま抽象的に並列したに過ぎない」と評されたことは、ゆえなしといえないものがあった。[49]

ただし、岸政権と池田政権では、「安保効用論」にかける態度に大きな差があった。岸政権の場合、「安保効用論」はあくまで安保改定に支持を集めるための便法に過ぎない。だからこそ、岸は池田のように、「日米安保体制のもとにあればこそ、わが国は必要最小限の自衛力を整備すれば足りる」などと答弁することは、ついぞなかった。

これに対し、安保闘争直後の政情不安に直面する池田政権にとって、「安保効用論」はより一層重要な位置を占めた。保守政権の下での政治的統合を喫緊の課題とし、国民所得倍増計画に基づく経済発展及び福祉国家の建設による利益分配を掲げた池田政権には、日米安保体制を、自衛力を必要最小限度たらしめ、日本の経済的繁栄に資するものとして正当化することが至上命題だった。[50]

加えて、池田の時代認識も重要である。そもそも池田は日米安保体制の効用を衷心から信奉しており、「独立の完成」を過去の遺物と捉えていた。それは、池田は岸と違い、日本は既に「大国」になっており、「西側自由陣営の有力な一員」だと認識していたことによる。側近宮澤喜一の言葉を借りれば、「集団安全保障によって、ある程度主権の制限が起こるということは止むを得ないことである。またそれでちっともさしつかえないと思うんです。（中略）なにも集団安全保障に双務的に寄与しなければならんということは別段なかろう」。[51]

そこからは、「共同防衛、国際相依の今日、自主かと《ママ》双務とか陳腐なる議論ハ我等の賛成出来ぬところ」という吉田の安保改定批判が想起される。池田は、「外交や国際問題につき私の目を開いてくれた人は、第一に吉田元総理」だと言って憚らなかった。吉田の外交思想を色濃く受け継ぐ池田は、「集団安全保障」の時代における主権の制約を受容し得た。そして彼は、安保改定でもって日米は対等となり、日本は西側自由陣営の有力な一員として世界に貢献すべきと考えた。池田にとって、「独立の完成」はもはや過去の政治課題だったのである。(52)

3　安保闘争後の社会党

反対に、野党にとって「独立の完成」は未だ重要な政治課題だった。民社党は安保闘争のさなか、自社両党の支持層に食い込み、支持率を伸ばしていた。特に、安保闘争が高揚していた五月末の世論調査では、自民党が支持率を減らし、社会党の数字も動かないなか、民社党の支持率は上昇を続けた。これを受けて、民社党は次期総選挙での八〇議席確保を目標に、一〇〇人以上の候補者擁立という積極的な方針を立てた。そして、対米迎合の自民党と対中ソ迎合の社会党に対抗する「自主独立外交」を標榜した同党は、「段階的安保解消」を実現すべく、「民社党政権」樹立の暁には四月二三日付修正案に基づき安保再改定を交渉することを選挙公約に掲げた。このように、民社党は旧右派社会党期以来連綿と抱き続けた外交・安全保障政策を提示し、総選挙に臨んでいく。(53)

他方、社会党は八月の世論調査で支持率が急落し、左右統一以来最低の数字となった。しかも、社会党は地方選挙でも青森、埼玉、群馬の知事選で三連敗し、党の退潮傾向が鮮明になっていた。党内では、総力をかけて臨んだ安保闘争が世論の支持を得られなかったという挫折感が広がった。もはや人員的にも財政上も困窮のなかにある社会党は、総選挙準備も自民党及び民社党に比べてはるかに立ち遅れていると認識されていた。(54)

こうしたさなか、党内では「社会党政権」の望みをつなぐべく、政策の現実化が模索され始めた。例えば、鈴木前委員長は米国との関係修復を目指し、社会党が反米政党ではないと示すための訪米使節団派遣を求めた。特に、九月二一日に発表された新外交方針では、社会党を「親米・親ソ」の政党と規定し、日米安保条約は日米間の友好にマイナスになっているから「解消」すべきなのだと主張した。そして、「積極中立」への道筋として、まず日中国交回復を優先しつつ、米国との外交交渉を通じて「安保解消」及び米軍撤退を実現し、同時に中ソ同盟条約の対日軍事条項を「解消」すること、「安保解消」後に日ソ平和条約を締結し、ソ連に対して全千島の返還を要求すること、以上を通じて「日米中ソ集団安全保障体制」を確立すると記載された。そこには、第二次浅沼訪中の共同声明との齟齬も含め、対米関係の修復を図りたい社会党の苦衷が垣間見える(55)。

興味深いのは、社会党が中立外交の経済的効用を主張したことである。曰く、安保改定で一層深められた政治軍事上の対米依存は、そもそも日米間の経済依存関係を土台にしている。だが、日本の産業が高度化するなか、片や米国が貿易自由化及び対米輸出制限を迫り、片や西欧諸国が対日貿易障壁を設け続ける現状を鑑みると、対米貿易への偏重を含む対米経済依存こそが日本経済の発展に制約をかけ始めている。むしろ、今後の経済発展には安価な原料の輸入や輸出市場の開拓が必要であり、中ソを含む共産圏貿易の拡大と東南アジア市場の開拓が不可欠である。そしてそのためには中立外交が必要だと社会党は主張したのである(56)。

こうした社会党執行部の動きに対し、総評及び非主流左派は党の「右傾化」だと激しく反発した。そのため社会党は一〇月一三日に臨時党大会を開催し、この総選挙公約及び外交方針に対する討議を開催することとなった(57)。

以上のように、各党では次期衆院選をめぐって様々な思惑が交錯していた。自民党は総選挙の結果次第で、河野新党構想のような非主流派の蠢動ないし保守二党論が再燃する可能性があった。民社党は八〇議席獲得を目指して候補者擁立を進めており、結果次第では社会党に残る河上派が合流して右派連合が成る見込みがあった。そしてその社会党は浅沼委員長の指導のもと、再び「社会党政権」の樹立を目指し、政策の現実化に取り組みつつあった。だが、社会党臨時党大会の前日、一〇月一二日に発生した浅沼暗殺事件は、そうした状況を一変させた。翌日の社会党大会は浅沼の「葬送大会」と化し、論議抜きで総選挙公約及び新外交方針を承認した。新外交方針は、一九五九年九月党大会で「安保解消」の具体案が西尾統制問題の混乱を収拾するために原案通り承認され、その後政局に埋没したのと同様の展開を辿ったのである。(58)

他方、浅沼暗殺事件が民社党に及ぼした影響は深刻であった。曾禰は浅沼暗殺の凶報を聞き、「しまった、えらいことになった」と思った。安保闘争で実力行使を重ねた社会党が「黒いテロの殉教者」という立場に変わり、同情票が集まることは容易に想像がつく。逆にいえば、民社党はどっちつかずの政党だと評価されて選挙に不利になると、曾禰は瞬間的に感じとったのである。(59)

4　一九六〇年一一月総選挙

こうしたなか、池田は一〇月二四日に衆議院を解散した。選挙戦では池田の経済政策のほか、外交・安全保障政策も主要争点に浮上した。それは、米国大統領選挙でケネディ(John F. Kennedy)候補が勝利したことを受けて、米ソ冷戦の緊張緩和や対中政策の転換が吹聴されていたことによる。これを背景に、社会党は中立主義論争を積極的に仕掛けたし、池田自身も外交・安全保障政策を主要争点の一つに据えた。こうして、総選挙は日米安保体制の堅持か「積極中立」への転換かという政治外交路線の選択を迫る相貌を呈した。(60)

ところで、自民党と社会党は以上の政治外交路線の選択を、主に経済的効用の側面から問うた。その典型例が一一月一二日の三党首テレビ討論会である。池田は、「日本という国は大国だということだ。(中略)その日本がここで中立外交をとったらどうなるか、それを独り決めで勝手に考えられては困る」と語気を強めて社会党の中立政策を批判し、第二次浅沼訪中の共同声明撤回を迫った。これに対し、浅沼暗殺によって委員長代行に就いた江田は、「中立政策をとれば米国との経済関係がダメになってしまうと思っている人もいる。社会党は（中略）中立外交をとりながら共産圏やアジア・アフリカ諸国とも経済関係を結び、日本の繁栄をはかっていく」と切り返した。このように江田は、中立外交こそが日本の経済的繁栄に資すると強調したのである。そして池田、江田、西尾の三党首は、結びに外交・安全保障政策、特に中立主義論争への立場表明を据え、テレビ討論会を締め括った。(61)

結局、一一月二〇日の衆院選は自社両党の勝利に終わった。自民党は社会党と民社党の競合に漁夫の利を得て、追加公認を含め三〇〇議席の大台を獲得した。社会党も一四五議席を確保し、分裂時点から二〇議席以上も失地を回復した。これに対し、自社両党から挟撃された民社党は一〇五人の候補者を擁立しながら、目標の八〇議席どころか、改選前の四〇議席にも遠く及ばない一七議席という大惨敗を喫した。この結果に新聞各紙は、政局は自社「両極」の対決構図に移ったと評した。また池田も、この選挙結果は二大政党対立を国民が支持したものだと所見を示した。そして、自民党内は河野派も含めて全派閥が池田政権への支持と協力を表明した。(62)

これに対し、総選挙で「中立外交か、対米一辺倒外交か」の選択を迫って躍進した社会党は、自らの外交路線に自信を深めた。社会党の外交・安全保障政策の立案に深く携わってきた国際局書記の山口房雄は以下のように語る。曰く、民社党が転落したのは中立政策を捨てたからであり、だからこそ、社会党の外交政策の筋金は中立主義でなければならない。そもそも、「日米中ソ集団安全保障体制」は社会党統一の際に旧右社を納得させるべく採用した、中立主義をぼかすものである。だが、彼らが去った以上、社会党は「積極中立」への方針を明確にし、まず日中国交回復及び中ソ両国との相互不侵略の取り決めを目指すべきである。このように山口は、曾禰のような右派の外交論客がいない以上、社会党の外交・安全保障政策を左傾化し、自民党との対決姿勢を明確にすべきだと主張したのである。[63] 米国側も自社両党の分極化を看取していた。米大使館は総選挙の結果について、有権者の多数は自社両党を主要な政治勢力とみなしていると指摘した。そして、総選挙では左派率いる社会党の勝利に終わり、中道政党たる民社党が大敗した。これにより、責任野党としての民社党の成長は極めて遅々たるものとなり、政党配置は分極化したと結論づけたのである。実際、民社党の惨敗により、社会党に残留していた河上派の右派連合への橋頭堡も失われ、民社党の分離小党化は決定的となった。こののち、社会党では一九六一年三月の党大会で河上が委員長に就任するものの、爾後は労組の組織票を固めながら、中選挙区制のもとで野党第一党の立場に安住していく。まもなく浮上する構造改革論争も、外交・安全保障政策をめぐるものというより、池田政権が「安保効用論」で正当化した日米安保体制を与件とした、高度経済成長への向き合い方が争点となる。そして、社会党は総選挙で衆院過半数以上の候補者を立てることもなく、野党としての自己の存在を正当化してゆくのである。[64]

こうして、日本外交の岐路と目された一九六〇年一一月総選挙は、自民党の一党優位政党制及び社会党の万年野党化を決定づけた。[65] そのことは、五五年体制を、岸が「独立の完成」のための国内政治基盤に想定した政権交代可能な「交錯する保革二大政党制」としてではなく、対米協調を掲げる自民党と左傾化した社会党による、政権交代のない分極型のものとして固定化させたのである。以上を踏まえて、次節では池田政権の外交・安全保障政策を分析することで、「独立の完成」という争点領域及びこれをめぐる政策構想の帰結を論じたい。

第三節　「独立の完成」から日米「イコール・パートナーシップ」へ

1　安保闘争後の日米関係

池田は安保闘争の殺伐たる政局を収拾し、総選挙も乗り切って政権基盤を確固たるものにした。そして、一二月には第二次内閣を組閣し、河野派から中村梅吉を建設相に、三木・松村派から古井喜実を厚生相に登用して党内融和を図った。本格始動した池田政権は、その最優先課題である日米関係の修復に取り組んでいく。

実際、米国はいまだ安保闘争の悪夢から覚めていない。大使職の交代を控えたマッカーサーも、社会党の中立主義が訴求力を高めていることに警戒していた。そこで彼は国務省に対し、日米安保体制を米国の軍事基地の確保としてよりも、むしろ日本と米国及び西側自由陣営の提携関係として位置付ける重要性を説いた。曰く、日米安保体制には社会党の躍進にみられる強固な中立主義的思潮への脆さがある。日本を共産圏との提携に走らせないためには、貿易に経済的生存がかかる国情を鑑みると、米国及び西側自由陣営の市場の開放が何よりも有効であろう。このように、日米間の政治経済的提携の強化を提言したマッカーサーは、一九六一年三月に日本を離れた(66)。

日本の中立主義的思潮への警戒は、新たに発足したケネディ政権も共有していた。新政権はまず、日本研究者のエドウィン・O・ライシャワー（Edwin O. Reischauer）を後継の駐日米国大使に指名し、日本国内の反米感情の慰撫に努めた。その上で、ケネディ政権は日米間の「イコール・パートナーシップ」の構築を標榜した。各同盟国に責任分担を求めるケネディ政権は、日本を「シニア・パートナー」として遇しつつ、日米関係を強化して日本の責任分担を促そうとしたのである。この観点から、日本が日米安保体制を堅持して中国への「均衡勢力」(counterweight)となること、西側自由陣営の一員として経済面で国際的貢献を果たすことが対日基本政策の眼目とされた。[67]

こうしたなか、池田政権はケネディ新政権に日米首脳会談を打診した。日米関係の修復を主眼におく今回の訪米では、日米二国間の懸案処理が比重を占めてきた従来の会談に比べ、「政治問題、経済問題共に先づ世界的視野からこれを取り上げ続いて日米両国間の問題を討議する」ことに重きが置かれた。その際、日米首脳会談の議題に防衛問題を含めるかどうかが懸案となった。重光訪米でも一九五七年六月の岸訪米でも、長期防衛計画を携行して日本の防衛努力を訴えてきた。これに対し、今回の訪米では、すでに「安全保障に関する新条約は、(中略)日本側の希望する線に沿い妥結」したのであって、「安保改訂の意思はない」。安保闘争後の日米関係を修復し、「今後新条約を日米協力関係の主柱として堅持する」上で、防衛問題をいかに取り扱うべきか。四月中旬に開催された池田及び側近と外務官僚らとの訪米準備会合でも、「日本の軍事的役割については米国側にとっては当然不満があるのではないか」と主張する大平正芳官房長官に対し、宮澤喜一が、対米貢献に限界がある日本の現状をそのまま米国側に認識せしめるべきだと反論するなど、政権内の見解は割れた。[68]

そして、ここで議論の俎上に載ったのが二次防問題である。先述したように、国防会議での決定を先送りされた二次防原案は、新安保条約の国会審議及び安保闘争で政局が混乱するなか、店晒しの状態にあった。安保闘争から総選挙に向かうこの時期、防衛力増強に取り組むことは忌避されていたようである。訪米準備に臨む池田は、大平と宮澤の議論を踏まえて、「何れにせよ第二次防衛計画の作成を促進すべし」と発言し、二次防については防衛庁当局の意向を聞くことで決着が図られた。[69]

そんななか、一九六〇年の秋、「赤城構想」としての二次防を根底から覆す人物が出向先の駐米日本大使館から戻ってきた。「防衛庁の天皇」と呼ばれた海原治である。保安庁時代から旧軍復活の阻止に傾注し、内局優位の「文官統制」を形作ってきた彼は、自衛隊の能力に極めて低い評価を下していた。そして、安保基軸論を打ち出し、自主防衛論に傾く制服組の発言権増大を防いできた。[70]

その海原が、帰国後即座に二次防への批判を展開したのは自明であった。海原の批判点は、「赤城構想」が技術及び人員の不足に悩む防衛庁・自衛隊の現状から見て手に余るものであり、かつ細部の検討が甘いということと、財政的裏付けが伴っていないという二点にまとめられる。まず前者については、「米軍の支援が状況に応じて浮動する」ことを勘案して「相当大規模な武力侵攻に対しても、少くとも初期における防衛作戦は概ね独力で遂行しうる能力を整備する」という「赤城構想」の方針は、全面的な戦争が益々起こりにくい現状に照らせば適切でない。日米安保条約を前提として、有事の際米軍に期待できないものから逐次防衛態勢を固めていくべきであり、「外野は米軍に、内野は自衛隊」という方向性が望ましいと指摘した。[71]

海原の指摘で重要なのは後者である。曰く、一次防（一九五八年度〜一九六〇年度）の対GNP比が一・五％にすら届かないなかで、対GNP比二％以上を想定する「赤城構想」は希望的観測でしかない。しかも、米国のドル防衛方針によりMAP援助は削減され、今後は無償援助方式から費用分担方式に移る見通しだから、米国の多額の対日援助を前提にすることは危険である。以上の指摘は、まさにこの問題を大蔵省に問い質されていただけに、二次防のあり方そのものを痛打した。『『赤城構想』を一応ご破算にして、もっと現実的な、具体的な努力目標を決めよう」と考えた海原は、一二月末に防衛局長に就任すると、二次防見直し作業に辣腕を振るうこととなる。[72]

かくして二次防策定は一九六一年度予算編成にも間に合わず、一九六二年度からの五ヶ年計画とされた。ようやく始まった国防会議での議論では、池田訪米に関連する防衛力増強と財政的配慮をいかに両立するかという観点から、二次防の予算枠と防衛計画の具体的内容が主な論点となった。前者についていえば、池田政権は国民所得倍増計画に邁進しており、例えば一九六一年度予算は「高度成長型予算の典型をなすもの」といわれるほど、減税、社会保障、公共投資、文教政策に重点的に予算を配分していた。こうした傾向から、池田政権が防衛費に配分できる財源は限定的とみられた。後者に関しては、陸自が師団改編及び人員増強、海自が対潜ヘリ空母の導入を主張していた。このように、二次防に総額でどれほどの予算を計上するのか、そしてその限られた予算総枠を陸海空三自衛隊にどう配分するのかが議論の焦点となった(73)。

一九六一年一月の国防会議で、西村直巳防衛庁長官は陸自師団改編と海自の対潜ヘリ空母導入の必要性を強調した。小坂善太郎外相も、米国側には国防省の反対を押し切って安保改定を実行したのに、その後日本は何も防衛努力を果たしていないという不満があるので、何か対処しないとまずいと訴え、防衛庁の立場を支持した。これに対し、水田三喜男蔵相が「対米関係では金はかけずとも形だけふやせばすむのか」と応じ、二年間で約五億円の経費ですむ陸自師団改編問題は、二次防と切り離して早々に決定された。だが、多額の費用が見込まれる対潜ヘリ空母の導入は、この場では決定を見送られた(74)。

この間、防衛庁内でも対潜ヘリ空母導入への反対論が高まった。その中心人物は海原だった。彼は「沈めばそれで終わり」の対潜ヘリ空母に多額の予算はかけられないし、そもそも「ヘリコプター空母なんか要らない」と考えていた。当然これには海幕が強く反発したが、米国議会の財政援助承認が遅れていたことも海原の反対論を後押しした。結局六月二七日の国防会議で、西村防衛庁長官自ら、所要経費及び戦術的効用の面で確信が持てなくなったことを理由として、対潜ヘリ空母導入の撤回を申し入れる事態となった(75)。

こうして、二次防決定に向けて残る論点は予算総枠問題と陸自の人員増強問題となった。すでに自主防衛及び海空兵力増強の重視という「赤城構想」の眼目はおおかた崩れたが、大蔵省はさらに陸自増強にまで強く抵抗し始めた。すなわち、池田・ロバートソン会談以来の対米公約である陸自一八万人への増員を主張する防衛庁と、財政的配慮から現状通りの一七万人に留めるべきという大蔵省が対立したのである。大蔵省見解に対し、陸自一七万人への据え置きは軍縮の考え方だと西村防衛庁長官が反発するなど、両者の議論は平行線をたどり、膠着状態に陥った。[76]

この間、二次防に関する討議に沈黙を貫いていた池田は、五月三一日、ようやく口を開いた。曰く「陸の一八万人を〔二次防の最終年度にあたる昭和〕四一年度で実施するというのはどうしてだ。やらなくてもいいではないか」。そして池田は、軍縮という形になっては米国に具合が悪いと食い下がる西村防衛庁長官に対し、「一向差支えない。一七一五〇〇〇〔人〕でかまわない」「〔二次防の内容を正式に〕私の渡米前にきめる必要はない。（中略）きめたことにしない方がいい」と言い切った。[77]

このように、池田は陸自増強に否定的見解を示したうえ、二次防の決定自体をあえて遅延させた。四月中旬時点で「第二次防衛計画の作成を促進すべし」と主張していた池田は、なぜ方針転換したのだろうか。それは第一に、安保闘争の余波もあるなか、政権として論争的な防衛問題を首脳会談の議題にすることに躊躇したからである。加えて、池田は国民所得倍増計画との兼ね合いから、財政的配慮を重視していた。事実、池田は国防会議にて、二次防は「〔国民所得〕倍増計画に関連して議論されているのだから、〔経済〕企画庁で更に掘り下げて、防衛、大蔵意見の調整をはかってほしい」と述べ、陸自一七万人据え置きを裁定している。日米関係の修復と国内政局の収拾を至上命題とし、国民所得倍増計画を中心とする経済発展、及び社会保障による政治的統合でもってこの課題に取り組む池田の立場を鑑みれば、その判断は理解できるところである。[78]

ただ、ここで気になるのは池田が日米関係の修復をどのように捉えていたかということだ。いかにケネディ政権が日本の中立化志向を警戒して反米感情の慰撫を試み、経済面での国際的貢献を求めていたとはいえ、日米首脳会談で防衛問題を協議せず、防衛力増強への態度も明確にしないことは果たして可能なのだろうか。

結論からいえば、米国側も池田訪米で防衛問題を議題にしない方針を固めていた。ライシャワーは、池田の自民党内における権力基盤が未だ盤石ではないため、首脳会談では池田をバックアップする必要があると提言している。これには国務省も同意した。曰く、日本政府へのあからさまな防衛費増額要求は逆効果であり、手強い反対勢力と向き合いながら防衛政策に取り組む指導者たちに重大な困難を与えてしまうという。そこで、防衛問題を首脳会談の議題から外し、日本側を歓待する方針を打ち出した。その上で、日本の中立化志向への対処として、欧米の主要同盟国と同様の待遇をし、経済関係に基づく日米間の強固な紐帯を築く必要があると結論づけたのである。(79)

2 池田訪米と二次防の決定

以上の経緯により、六月二〇日からの池田訪米は、米国側の歓待による日米友好ムードの演出に彩られた。ケネディは体調が悪いなか、自身のヨットに池田を招いて一時間に及ぶ両首脳だけの意見交換の席を設け、沖縄での祝日の日章旗掲揚を認めた。対する池田も、「西側自由陣営の有力な一員」として強固な反共意識を示し、米国の立場に支持を表明するなど、日米関係の修復につとめた。そして池田は、日米関係を米英関係のようにし、アジア問題では日米が緊密に協議できるようにしたいと述べ、ケネディの賛同を得たのである。(80)

このように、日米両国の「イコール・パートナーシップ」を高らかに謳いあげた池田訪米は、日米関係の修復を大々的にアピールする機会となった。なかでも、貿易経済合同委員会の設置はその最大の成果と目された。新安保条約第二条の政治経済条項に依拠した形で、日米両国の関係閣僚が一堂に会する経済問題の協議体を設けたことは、日

米関係の好転を体現する画期的合意と評されたのである。(81)

そのことは、池田訪米での日米共同声明で、「大統領と総理大臣は（中略）貿易及び経済問題に関する閣僚級の日米合同委員会を設立し、これによって相互協力及び安全保障条約第二条の目的達成に資することに意見の一致をみた」と発表された。貿易経済合同委員会の設置に際し、政治経済条項への言及を希望したのは米国側である。それは、日米安保体制の非軍事的側面、すなわち政治経済面の提携関係を強調するためだった。日本側も同委員会の設置は日米関係の緊密化を示し、国際的地位の向上に資するものだと好意的に受けとめた。例えば大平官房長官は次のように語る。曰く、日米の経済閣僚が共通の関心事や経済問題の討議に没頭することは、全世界に相当な影響を与える。それに、一年に数日だけでも米国が日本のことだけを考える機会を得たこと自体、極めて大きな意義を持つ。このように、大平は日米「イコール・パートナーシップ」の具現化と日本の国際的地位の向上を実感したのである。(82)

かくして、日米「イコール・パートナーシップ」の演出に成功した池田訪米により、日米安保体制は名実ともに政治経済面にも政策的基盤を拡げた。ある興味深い逸話がある。社会党が池田訪米について、貿易経済合同委員会の設置は日米間の軍事関係を経済面で裏打ちするものであり、「新安保体制にさらに土性骨が入れられ、米国の意のままに、がんじがらめになった」などと、党の理論的前提に沿った平常通りの批判を加えたところ、「首相訪米のような際は、寛容の精神で、むしろ首相をバックアップすべき」などと書かれた投書が朝日新聞社に殺到したという。安保闘争から一年しか経っていないなか、池田訪米の成功を象徴づける出来事である。(83)

池田は訪米から帰国すると、七月一八日に党人事及び内閣改造を断行した。幹事長に最側近の前尾繁三郎を起用し、閣僚には佐藤栄作通産相、藤山愛一郎経済企画庁長官を配したほか、岸及び佐藤が除名を要求した河野一郎を農相に、三木武夫を科学技術庁長官に登用するという、「実力者内閣」の誕生である。池田の権力基盤も安定しつつあった。

池田は日米関係の修復と国内政局の収拾という至上命題に一応の目処をつけたのである。[84]

そして、以上にみた池田訪米後の喧騒のなかで、二次防はひっそりと閣議決定された。党人事及び内閣改造が行われた七月一八日のことである。二次防では、「日米安全保障体制の下に、在来兵器の使用による局地戦以下の侵略に対し有効に対処しうる防衛体制の基盤を確立するため、昭和三六年度末までに達成される骨幹的防衛力の内容充実を行い、(中略)もって陸、海、空自衛隊の総合防衛力の向上を図る」という基本構想が明記され、安全保障政策における日米安保中心主義を確認した。[85]

懸案の陸自の人員増強及び予算総枠問題を見ていくと、陸自増強の表向きの整備目標は一八万人とされたものの、そのための所要経費が圧縮された。結局のところ、二次防の最終年度に至るまで陸自の人員は現状通りの一七万一五〇〇人に据え置かれたのである。もう一つの予算総枠問題では、防衛費の逐年増の上限をめぐって防衛庁の二四〇億円案と大蔵省の一八〇億円案が対立した。その結果、「年平均一九五億円乃至二一五億円増程度」と幅を持たせた上で、「その時々の財政経済事情を勘案し，民生安定その他一般の諸施策との均衡を考慮してこれを決定する」という財政規律重視の一文が付帯された。五年間での総所要経費は一兆一五〇〇億円ないし一兆一八〇〇億円、米国の対日援助は年間約一八〇億円、計九〇〇億円と見積もられたほか、防衛費の対GNP比も結果的には一%強程度にとどまることになる。[86]

こうして閣議決定された二次防は、「戦後日本の防衛構想を不十分ながらまずはっきりさせた」と評される。当初案たる「赤城構想」は海空兵力の増強を重視するという意味での「三自衛隊の総合的発展」を掲げ、自国防衛における自立態勢の確立を基本構想とした。その上で、総所要経費は対GNP比二・二〜二・三%、総計で約一兆五二〇〇億円を計上していた。だが、最終的に二次防の基本構想は自主防衛論から安保中心主義へと転換された。また、米国のドル防衛政策及び池田政権の国民所得倍増計画との関係で大蔵省による財政規律が徹底されたため、二次防の所要経費は大幅に圧縮された。それゆえ、海空兵力の優先的増強はおろか、陸自増強にすら消極的態度に転じた[87]。

このように、二次防は自主防衛論を排して安保中心主義を再確認した。これにより、日本が主体的に防衛構想を策定する余地は極めて限定された[88]。以上の意味で、池田訪米と、日本の政治軍事的自立を具現化するはずだった「赤城構想」の挫折は、日米安保体制の堅持を政治経済的提携という政策上の側面からも決定づけたのである。

3　岸の悔恨

では、岸はかかる池田政権の外交・安全保障政策をどのようにみたのだろうか。本章の末尾に論じたい。

岸は後年、「独立の完成」を目指した自らの政治行動をこう振り返った。曰く、「交錯する保革二大政党制」を目指したのは、保守政権が長期的展望に立った政策を強力に推進できるとともに、革新勢力の結集で政権交代が円満に行われ、政治の進展に役立つと考えたからである。だが、それは「善意に基づく見通しの誤り」だった。なぜなら、社会党には政権担当の意欲と準備がなく、保守合同後の自民党も派閥抗争に明け暮れているからである[89]。

その上で、岸は以下のように池田政権を批判する。すなわち、「憲法改正問題は（中略）日本が敗戦―占領の残滓を完全に払拭するためにより重要であり、（中略）日本の政治が当面する最大課題である。（中略）日本が真に戦後から脱却し、日本人が日本人としての自信と誇りを持つために必要であり、日本の真の復帰はそこから始まる。テレビが普及し、食糧が豊富になり、国民所得の水準が高まったというだけでは、決して復興とはいえない[90]」。

このように、岸は改憲を棚上げして経済発展を重視した池田により、「独立の完成」が後景に退いたと不満を露わにする。そして、岸は安保改定過程を振り返り、こう無念を吐露している。曰く、「安保条約の前提は、みずからの力でみずからを守るという防衛体制を強化することであり、それを基礎に置いて日米対等の立場における日本の安全保障を確立することだと思うんです。（中略）独立の精神的基盤を確立することが一番大事なんです。しかしこれが、本当はまだ確立していない」[91]。

これまで述べてきたように、岸は元来、「独立の完成」を実現するため、修正資本主義及び福祉国家の建設から成る経済自立と、これを前提条件とする「真の独立」、すなわち自主憲法の制定と自衛態勢の整備及び米軍撤退を目指した。彼の中では、「経済の自立なくしては真の独立はあり得ない」からである。そしてこれを実現するための国内政治基盤として、「交錯する保革二大政党制」を欲した。その岸にとって、安保改定は「独立の完成」のための一里塚にすぎない。岸は、あくまでも「独立の完成」を目的として、「真の独立」に向けた安保改定や、修正資本主義及び福祉国家の建設といった経済自立のための諸政策、そして政権交代可能な「交錯する保革二大政党制」としての五五年体制の成立に取り組んだわけである。

だが、池田政権はその目的と手段を逆転させた。つまり、安保改定でもって日米両国はすでに「自主対等の立場」に立ったと考える池田にとって、「独立の完成」は過去の政治課題にすぎない。だからこそ、池田政権は「安保効用論」を前面に打ち出した。経済成長及び福祉国家の建設といった日本の経済的繁栄のためには、安保改定によって確立された日米安保体制が必要であり、独立と安全のための自衛力が必要最小限度のもので足りるというのである。

以上のように、岸の「独立の完成」構想は未完のまま、池田政権のもとで悉く換骨奪胎され、日米安保体制を支える政策及び国内政治基盤へと再定位された。岸の回想には、そのことへの悔恨と池田への不満が滲み出ている。こうして、「独立の完成」という争点領域は岸を掉尾として後景に退くことになったのである。

注

（1）「日本国とアメリカ合衆国との間の相互協力及び安全保障条約」一九六〇年一月一九日（『日米関係資料集』四六〇－四七二頁所収）。

（2）原彬久、前掲『岸信介証言録』二九八－三〇二頁。

（3）Desp. 730, Tokyo to DoS, "Memorandum of Conversation with Mr. Naka Funada, Chairman of the LDP's Policy Board", December 22, 1959, *RDOS, IAJ 1955–1959*, Reel. 31. Embtel. 2590, Tokyo to SoS, February 11, 1960, Desp. 1208, Tokyo to DoS, "The Views of Naka FUNADA: Treaty Prospects and Other Matters of Current Political Interest", April 6, 1960, *RDOS, IAFAJ 1960–1963.1*, Reel. 1.

（4）船田中「安保批准後の新政策」（『経済時代』第二五巻第五号、一九六〇年、二七－三一頁）。同「新安保条約の成立とわが国今後の方向」（『政策月報』第五三号、一九六〇年、四－七頁）。Desp. 1375, Tokyo to DoS, "Speech by Naka Funada Titled 'Revision of the Security Treaty and What Will Follow'", May 17, 1960,『集成Ⅰ』第八巻、三一六－三三三頁。

（5）Embtel. 1931, Tokyo to SoS, December 18, 1959, *RDOS, IAJ 1955–1959*, Reel. 31. Embtel. 2159, Tokyo to SoS, January 7, 1960, Embtel. 3227, Tokyo to SoS, April 6, 1960, *RDOS, IAFAJ 1960–1963.1*, Reel. 1.

（6）Embtel. 2951, Tokyo to SoS, March 12, 1960, The National Security Archive, *Japan and the United States: Diplomatic, Security, and Economic Relations, 1960–1976*（Bell & Howell Information and Learning, 2000）［Hereafter cited as NSA, *Japan and the United States, 1960–1976*］, #00033. NSC 6008/1, "United States Policy toward Japan", June 11, 1960, *FRUS 1958–1960*, Vol. XVIII, Japan; Korea, #175, pp. 335–349.

（7）当時の米国のドル防衛政策及び日米貿易自由化については、高橋和宏『ドル防衛と日米関係―高度成長期日本の経済外交一九五九－一九六九年―』（千倉書房、二〇一八年）、第一章、及び同「池田政権期における貿易自由化とナショナリズム」（『国際政治』第一七〇号、二〇一二年、四六－六〇頁）を参照。

（8）岸、前掲書、三〇九頁及び四二四頁。五百旗頭真監修、井上正也・上西朗夫・長瀬要石執筆『評伝福田赳夫―戦後日本の繁栄と安定を求めて―』（岩波書店、二〇二一年）、一四二－一四五頁。長谷川、前掲「岸内閣期の内政・外交路線の歴史的再検討」三〇五－三〇六頁。

（9） 石井修・小野直樹「解題」（『集成Ⅱ』第一一巻、三－一八頁）、一〇－一六頁。Desp. 1110, Tokyo to DoS, “Trade Liberalization: The Ambassador Conversation of March 8, 1960 with Mr. Naka FUNADA, Chairman of the Policy Board of the Liberal Democraric Party”, March 16, 1960,『集成Ⅱ』第一巻、二五五－二五七頁。

（10） NSC 6008/1, June 11, 1960, op. cit.

（11） 防衛局、前掲「防衛力整備計画　第一部防衛力整備計画作成上の前提的事項」一九五九年一〇月。防衛局「次期防衛力整備計画案」一九五九年一〇月二二日（「堂場文書」ＤＩＳＣⅡ－一九〇八所収）。防衛局「防衛力整備計画　第二部防衛力整備目標」一九五九年一〇月（「堂場文書」ＤＩＳＣⅡ－一九一一所収）。佐久間一修「第二次防衛力整備計画をめぐる日米関係―『赤城構想』と米国の対日外交・防衛政策―」（『防衛大学校紀要（社会科学分冊）』第一二一・一二二合併号、二〇二一年、一一三－一四一頁）、一一四－一一六頁。中島信吾、前掲書、七〇－七六頁及び一〇七頁。

（12）『読売新聞』一九五九年七月二八日付朝刊二面。『朝日新聞』一九五九年一一月四日付朝刊一面及び一九六〇年二月七日付夕刊一面。中島信吾、前掲書、七四－七六頁。佐久間、前掲論文、一一四－一一六頁。

（13）『週刊社会新聞』一九六〇年一月二六日付二面。『朝日新聞』一九六〇年一月一九日付朝刊二面、一月二四日付夕刊一面、一月二五日付朝刊一面。曾禰、前掲書、二二九－二三一頁。

（14） Desp. 688, Tokyo to DoS, “Prospects of New Socialist Party”, December 11, 1959, *RDOS, IAJ 1955–1959*, Reel. 31.

（15） *Ibid.* NSC 6008/1, June 11, 1960, op. cit.

（16）『朝日新聞』一九六〇年一月五日付朝刊一面。

（17） Desp. 442, Tokyo to DoS, October 12, 1959, op. cit. Desp. 914, Tokyo to DoS, “Conversation with Socialist Party (JSP) Official regarding Recent Factional Maneuvering in the JSP, Current Action Program, Etc.”, February 2, 1960, *RDOS, IAFAJ 1960–1963.1*, Reel. 1.『社会新報』一九五九年一一月一五日付一面。「第一七回臨時党大会当面の活動方針」一九六〇年三月二四日（日本社会党結党四十周年記念出版刊行委員会編『資料日本社会党四十年史』日本社会党中央本部、一九八五年、四二六－四三四頁所収）。岸、前掲書、五〇七－五〇八頁。

（18） 岸、前掲書、五三四頁。原彬久、前掲『岸信介証言録』三〇二頁。

（19） 原彬久、前掲『戦後日本と国際政治』三八二－三八三頁。

(20) 原彬久、前掲『岸信介証言録』三〇三－三〇四頁。
(21) Deptel. 1852, DoS to Tokyo, February 4, 1960, *RDOS, IAFAJ 1960–1963.1*, Reel. 1.
(22) 原彬久、前掲『戦後日本と国際政治』三三三－三三四頁及び『岸信介証言録』三九一－三九四頁。
(23) 原彬久、前掲『戦後日本と国際政治』三四四－三五六頁及び三七三－三七五頁。西村、前掲「安保改定と東アジアの安全保障」一〇一－一〇五頁。
(24) 「第三十四回国会衆議院日米安全保障条約等特別委員会議録第四号」一九六〇年二月二六日、九－一〇頁。原彬久、前掲『戦後日本と国際政治』三五二－三五三頁。『朝日新聞』一九六〇年三月一日付朝刊一面及び三月五日付朝刊一面。
(25) 原彬久、前掲『戦後日本と国際政治』三四七－三四九頁。竹内桂『三木武夫と戦後政治』（吉田書店、二〇二三年）、二八四－二八五頁。『朝日新聞』一九六〇年三月七日付朝刊一面及び三月一八日付朝刊一面。Embtel. 3630, Tokyo to SoS, May 11, 1960, *RDOS, IAFAJ 1960–1963.1*, Reel. 1.
(26) 『朝日新聞』一九六〇年二月一六日付朝刊二面及び三月九日付夕刊一面。Desp. 1118, Tokyo to DoS, "Democratic Socialist Party Diet Members Discuss Plans and Policies", March 22, 1960, *RDOS, IAFAJ 1960–1963.1*, Reel. 1.
(27) 『週間社会新聞』一九六〇年三月二二日付一面及び四月二九日付二面。『朝日新聞』一九六〇年四月二四日付朝刊二面。『読売新聞』一九六〇年四月一七日付朝刊一面。
(28) 賀屋興宣「安保強行成立」一九六一年一月一日（「財政史資料　賀屋文書」五三三所収、国立公文書館所蔵）。
(29) 同上。
(30) 曾禰、前掲書、二二二－二二五頁。
(31) 『朝日新聞』一九六〇年五月二〇日付朝刊一面。竹内、前掲書、二八五－二八六頁。
(32) 原彬久、前掲『戦後日本と国際政治』四〇一－四一〇頁及び四二九－四四一頁。
(33) 原彬久、前掲『岸信介証言録』三七三頁。
(34) 原彬久、前掲『戦後日本と国際政治』四〇八－四一九頁。同、前掲『岸信介証言録』三五二－三五四頁及び三六五－三八〇頁。
(35) 岸、前掲書、四五四－四五六頁。原彬久、前掲『岸信介証言録』三八〇－三八五頁及び三八九－三九一頁。

(36) 吉次公介『池田政権期の日本外交と冷戦─戦後日本外交の座標軸 一九六〇－一九六四─』(岩波書店、二〇〇九年)、一三－一五頁。『読売新聞』一九六〇年七月一九日付朝刊一面。
(37) 『朝日新聞』一九六〇年八月一一日付夕刊一面、八月一九日付朝刊一面。
(38) 岩野美代治著、竹内桂編『三木武夫秘書回顧録─三角大福中時代を語る─』(吉田書店、二〇一七年)、三五頁。竹内、前掲書、二八六－二九一頁。『朝日新聞』一九六〇年八月一四日付夕刊一面。
(39) 『朝日新聞』一九六〇年七月一〇日付朝刊一面、八月一二日付朝刊一面、八月一四日付夕刊一面。
(40) 同前紙一九六〇年八月一一日付夕刊一面。『読売新聞』一九六〇年八月一一日付夕刊一面、八月一二日付夕刊二面。なお、各社の報道では一様に、河野の保守二党論は単なる池田への個人的憎悪や派閥間権力感情の産物ではないと評している。河野は七月の総裁選の時点から、岸亜流の池田政権が誕生すれば脱党すると公言していたという。
(41) 中曽根、前掲書、一五〇頁。
(42) 『朝日新聞』一九六〇年八月一二日付夕刊一面、八月一三日付朝刊一面、八月一六日付夕刊一面。蒲生勘介「河野新党はなぜできないか」(『月刊政界往来』第二六巻第一〇号、一九六〇年、四〇－四四頁)。
(43) 中曽根、前掲書、一五〇頁。
(44) 『朝日新聞』一九六〇年八月一九日付朝刊一面。
(45) 同前紙一九六〇年八月一四日付夕刊一面。
(46) 鈴木宏尚『池田政権と高度成長期の日本外交』(慶應義塾大学出版会、二〇一三年)、六一－六三頁。
(47) 吉次、前掲『池田政権期の日本外交と冷戦』一五頁。自由民主党政務調査会編『自由民主党新政策解説─明るい豊かな日本をつくるために─』(自由民主党広報委員会、一九六〇年)、三八－五〇頁及び二二七－二五三頁。
(48) 自由民主党政務調査会編『日米安保条約をなぜ改定するか』(自由民主党広報委員会出版局、一九五九年)、一七－一九頁及び七〇－七二頁。
(49) 「PRについて」一九五九年九月二八日(「財政史資料　賀屋文書」五二八所収、国立公文書館所蔵)。「参議院外務委員会(第三二回国会継続)会議録第三号」一九五九年九月二日、三－四頁。「解説　自民党新政策の問題点─国民をどこにつれて行くのか─」(『再建』第一四巻第八号、一九六〇年、四二－五七頁)。

（50）Desp. 207, Tokyo to DoS, "Comments of Takeo OHASHI, Deputy Secretary-General of the Liberal Democratic Party (LDP), on Current Development within IKEDA Cabinet and the LDP", August 19, 1960, *RDOS, IAFAJ 1960–1963.1*, Reel. 2. 吉次、前掲『池田政権期の日本外交と冷戦』一三－一七頁。鈴木、前掲書、二一－二六頁。

（51）宮澤喜一『社会党との対話—ニュー・ライトの考え方—』（講談社、一九六五年）、一九二－一九八頁。吉次、前掲『池田政権期の日本外交と冷戦』三六－三八頁。

（52）神田、前掲書、一〇－一五頁。吉次、前掲『池田政権期の日本外交と冷戦』三六－三八頁。

（53）『民社新聞』一九六〇年七月一日付二面。『朝日新聞』一九六〇年一月二二日付朝刊二面、六月三日付朝刊一面、六月二四日付朝刊一面、八月八日付朝刊一面、一一月一二日付朝刊二面。一九六〇年一月の朝日新聞社による世論調査では、民社党支持三%、支持色が一%だったが、五月末の調査では民社党支持が六%、支持色が三%へと上昇していた。

（54）Desp. 418, Tokyo to DoS, "Socialist Party Foreign Policy Dilemma," October 11, 1960, *RDOS, IAFAJ 1960–1963.1*, Reel. 7. 「共同討議　憲法を守る民主・中立政府をめぐって」（『月刊社会党』第四〇号、一九六〇年、八－一七頁）。『朝日新聞』一九六〇年八月八日付朝刊一面。社会党は一九五六年八月の朝日新聞社の世論調査では、支持率三〇%、支持色九%（同時期の自民党は支持率三三%、支持色一二%）を記録していた。だが、社会党の支持率は漸次低下し、一九六〇年八月には支持率一七%、支持色八%に落ち込んだ。

（55）Desp. 39, Tokyo to DoS, "Memorandum of Conversation with Socialist Leader", July 12, 1960, *RDOS, IAFAJ 1960–1963.1*, Reel. 1. Desp. 247, "Possible Socialist Mission to the United States", September 1, 1960, *RDOS, IAFAJ 1960–1963.1*, Reel. 2. 長期政策委員会「平和と繁栄への道—社会党の長期政治経済計画案—」及び「日本の中立をいかに実現してゆくか—その具体的プロセス—」（『月刊社会党』第四二号、一九六〇年、一八－二二頁及び四七－七二頁）。『東京新聞』一九六〇年九月二九日付朝刊一面。

（56）「中立にともなう経済問題—対米依存からの脱却—」（『月刊社会党』第四二号、一九六〇年、二三－二九頁）。

（57）Desp. 355, Tokyo to DoS, "New Socialist Party Foreign Policy", September 27, 1960, *RDOS, IAFAJ 1960–January 1963.1*, Reel. 7. Desp. 418, Tokyo to DoS, October 11, 1960, op.cit.

（58）『朝日新聞』一九六〇年一〇月一三日付夕刊一面、一〇月一四日付朝刊二面。

(59) 曾禰、前掲書、二二七－二二八頁。

(60) 『朝日新聞』一九六〇年一一月一日付朝刊一面、一一月五日付朝刊一面。『毎日新聞』一九六〇年一一月二二日付朝刊一面。

(61) 『朝日新聞』一九六〇年一一月一三日付朝刊一面。

(62) 『毎日新聞』一九六〇年一一月二二日付朝刊一面。『朝日新聞』一九六〇年一一月二一日付夕刊一面、一一月二六日付朝刊一面。

(63) 山口房雄「中立論争をかえりみて」(『社会主義』第一一一号、一九六〇年、一〇－一六頁)。『朝日新聞』一九六〇年一一月二二日付朝刊六面。

(64) Embtel. 1721, Tokyo to SoS, December 13, 1960, *RDOS, IAFAJ 1960–1963.1*, Reel. 3. 社会党の野党化については、原彬久、前掲『戦後史のなかの日本社会党』第五章、及び空井護「もう一つの一九六〇年の転換—一九六〇年代日本社会党における野党化の論理—」(『思想』第九三四号、二〇〇二年、二七－四六頁)を参照。

(65) なお、社会党の長期低落の要因として、しばしば江田三郎が主導した構造改革論の挫折及び「日本における社会主義への道」(一九六四年承認、一九六六年改定)の策定が指摘される。だが、この問題について、戦後革新勢力に関する研究では、江田に着目して西欧型社会民主主義政党への路線転換に失敗したことを重視する「歴史的転換失敗説」のほかにも、高度経済成長下の企業主義的統合により労使関係が和解に進み、支持基盤たる労組が変質したことを重視する「社会的基盤不在説」や、社会党の労組依存体質及び日常活動の不足が党の衰退を齎したという「組織・活動説」が提示されており、学説の一致をみていない(及川智洋『戦後日本の「革新」勢力—抵抗と衰亡の政治史—』ミネルヴァ書房、二〇二一年、四九－五二頁)。本書では、このような研究状況を鑑みたうえで、本文中にあげた民社党との関係を踏まえ、いずれの学説も安保闘争以後に社会党の外交・安全保障政策が左傾化していくことに異議は見受けられないこと、構造改革論にせよ江田ビジョンにせよ、基本的には高度経済成長への対応を試みたものであって、その外交・安全保障政策自体は党内でも左派に位置していたこと、そして何よりも、これ以降社会党が衆議院定数の過半数を超える候補者を擁立することはなかったことから、政治外交史の脈絡において、政権交代のない分極型の五五年体制は一九六〇年一一月総選挙で固定化されたと捉えている。

(66) Embtel. 1752, Tokyo to SoS, December 16, 1960, *FRUS 1958–1960*, Vol. XVIII, Japan; Korea, #203, pp. 413–423.

(67) 吉次、前掲『池田政権期の日本外交と冷戦』三三－三六頁。“Visit of Prime Minister IKEDA to Washington, June 20

–23, 1961, Background Paper, 'the Japanese Political Situation'", June 13, 1961, NSA, *Japan and the United States, 1960–1976*, #00101. Department of States Guidelines for Policy and Operations, "Japan", October 1961（『日米関係資料集』五二六–五三三頁所収）。

(68)「池田総理訪米第一回打合せ」一九六一年四月一七日（A´.1.5.2.10「池田総理米加訪問関係一件（一九六一、六）」第一巻所収、外務省外交史料館所蔵）。米参「安全保障条約に基づく協力体制」一九六一年三月二八日（A´.1.5.2.10-1-1「池田総理米加訪問関係一件（一九六一、六）会談関係資料」第一巻所収、外務省外交史料館所蔵）。「池田総理訪米会談議題（案）」一九六一年四月六日（A´.1.5.2.10-1「池田総理米加訪問関係一件（一九六一、六）会談関係」所収、外務省外交史料館所蔵）。中島信吾、前掲書、一七七–一八〇頁。

(69) 前掲、「池田総理訪米第一回打合せ」一九六一年四月一七日。

(70) 佐道、前掲『自衛隊史』五四–五七頁及び六四–六五頁。中島信吾、前掲書、二二四–二二八頁。

(71) 防衛審議官海原治「次期防衛力整備計画案についての意見」一九六〇年一一月二五日（「堂場文書」DISCⅡ–一九五二所収）。C.O.Eオーラル・政策研究プロジェクト『海原治元内閣国防会議事務局長オーラルヒストリー（下）』（政策研究大学院大学、二〇〇一年）［以下、『海原治オーラルヒストリー（下）』］、六九–九一頁。

(72)『海原治オーラルヒストリー（下）』八〇頁。中島信吾、前掲書、二二四–二二七頁。

(73) 吉次公介『日米同盟はいかに作られたか―「安保体制」の転換点 一九五一–一九六四―』（講談社、二〇一一年）、一一六–一一九頁。中島信吾、前掲書、七八–七九頁。

(74)「第一一回　国防会議メモ」一九六一年一月一三日（「堂場文書」DISCⅡ–一九三六所収）。中島信吾、前掲書、七八–七九頁。

(75)『海原治オーラルヒストリー（下）』八六頁。「国防会議々員懇談会メモ」一九六一年六月二七日（「堂場文書」DISCⅡ–一九四三所収）。中島信吾、前掲書、八〇–八一頁。

(76)「国防会議々員懇談会メモ」一九六一年五月三一日（「堂場文書」DISCⅡ–一九四二所収）。

(77) 同上。

(78) 同上。中島信吾、前掲書、一七七–一八〇頁。『読売新聞』一九六一年三月二四日付朝刊一面、四月一一日付朝刊一面。

(79) Embtel. 3516, Tokyo to SoS, June 8, 1961, NSA, *Japan and the United States, 1960–1976*, #00100. “Visit of Prime Minister IKEDA to Washington June 20–23, 1961, Background Paper, ‘United States-Japan Security Relations’”, June 14, 1961, NSA, *Japan and the United States, 1960–1976*, #00105. 中島信吾、前掲書、一八〇−一八二頁。池田慎太郎「池田外交と自民党―政権前半期を中心として―」（波多野澄雄編著『池田・佐藤政権期の日本外交』ミネルヴァ書房、二〇〇四年、二一−五二頁）、三三−三五頁。

(80) 吉次、前掲『池田政権期の日本外交と冷戦』四〇−四六頁。

(81) 中島琢磨『高度成長と沖縄返還―一九六〇−一九七二―』（吉川弘文館、二〇一二年）、三八−四〇頁。

(82) 「池田勇人首相とケネディ米大統領の共同声明」一九六一年六月二二日（『日米関係資料集』五二一−五二三頁所収）。鈴木、前掲書、九七−九八頁及び一一一−一一八頁。吉次、前掲『池田政権期の日本外交と冷戦』四六−四八頁。

(83) 『朝日新聞』一九六一年六月二三日付朝刊二面、六月二四日付夕刊一面、六月二九日付朝刊二面。

(84) 中島琢磨、前掲書、四二−四四頁。

(85) 「第二次防衛力整備計画」一九六一年七月一八日（データベース『世界と日本』https://worldjpn.net 所収。最終閲覧：二〇二四年四月一八日）。佐道、前掲『戦後日本の防衛と政治』一三三頁。

(86) 前掲、「第二次防衛力整備計画」一九六一年七月一八日。吉次、前掲『日米同盟はいかに作られたか』一一九−一二二頁。佐道、前掲『戦後日本の防衛と政治』九〇−九一頁及び一一九頁。中島信吾、前掲書、一〇七頁。

(87) 田中明彦、前掲書、二〇二頁。

(88) 佐道、前掲『戦後日本の防衛と政治』一三八−一四一頁。吉次、前掲『日米同盟はいかに作られたか』一二二−一二三頁。

(89) 岸信介「日本の政治の動向―問題の岸論文の翻訳全文はこれである―」（『政界往来』第三一巻第一一号、一九六五年、二六−三五頁）、二九−三〇頁。これは、岸が一九六五年一〇月号のフォーリン・アフェアーズ誌に掲載した論文（Nobusuke Kishi, “Political Movements in Japan”, *Foreign Affairs*, Vol.44, No.1, 1965, pp. 90–99）が反響を呼んだことを受けて、その日本語訳に岸が注釈や補論を加え、再構成したものである。

(90) 同上、三〇頁。

(91) 原彬久、前掲『岸信介証言録』四〇二−四〇三頁。

結　論

一九六二年四月二八日、独立一〇周年を祝う記念式典が首相官邸で開かれた。首相として挨拶に立った池田勇人は、「日本はこの十年で政治、経済、文化、あらゆる面で進歩し、世界の信頼も得るまでになった」、単独講和及び米国による安全保障を選択した「吉田さんの考えの正しかったことがよくわかった」と語り、吉田茂も「十年の歩みをみると、わが国はりっぱに復興したが、（中略）今後ますます我が国の発展に努力されるよう望みたい」と応じた。吉田と池田が「独立十年」の感慨にふけるなか、式典の幕引きに万歳三唱の音頭を取ったのは、一〇年前の祝賀行事には招かれなかった前首相の岸信介である。主権回復以来「独立の完成」に血道をあげた岸の胸中には、この日何が去来しただろうか(1)。

本書では、「独立の完成」という争点領域の史的展開に着目しつつ、安保改定をめぐる政治外交過程について岸、自民党、社会党の相互作用が織りなす政党政治の側面から考察してきた。そこから明らかになったことは、岸政権の安保改定は、これをめぐる政党政治の展開を通じて、法制度としての日米安保体制の基本構造のみならず、その持続性と安定性を担保する政治基盤をも内発的に整備し、安保体制が確立に向かう不可逆点を画したということである。

そもそも日米安保体制は、東アジアに冷戦が本格的に波及するなかで、武装解除された日本に対する暫定的な「駐軍協定」の色彩を帯びて成立した。そのことは、主権回復後の日本のナショナリズムを深く傷つけ、「独立の完成」が一九五〇年代を通底する政治課題に浮上した。しかも、日米安保体制が暫定協定として成立したことは、旧安保条約の是正を目指す多様な「安保改正」論と、これを実現するための政権枠組みの模索を不可分のものとして湧き上がらせ、日米安保体制の存立を危殆ならしめてきた。

このような講和独立後の国内政治過程において、まさに「独立の完成」を掲げて「安保改正」を主張したのが改進党と右派社会党であった。独立直後の政党配置において、吉田が率いる保守政党の自由党と「安保破棄」を訴えた左派社会党の間に位置する両党には、中間勢力としての連携構想が有力に存在していた。

こうしたなか、戦後の政界に復帰した岸は、まさにこれら中間勢力を糾合して、彼なりの「独立の完成」構想を実現しようとした。講和独立後の日本を「松葉杖に縋った独立」と断じた岸は、修正資本主義及び福祉国家の建設から成る経済自立と、これを前提条件とした、自主憲法の制定、自衛態勢の整備及び米軍撤退から成る政治軍事的自立との双方にわたる「独立の完成」を目標とした。そして、これを推進するための国内政治基盤として、強力な指導態勢と民主政治の明朗化をもたらす「交錯する保革二大政党制」を目指した。「独立の完成」を掲げる岸は、改進党と右派社会党を母体とする「国民的革新党」を立ち上げ、保守政党たる吉田の自由党に対峙しようとしたのである。

だが、岸の目論見は外れた。改進党と右派社会党の政策距離が拡大して保革対決構図が鮮明になった上、朝鮮戦争休戦後の経済危機にもかかわらず、吉田政権の求心力低下及び少数与党政権化によって政局が混迷を深めたのである。こうした状況において、岸は「経済の自立なくしては真の独立はあり得ない」と考え、保守合同に邁進した。その政治過程では、岸の経済自立政策が日本民主党の政策大綱に多く盛り込まれ、その後自由民主党にも「進歩的な政策」として引き継がれた。他方、日本民主党の政策大綱に「安保改正」が挿入されたのは、岸ではなく旧改進党左派のイニシアティブだった。当時の岸には、まずは経済自立こそ優先的な政策課題であって、管見の限り、政界復帰から保守合同の成就に至るまで彼が「安保改正」を表立って主張した形跡はない。現に「安保改正」は、岸の経済自立政策と対照的に、自由民主党の結党時には一般政策でわずかに言及されるにとどまった。

これに対し、社会党の統一交渉では、政策面で左社が右社に大幅に譲歩したことにより、「社会党政権」の樹立を旗印とする左右統一に成功した。懸案の外交・安全保障政策については、最終的に日米両政府間の合意による「安保解消」及び「日米中ソ集団安全保障体制」の構築で決着した。

このように、五五年体制は保守政党が進歩的な政策を採用し、社会党は政権樹立を目指して政策を現実化するという、岸の言葉で言えば「交錯する保革二大政党制」を含意として成立した。そしてその成否は、自民党にせよ社会党にせよ、外交・安全保障政策における党内合意形成の醸成にかかっていた。その意味で、岸が提携相手たのみ、「安保改正」を懐中に抱いて各々自民党と社会党に入った旧改進党系と旧右社系こそ、旧自由党系と旧左社系の中間で「独立の完成」のための「交錯する保革二大政党制」の求心性を担保する要石となった。

さて、日本民主党の結党時点に話を戻すと、岸の経済自立構想の具現化に伴う防衛分担金削減交渉は、砂川闘争といった基地問題の激化を誘発した。旧改進党の総裁であり、この事態を重くみた重光葵外相は、「西太平洋地域」の相互防衛、在日米軍の基地使用目的の制約及び撤退促進を骨子とする「安保改正」を提起した。これが米国側に拒絶される光景をみた岸は、爾後、冷戦秩序に適応した米国との「集団安全保障」論に傾き、日本の防衛力増強及び対米貢献による日米間の双務性確保を重視するようになった。

こののち、一九五六年七月参院選で社会党が躍進を遂げたことは、日米双方に「社会党政権」の実現可能性を想起させ、日米関係の再検討が懸案となった。自民党では、社会党の躍進、日ソ国交回復及び国連加盟、砂川闘争の激化といった諸情勢に突き動かされながら、「独立の完成」に向けた対米自主の強化論と、対米協調の回復論に大別される日米関係の再検討への動きが顕在化した。これに対し、社会党でも右派の主導の下、政権樹立に向けた政策現実化の一環として日米関係の再検討が論点化したが、非主流左派の反発により挫折した。

この間、岸は「安保改正」時期尚早論に立ち、防衛力増強及び在日米軍基地の整備といった自助努力を積み重ねて日米関係の改善を図った。だが、一九五七年一月のジラード事件は、米軍撤退を焦点とする「安保改正」を喫緊の課題に浮上させた。この状況下に政権を発足させた岸は、日米安保体制及び保守政権に対する支持固めとともに、「独立の完成」のための意中の提携相手たる社会党右派、特に西尾派の復権を念頭に置いて六月の訪米に取り組んだ。

この岸訪米で在日米軍削減及び日米安保委員会の設置を実現した岸は、「独立の完成」に堪え得る国内政治基盤の確立を目指した。「政治と外交の一体化」を旨とする彼は、一方では労働・社会保障政策において西尾派と気脈を通じながら社会党左派の封じ込めを企図した。他方、外交面では、冷戦を闘う西側自由陣営の一員として反共外交の姿勢を堅持しつつ、日本の自主性を担保しながら米国と対等な関係を構築しようとした。だが、こうした岸政権の本格始動につれて、自民党内では日中関係を主要な争点として外交路線をめぐる対立が先鋭化してきた。また、社会党では岸の攻勢を一因とする派閥対立のなかで不遇をかこっていた和田派などの非主流左派が、日中関係の打開にこそ起死回生の好機があると考え、対中傾斜を鮮明にした。

こうした状況下で彼が決断した相互援助型の安保改定は、日中問題との連動を余儀なくされた。折しも岸訪米による在日米軍削減及びスプートニク・ショックを経て、「安保改正」論議の焦点は米軍撤退から基地使用の態様問題へと変容していた。岸は日中関係が悪化し、かつ第二次台湾海峡危機が勃発する東アジア冷戦の緊迫化をみて、事前協議制度の新設とともに、「極東の安全」を目的とする同盟関係を日米間に具備しようと試みた。だが、こうした岸の方針は自社両党に警戒感を惹起し、安保改定時期尚早論が高まった。しかも、そのさなかに岸のセシル・ブラウンインタビューが露見するや、自民党では旧改進系を多く抱える三木・松村派や鳩山自主外交の系譜を受け継ぐ河野派が、社会党では岸と旧安保条約への不満を共有する右派の西尾派までもが、この安保改定に強く反発したのである。

このような状況のもと、自社両党は一九五九年六月の参院選で雌雄を決し、自民党が勝利を収めた。その後の党人事及び内閣改造では、河野派が非主流派に転落し、岸も政権維持のため、対米協調を旨とする吉田及び池田派との提携に舵を切らざるを得なくなった。他方、その頃社会党でも、主流派たる鈴木派及び河上派との協調によって非主流左派の追い落としを図るという西尾派の戦略に狂いが生じていた。参院選後の性格論争に際し、鈴木派が非主流左派との協調に舵を切ったためである。西尾派は、左右対決論へと戦略を転換しつつ、党再建案として安保改定への対案作成を主張したが、この動きに反発する非主流左派から西尾除名問題が持ち上がった。結局一九五九年九月の党大会は、左右統一交渉時の旧右社の議論に限りなく近づいた形で「安保解消」の具体化を承認したものの、西尾派の孤立及び党内野党化という結果に終わる。その後、彼らが脱党の上、民主社会党を結党したことは、岸から見れば、「二大政党政治はこれによって一角が崩れた」ことを意味し、決して望ましいことではなかった。

さらに、米国も一九六〇年一月の新安保条約の締結後は、日本の「占領から独立への移行」はこれで達成済みという立場を明確にした。そして、米国は日本が西側自由陣営のなかで国際的役割を果たすことを重視し、日米関係の重点も日本の政治軍事的自立から経済通商関係の強化へと移行した。こうした日米関係の状況に加えて、国内で自民党非主流派から新安保条約批准後の退陣（「安保花道論」）を要求された岸は、局面打開を図るべく早期の衆院解散を目論んだ。だが、自民党内からも米国からも反対に遭い、岸は断念を余儀なくされた。案の定、新安保条約の国会審議で追い詰められた岸は、五月一九日の安保強行採決ののち、安保闘争の高揚のなかでついに退陣した。

岸の後継となった池田は、安保闘争後の日米関係の修復と国内政局の収拾を至上命題とした。鳩山自主外交路線を具現化しようとした河野の新党構想の挫折を経て、池田は国民所得倍増計画に基づく経済発展と福祉国家の建設による再分配でもって保守政権のもとでの政治的統合を目指した。その際、池田は「独立の完成」をもはや過去の争点と見做して改憲及び安保再改定に否定的態度をとりつつ、岸政権下で定式化されていた「安保効用論」を前面に押し出して、日米安保体制の正当化を図った。これに対し、安保闘争後苦境にあった社会党は、政策の現実化に踏み出し、中立外交の経済的効用を主張して自民党に対抗した。選挙戦では池田率いる自民党と社会党が日米安保体制の堅持か中立外交への転換かという選択を主に経済的効用の側面から問うたのに対し、「自主独立外交」を掲げた民社党はこの趨勢に乗り遅れた。安保改定の是非が問われた一九六〇年一一月総選挙では民社党が惨敗した一方、社会党が改選前から二〇議席以上も増やす結果となった。

この選挙結果を受けて、日米両政府は社会党躍進にみられる日本国内の中立主義的思潮を警戒し、安保闘争後の関係修復を図るべく、「イコール・パートナーシップ」の構築に取り組んだ。日米貿易経済合同委員会の設置は新安保条約の非軍事的側面を強調するとともに、日本にとっては日米関係の緊密化を示して国際的地位の向上に資すると考えられた。他方、これと軌を一にして「赤城構想」の挫折及び二次防の決定が進められたことは、日本の政治軍事的自立への対応から日米間の経済通商関係の強化へという米国の対日基本政策の変容を体現した。このように日米関係の修復と国内政局の収拾という至上命題に一応の目処をつけた池田は、政治経済的提携という政策上の側面からも日米安保体制の堅持を決定づけたのである。

以上の経緯から見えてくるのは、安保改定が、もはや講和と独立を「人質」にとられていない主権回復後の日本において、諸政治主体に日米安保体制に対する旗幟を鮮明にさせる局面となったということである。

そもそも、「独立の完成」の原初的条件は冷戦の緊張緩和のはずであった。現に、「独立の完成」を主張した諸政治主体にとって、「反共」の度合いに濃淡はあれども、また、改憲による自主防衛及び自主外交や、護憲及び非武装中立を目指そうとも、緊張緩和によって生ずるであろう米国への自主性の余地に応じて、各々が求める日本の国家行動の自由裁量が拡大するものと捉えられた。だからこそ、一九五〇年代中葉からの緊張緩和を背景として、「独立の完成」は訴求力を増し、旧安保条約の是正としての「安保改正」と対共産圏外交は両立し得る、あるいは相互補完的であると見做されたのである。

ところが、こうした「脱冷戦」志向の国権回復の論理は、国内政治の場でしか通用しない。米国が日米安保体制の枢要にかかわる外交交渉の扉を開くのは、国際政局が緊迫して在日・在沖基地の利用価値が高まった局面のみであり、米国が危機に瀕しない限り、「日本中立化」という弱者の恫喝は耳に届かない。現実には、米国の冷戦戦略に沿った同盟志向の国権回復しか実現し得ず、そこにはおのずから制約が伴う。かつて原彬久氏が、戦後日本は「『アメリカの安全』を基軸とする日米『大』従属システム」のなかで『小』従属と『小』功利を絡ませながら、自己の行動軌跡を描いてきた」と指摘し、日米関係史の脈絡において安保改定は、この「歴史の構造原理」のなかで米国が日本に『小』対等」を与えて味方につなぎとめる「留め金」の役割を果したと論じたのは、一面の真理を突いていよう(2)。

その上で、なお本書が指摘したいことは、岸の安保改定が戦後日本政治に刻んだ意義であり、それは、主権回復後の日本の諸政治主体に対し、こうした「独立の完成」の隘路を示す局面となったということである。だからこそ、安保改定は対米協調を目指す勢力と、「安保破棄」を掲げた社会党左派及び日本共産党には何の痛痒も与えなかった一方で、「脱冷戦」志向の国権回復として「安保改正」を主張した、対米自主を目指す中間勢力は、安保闘争を待たずして内部対立と自壊への道を歩み、政治的影響力を大きく減退させた。そしてそれに伴い、当初の「交錯する保革二大政党制」から転じて、対米協調志向の自民党の一党優位政党制及び左傾化した社会党の万年野党化による、政権交代のない分極型の五五年体制が固定化した。しかも、岸の「独立の完成」のための構想ないし政策ツールは、未完のまま池田政権のもとで悉く換骨奪胎され、日米安保体制を支える政策的基盤へと再定位されたのである。

このように、日米安保体制を支える政治基盤それ自体は安保闘争後の「政治の季節」から「経済の季節」への転換というよりも、むしろ安保改定をめぐる政党政治のなかで内発的に生み出されたものだった。その意味で、安保改定は日米安保体制の法制度とその政治基盤を同時に整備したことで、日米安保体制の確立に不可逆点を画する、戦後政治外交史上の重要局面となった。これ以降の国内政治過程での外交・安全保障をめぐる政策対立は、安保改定で確立した日米安保体制を与件として展開され、そこで定まった法制度を前提に沖縄返還及び対中ソ外交といった重要交渉も進められる。確かに安保改定による中間勢力の解体以後も、自民党と社会党が各自に党分裂の危機に陥る政局は度々訪れるし、中道政党の台頭による多党化も進む。だがその分、野党第一党たる社会党に左傾化への誘因がはたらくし、何より戦後外交の基軸が固まったなかで、自社両党を同時に政党配置の再編成に組み込む「大義」を調達するような政策争点は、冷戦終焉という地殻変動までは形成され得ない(3)。その限りで、五五年体制の固定化をもたらした安保改定は、戦後日本の政治外交路線の最終的選択を迫る「踏み絵」の機能を果たした。かくて一九五〇年代という、「独立の完成」が争点領域を画し、様々な反実仮想が日米関係及び日本の国内政治過程を揺り動かし得た時代は岸を掉尾に幕を閉じ、日米安保体制が確立していくのである。

注

(1)『朝日新聞』一九六二年四月二八日付夕刊一面、四月二九日付朝刊二面。
(2) 原彬久、前掲『戦後日本と国際政治』三三一–三五頁及び四六一–四六四頁。
(3) 冷戦終焉後の日本外交と政権枠組みの変動との連関に着目した研究として、宮城大蔵『現代日本外交史―冷戦後の模索、首相たちの決断―』(中央公論新社、二〇一六年)。

主要参考文献一覧

未刊行史料

一　外務省外交史料館

「日米外交関係雑件／雑集」A'.1.4.1.1
「重光外務大臣訪米関係一件」A'.1.5.2.3
「重光外務大臣訪米関係一件　準備資料」A'.1.5.2.3-2
「重光外務大臣訪米関係一件　重光・ダレス会談」A'.1.5.2.3-5
「重光外務大臣訪米関係（一九五五、八）準備対策資料」A'.1.5.2.3-9
「岸総理第一次訪米関係一件」A'.1.5.2.4
「岸総理第一次訪米関係一件　岸・マッカーサー予備会談（於東京）」A'.1.5.2.4-1
「岸総理第一次訪米関係一件　準備資料」A'.1.5.2.4-2
「岸総理第一次訪米関係一件　会談関係」A'.1.5.2.4-3
「池田総理米加訪問関係一件（一九六一、六）」A'.1.5.2.10
「池田総理米加訪問関係一件（一九六一、六）会談関係」A'.1.5.2.10-1
「池田総理米加訪問関係一件（一九六一、六）会談関係　資料」A'1.5.2.10-1-1
「日米相互協力・安全保障条約関係　国会審議関係　省内体制及び資料関係」B'.5.1.0.J/U12-6-1
「日米安全保障条約の改定に係る経緯」二〇一〇－六二二六

二　国立国会図書館憲政資料室

「浅沼稲次郎関係文書」
「石橋湛山関係文書」
「石橋政嗣関係文書」
「勝間田清一政治談話録音速記録」（国立国会図書館専門資料部政治史料課、一九九七年）

「鈴木貞一関係文書」
「鈴木茂三郎政治談話録音速記録」（国立国会図書館専門資料部、一九九六年）
「一九六〇年日米安全保障条約改定関係資料」

三　国立公文書館

「財政史資料　賀屋文書」

四　東京大学大学院法学政治学研究科附属近代日本法政史料センター原資料部

「床次徳二関係文書」

五　法政大学大原社会問題研究所

「鈴木茂三郎関係文書」

六　山口県田布施町郷土館

箕山会『風聲』

七　National Archives II, College Park, Maryland

Record Group 84, Classified General Records, 1952–1963, Japan, U.S. Embassy Tokyo, UD 2828–A.

刊行史料

石井修監修『アメリカ合衆国対日政策文書集成Ⅰ　日米外交防衛問題一九五九－一九六〇年』（柏書房、一九九六年）
石井修・小野直樹監修『アメリカ合衆国対日政策文書集成Ⅱ　日米経済問題一九五九－一九六〇年』（柏書房、一九九六年）
石井修・小野直樹監修『アメリカ合衆国対日政策文書集成Ⅲ　日本の国内事情一九六〇年』（柏書房、一九九七年）
石井修・小野直樹監修『アメリカ合衆国対日政策文書集成Ⅳ　日米外交防衛問題一九五七年』（柏書房、一九九八年）
石井修・小野直樹監修『アメリカ合衆国対日政策文書集成Ⅴ　日米外交防衛問題一九五八年』（柏書房、一九九八年）
石井修・小野直樹監修『アメリカ合衆国対日政策文書集成Ⅵ　日米外交防衛問題一九五五年』（柏書房、一九九九年）
石井修・小野直樹監修『アメリカ合衆国対日政策文書集成Ⅶ　日米外交防衛問題一九五六年』（柏書房、一九九九年）
石井修・小野直樹監修『アメリカ統合参謀本部資料一九五三－一九六一年』（柏書房、二〇〇〇年）

Confidential U.S. State Department Central Files, Japan, 1960–January 1963: Internal and Foreign Affairs (Bethesda, MD: University Publications of America, 1997)

Confidential U.S. State Department Special Files, Japan 1947–1956 (Bethesda, MD: University Publications of America, 1990)

Confidential U.S. State Department Special Files, Japan, First Supplement 1946–1966 (Bethesda, MD: University Publications of America, 2001)

Foreign Relations of the United States 1955–1957, Vol. XXIII, Part 1, Japan (Washington, DC: U.S. Government Printing Office, 1991)

Foreign Relations of the United States 1958–1960, Vol. XVIII, Japan; Korea (Washington, DC: U.S. Government Printing Office, 1994)

Foreign Relations of the United States 1961–1963, Vol. XXII, Northeast Asia (Washington, DC: U.S. Government Printing Office, 1996)

Records of the U.S. Department of State Relating to the Internal Affairs of Japan, 1950–1954 (Wilmington, DE: Scholarly Resources, 1986)

Records of the U.S. Department of State Relating to Political Relations between the United States and Japan, 1950–1954 (Wilmington, DE: Scholarly Resources, 1987)

Records of the Department of State Relating to the Internal Affairs of Japan, 1955–1959 (Wilmington, DE: Scholarly Resources, 1990)

The National Security Archive, *Japan and the United States: Diplomatic, Security, and Economic Relations, 1960–1976*, (Bell & Howell Information and Learning, 2000)

丸善雄松堂J-DAC ジャパンデジタルアーカイブズセンター「三木武夫関係文書」「宮澤喜一関係文書」「矢部貞治関係文書」

早稲田大学文化資源データベース「堤康次郎関係文書」

渡邉昭夫監修、佐道明弘・平良好利・君島雄一郎編『堂場文書〈DVD-ROM版〉』(丸善学術情報ソリューション事業部企画

開発センター、二〇一三年）
国会会議録検索システム http://kokkai.ndl.go.jp（最終閲覧：二〇二四年四月一八日）
データベース「世界と日本」https://worldjpn.net（最終閲覧：二〇二四年四月一八日）

基本資料・資料集

大嶽秀夫編・解説『戦後日本防衛問題資料集（一―三巻）』（三一書房、一九九一―一九九三年）
月刊社会党編集部『日本社会党の三十年（一―三巻）』（日本社会党中央本部機関紙局、一九七四―一九七五年）
自由民主党編纂『自由民主党党史（党史・証言写真・資料編）』（自由民主党、一九八七年）
高橋勉『資料　社会党河上派の軌跡』（三一書房、一九九六年）
内閣官房内閣調査室編『安保改定問題の記録（日誌編・資料編・総括編）』（内閣官房内閣調査室、一九六一―一九六三年）。
日本社会党結党四十周年記念出版刊行委員会編『資料日本社会党四十年史』（日本社会党中央本部、一九八五年）
日本社会党政策資料集成刊行委員会・日本社会党政策審議会編『日本社会党政策資料集成』（日本社会党中央本部機関紙局、一九九〇年）
細谷千博・有賀貞・石井修・佐々木卓也編『日米関係資料集―一九四五―九七―』（東京大学出版会、一九九九年）
吉田茂著、財団法人吉田茂記念事業財団編『吉田茂書翰』（中央公論社、一九九四年）

日記

芦田均著、進藤榮一編纂者代表『芦田均日記（一―七巻）』（岩波書店、一九八六年）
石橋湛一・伊藤隆編『石橋湛山日記（上・下）』（みすず書房、二〇〇一年）
河上丈太郎著、福永文夫・「関西学院と社会運動人脈」研究会監修『河上丈太郎日記―一九四九―一九六五年―』（関西学院大学出版会、二〇一四年）
河野康子・村上友章・井上正也・白鳥潤一郎編著『朝海浩一郎日記』（千倉書房、二〇一九年）
佐藤榮作著、伊藤隆監修『佐藤榮作日記（一―六巻）』（朝日新聞社、一九九八年）

重光葵著、伊藤隆・渡邊行男編『続　重光葵手記』（中央公論社、一九八八年）

同時代文献

石橋湛山「安保条約下の日本経済―安全保障と再軍備―」（大嶽秀夫編『戦後日本防衛問題資料集　第二巻』三一書房、一九九二年、一〇六―一〇八頁所収）
岡田宗司・佐多忠隆・山口房雄「座談会　中国をめぐる国際情勢」（『社会主義』第八八号、一九五八年、三七―四五頁）
蒲生勘介「河野新党はなぜできないか」（『月刊政界往来』第二六巻第一〇号、一九六〇年、四〇―四四頁）
岸信介「予の日本再建の構想―一掃せよ！アメリカまかせの年の暮―」（『日本週報』第二二二号、一九五二年、二六―三〇頁）
岸信介「アジアに孤立せず」（『先見経済』第三〇六号、一九五二年、一三―一四頁）
岸信介「新保守党論」（『改造』第三四巻第六号、一九五三年、九〇―九五頁）
岸信介・北村徳太郎・嘉治隆一「保守統一への途―人物中心の再編成はさけよ―」（『改造』第三四巻第八号、一九五三年、八四―九一頁）
岸信介「日本の政治の動向―問題の岸論文の翻訳全文はこれである―」（『政界往来』第三一巻第一一号、一九六五年、二六―三五頁）
高坂正堯『宰相吉田茂』（中央公論新社、二〇〇六年〔初版：中央公論社、一九六八年〕）
向坂逸郎「正しい綱領、正しい機構」（『社会主義』第八八号、一九五八年、四六―五二頁）
桜内義雄「改訂の条件とその意義」（『外交時報』第九五七号、一九五八年、六四―六八頁）
佐多忠隆「日米会談がもたらすもの―サンフランシスコ体制からワシントン体制へ―」（『社会主義』第七二号、一九五七年、二―八頁）
鈴木茂三郎「自主・中立と不可侵条約」（『政界往来』第二〇巻第一号、一九五四年、二〇―二五頁）
田中稔男「日中友好を促進するために―第四次協定を前にして―」（『経済時代』第二二巻第五号、一九五七年、三三―三五頁）
中曽根康弘『日本の主張』（経済往来社、一九五四年）
中曽根康弘「日本の反省とアメリカへの注文―戦後は過ぎた―」（『経済時代』第二一巻第九号、一九五六年、三七―三九頁）

中曽根康弘「安保条約の改正は時期尚早」（『経済時代』第二二巻第五号、一九五七年、一四－一五頁）
西尾末広述、時局研究会編『社会党統一問題への考察―真の統一は如何にすれば可能であるか―』（時局研究会、一九五四年）
西尾末広「まだまだ研究不十分である」（『中央公論』第七二巻第六号、一九五七年、一三三－一三四頁）
西村栄一「社会主義と自衛問題」（『政界往来』第二〇巻第一号、一九五四年、四〇－四六頁）
船田中「自衛力なき日本―わが国と西ドイツの場合―」（『経済時代』第二一巻第一一号、一九五六年、七六－七八頁）
船田中「新安保批准後の新政策」（『経済時代』第二五巻第五号、一九六〇年、二七－三一頁）
船田中「新安保条約の成立とわが国今後の方向」（『政策月報』第五三号、一九六〇年、四－七頁）
増田甲子七「若さと勇気に期待する」（『経済時代』第二二巻第五号、一九五七年、一七－一九頁）
水谷長三郎「対米従属関係を是正せよ」（『経済時代』第二二巻第五号、一九五七年、一五－一七頁）
宮澤喜一『東京―ワシントンの密談』（中央公論社、一九九九年〔初版：実業之日本社、一九五六年〕）
宮澤喜一『社会党との対話―ニュー・ライトの考え方―』（講談社、一九六五年）
宮本吉夫『新保守党史』（時事通信社、一九六二年）
山口房雄「中立論争をかえりみて」（『社会主義』第一一一号、一九六〇年、一〇－一六頁）

定期刊行物・政党機関紙等

社会主義協会『社会主義』
社会新聞社『旬刊社会新聞』
週間社会新聞社『週間社会新聞』
自由民主党『政策月報』
自由民主党本部『自由民主』
日本社会党『社会新報』
日本社会党中央機関紙『党活動』
日本社会党中央本部機関紙局『月刊社会党』

日本自由党中央機関誌『再建』
法政大学大原社会問題研究所監修、立本紘之解説『占領期日本社会党機関紙集成第Ⅲ期 『日本社会党党報』『社会週報』『日本社会新聞』復刻版一』(柏書房、二〇一五年)
法政大学大原社会問題研究所監修『占領期日本社会党機関紙集成第Ⅳ期 『日本社会党党報』『社会週報』『日本社会新聞』復刻版二』(柏書房、二〇一五年)

回想録・オーラル・ヒストリー

五十嵐仁・木下真志・法政大学大原社会問題研究所編『日本社会党・総評の軌跡と内実―二〇人のオーラル・ヒストリー―』(旬報社、二〇一九年)
岩野美代治著、竹内桂編『三木武夫秘書回顧録―三角大福中時代を語る―』(吉田書店、二〇一七年)
賀屋興宣『戦前・戦後八十年』(経済往来社、一九七六年)
岸信介・山本満「独立への孤独な決断」(『中央公論』第九二巻第七号、一九七七年、一八五‐一九六頁)。
岸信介『岸信介回顧録―保守合同と安保改定―』(廣済堂出版、一九八三年)
岸信介・矢次一夫・伊藤隆『岸信介の回想〔文庫版〕』(文藝春秋、二〇一四年)
河野一郎『今だから話そう』(春陽堂書店、一九五八年)
曽我祐次『多情仏心―わが日本社会党興亡史―』(社会評論社、二〇一四年)
曾禰益『私のメモアール―霞が関から永田町へ―』(日刊工業新聞社、一九七四年)
東郷文彦『日米外交三十年―安保・沖縄とその後―』(中央公論社、一九八九年)
中曽根康弘著、中島琢磨他編『中曽根康弘が語る戦後日本外交』(新潮社、二〇一二年)
西村熊雄『サンフランシスコ平和条約・日米安保条約』(中央公論新社、一九九九年)
鳩山一郎『鳩山一郎回顧録』(文藝春秋新社、一九五七年)
林修三『法制局長官生活の思い出』(財政経済弘報社、一九六六年)
原彬久『岸信介証言録〔文庫版〕』(中央公論新社、二〇一四年)

原彬久『戦後政治の証言者たち―オーラル・ヒストリーを往く―』（岩波書店、二〇一五年）
藤山愛一郎『政治わが道―藤山愛一郎回想録―』（朝日新聞社、一九七六年）
安川壮『忘れ得ぬ思い出とこれからの日米外交―パールハーバーから半世紀―』（世界の動き社、一九九一年）
C・O・Eオーラル・政策研究プロジェクト『海原治元内閣国防会議事務局長オーラルヒストリー（上・下）』（政策研究大学院大学、二〇〇一年）

単行本

明田川融『日米行政協定の政治史―日米地位協定研究序説―』（法政大学出版局、一九九九年）
五百旗頭真『日米戦争と戦後日本』（講談社、二〇〇五年）
五百旗頭真編『日米関係史』（有斐閣、二〇〇八年）
五百旗頭真編『戦後日本外交史〔第三版補訂版〕』（有斐閣、二〇一四年）
五百旗頭真監修、井上正也・上西朗夫・長瀬要石執筆『評伝福田赳夫―戦後日本の繁栄と安定を求めて―』（岩波書店、二〇二一年）
五十嵐武士『対日講和と冷戦―戦後日米関係の形成―』（東京大学出版会、一九八六年）
池田慎太郎『日米同盟の政治史―アリソン駐日大使と「一九五五年体制」の成立―』（国際書院、二〇〇四年）
池田慎太郎『独立完成への苦闘―一九五二―一九六〇―』（吉川弘文館、二〇一二年）
池宮城陽子『沖縄米軍基地と日米安保―基地固定化の起源　一九四五―一九五三―』（東京大学出版会、二〇一八年）
石井修『冷戦と日米関係―パートナーシップの形成―』（ジャパンタイムズ、一九八九年）
伊藤昌哉『池田勇人―その生と死―』（至誠堂、一九六六年）
井上正也『日中国交正常化の政治史』（名古屋大学出版会、二〇一〇年）
岩川隆『巨魁―岸信介研究―』（ダイヤモンド社、一九七七年）
岩永健吉郎『戦後日本の政党と外交』（東京大学出版会、一九八五年）
岩見隆夫『岸信介―昭和の革命家―』（学陽書房、一九九九年）

植村秀樹『再軍備と五五年体制』（木鐸社、一九九五年）
及川智洋『戦後日本の「革新」勢力—抵抗と衰亡の政治史—』（ミネルヴァ書房、二〇二一年）
大嶽秀夫『政策過程』（東京大学出版会、一九九〇年）
大嶽秀夫『再軍備とナショナリズム—保守、リベラル、社会民主主義者の防衛観—〔文庫版〕』（講談社、二〇〇五年）
太田昌克『日米「核密約」の全貌』（筑摩書房、二〇一一年）
大日向一郎『岸政権・一二四一日』（行政問題研究所、一九八五年）
奥健太郎・河野康子編著『自民党政治の源流—事前審査制の史的検証—』（吉田書店、二〇一五年）
小野直樹『戦後日米関係の国際政治経済分析』（慶應義塾大学出版会、二〇〇二年）
我部政明『戦後日米関係と安全保障』（吉川弘文館、二〇〇七年）
神田豊隆『冷戦構造の変容と日本の対中外交—二つの秩序観 一九六〇—一九七二—』（岩波書店、二〇一二年）
北岡伸一『自民党—政権党の三八年—〔文庫版〕』（中央公論新社、二〇〇八年）
楠綾子『吉田茂と安全保障政策の形成—日米の構想とその相互作用 一九四三—一九五二年—』（ミネルヴァ書房、二〇〇九年）
楠綾子『占領から独立へ—一九四五—一九五二—』（吉川弘文館、二〇一三年）
河野一郎伝記刊行委員会編『河野先生を偲ぶ』（春秋会、一九六六年）
河野康子『沖縄返還をめぐる政治と外交—日米関係史の文脈—』（東京大学出版会、一九九四年）
河野康子『戦後と高度成長の終焉〔文庫版〕』（講談社、二〇一〇年）
後藤基夫・内田健三・石川真澄『戦後保守政治の軌跡』（岩波書店、一九八二年）
小宮京『自由民主党の誕生—総裁公選と組織政党論—』（木鐸社、二〇一〇年）
小宮京・伏見岳人・五百旗頭薫編著『自民党政権の内政と外交—五五年体制論を越えて—』（ミネルヴァ書房、二〇二三年）
権容奭『岸政権期の「アジア外交」—「対米自主」と「アジア主義」の逆説—』（国際書院、二〇〇八年）
境家史郎『戦後日本政治史』（中央公論新社、二〇二三年）
坂本一登・五百旗頭薫編『日本政治史の新地平』（吉田書店、二〇一三年）
坂元一哉『日米同盟の絆—安保条約と相互性の模索—』（有斐閣、二〇〇〇年〔増補版：有斐閣、二〇二〇年〕）

佐道明弘『戦後日本の防衛と政治』（吉川弘文館、二〇〇三年）
佐道明広『自衛隊史―防衛政策の七〇年―』（筑摩書房、二〇一五年）
猿谷弘江『六〇年安保闘争と知識人・学生・労働者―社会運動の歴史社会学―』（新曜社、二〇二一年）
信夫清三郎『安保闘争史―三五日間政局史論―』（世界書院、一九六一年）
信夫隆司『米軍基地権と日米密約―奄美・小笠原・沖縄返還を通して―』（岩波書店、二〇一九年）
下斗米伸夫『日本冷戦史―帝国の崩壊から五五年体制へ―』（岩波書店、二〇一一年）
新川敏光『幻視のなかの社会民主主義―『戦後日本政治と社会民主主義』増補改題―』（法律文化社、二〇〇七年）
鈴木宏尚『池田政権と高度成長期の日本外交』（慶應義塾大学出版会、二〇一三年）
ストックウィン、J・A・A著、福井治弘訳『日本社会党と中立外交』（福村出版、一九六九年）
添谷芳秀『日本外交と中国―一九四五－一九七二―』（慶應通信、一九九五年）
添谷芳秀『日本の外交―「戦後」を読みとく―』（筑摩書房、二〇一七年）
高橋和宏『ドル防衛と日米関係―高度成長期日本の経済外交　一九五九－一九六九年―』（千倉書房、二〇一八年）
竹内桂『三木武夫と戦後政治』（吉田書店、二〇二三年）
武田知巳『重光葵と戦後政治』（吉川弘文館、二〇〇二年）
田中明彦『安全保障―戦後五〇年の模索―』（読売新聞社、一九九七年）
田中孝彦『日ソ国交回復の史的研究―戦後日ソ関係の起点　一九四五－一九五六―』（有斐閣、一九九三年）
陳肇斌『戦後日本の中国政策―一九五〇年代東アジア国際政治の文脈―』（東京大学出版会、二〇〇〇年）
冨森叡児『戦後保守党史〔文庫版〕』（岩波書店、二〇〇六年）
豊下楢彦『安保条約の成立―吉田外交と天皇外交―』（岩波書店、一九九六年）
豊下楢彦『集団的自衛権とは何か』（岩波書店、二〇〇七年）
豊田祐基子『日米安保と事前協議制度―「対等性」の維持装置―』（吉川弘文館、二〇一五年）
中北浩爾『経済復興と戦後政治』（東京大学出版会、一九九八年）
中北浩爾『一九五五年体制の成立』（東京大学出版会、二〇〇二年）

中北浩爾『自民党政治の変容』(NHK出版、二〇一四年)
中島琢磨『沖縄返還と日米安保体制』(有斐閣、二〇一二年)
中島琢磨『高度成長と沖縄返還―一九六〇‐一九七二―』(吉川弘文館、二〇一二年)
中島信吾『戦後日本の防衛政策―「吉田路線」をめぐる政治・外交・軍事―』(慶應義塾大学出版会、二〇〇六年)
永野信利『吉田政権・二六一六日(上・下)』(行研、二〇一三年)
中村隆英・宮崎正康編『岸信介政権と高度成長』(東洋経済新報社、二〇〇三年)
波多野澄雄編著『池田・佐藤政権期の日本外交』(ミネルヴァ書房、二〇〇四年)
波多野澄雄『歴史としての日米安保条約―機密外交記録が明かす「密約」の虚実―』(岩波書店、二〇一〇年)
林博史『米軍基地の歴史―世界ネットワークの形成と展開―』(吉川弘文館、二〇一二年)
原武史『戦後政治と温泉―箱根、伊豆に出現した濃密な政治空間―』(中央公論新社、二〇二四年)
原彬久『戦後日本と国際政治―安保改定の政治力学―』(中央公論社、一九八八年)
原彬久『日米関係の構図―安保改定を検証する―』(日本放送出版協会、一九九一年)
原彬久『岸信介―権勢の政治家―』(岩波書店、一九九五年)
原彬久『戦後史のなかの日本社会党』(中央公論新社、二〇〇〇年)
樋渡由美『戦後政治と日米関係』(東京大学出版会、一九九〇年)
福永文夫『占領下中道政権の形成と崩壊―GHQ民政局と日本社会党―』(岩波書店、一九九七年)
古川万太郎『日中戦後関係史』(原書房、一九八一年)
ヘルマン、D・C著、渡辺昭夫訳『日本の政治と外交』(中央公論社、一九七〇年)
堀江湛・池井優編著『日本の政党と外交政策―国際的現実との落差―』(慶應通信、一九八〇年)
シャラー、マイケル著、市川洋一訳『「日米関係」とは何だったのか―占領期から冷戦終結後まで―』(草思社、二〇〇四年)
増田弘編著『戦後日本首相の外交思想―吉田茂から小泉純一郎まで―』(ミネルヴァ書房、二〇一六年)
増田弘・中島政希監修『鳩山一郎とその時代』(平凡社、二〇二一年)
増田弘編著『戦後日本保守政治家の群像―自民党の変容と多様性―』(ミネルヴァ書房、二〇二三年)

増田弘『政治家・石橋湛山研究―リベラル保守政治家の軌跡―』（東洋経済新報社、二〇二三年）
升味準之輔『現代日本の政治体制』（岩波書店、一九六九年）
宮城大蔵『現代日本外交史―冷戦後の模索、首相たちの決断―』（中央公論新社、二〇一六年）
矢嶋光『芦田均と日本外交―連盟外交から日米同盟へ―』（吉川弘文館、二〇一九年）
安井浩一郎・NHKスペシャル取材班『吉田茂と岸信介―自民党・保守二大潮流の系譜―』（岩波書店、二〇一六年）
山口二郎・石川真澄編『日本社会党』（日本経済評論社、二〇〇三年）
山本章子『米国と日米安保条約改定―沖縄・基地・同盟―』（吉田書店、二〇一七年）
山本章子『日米地位協定』（中央公論新社、二〇一九年）
吉田真吾『日米同盟の制度化』（名古屋大学出版会、二〇一二年）
吉次公介『池田政権期の日本外交と冷戦―戦後日本外交の座標軸 一九六〇－一九六四―』（岩波書店、二〇〇九年）
吉次公介『日米同盟はいかに作られたか―「安保体制」の転換点 一九五一－一九六四―』（講談社、二〇一一年）
吉次公介『日米安保体制史』（岩波書店、二〇一八年）
渡邊昭夫編『戦後日本の宰相たち』（中央公論社、一九九五年）
渡辺治『日本国憲法「改正」史』（旬報社、二〇二二年〔初版：日本評論社、一九八七年〕）
渡辺恒雄『派閥―保守党の解剖―〔復刊版〕』（弘文堂、二〇一四年）

Swenson-Wright, John, *Unequal Allies?: United States Security and Alliance Policy toward Japan, 1945–1960* (Stanford, CA: Stanford University Press, 2005)
Gatu, Dagfinn, *Japan in Upheaval: The Origin, Dynamics and Political Outcome of the 1960 Anti-US Treaty Protests* (New York, NY: Routledge, 2022)
Packard, George R. III, *Protest in Tokyo: The Security Treaty Crisis of 1960* (Princeton, NJ: Princeton University Press, 1966)
Kapur, Nick, *Japan at the Crossroads: Conflict and Compromise after Anpo* (Cambridge, MA: Harvard University Press, 2018)

紀要・雑誌論文

有賀貞「日米安全保障条約の改定」(細谷千博・有賀貞編『国際環境の変容と日米関係』東京大学出版会、一九八七年、一一五－一四三頁)
池井優「日本社会党の対米外交―訪米代表団を中心として―」(『法學研究』第六八巻第一〇号、一九九五年、二七－五七頁)
池田慎太郎「池田外交と自民党―政権前半期を中心として―」(波多野澄雄編著『池田・佐藤政権期の日本外交』ミネルヴァ書房、二〇〇四年、二一－五二頁)
池田慎太郎「岸信介―アジア重視と日米協調―」(増田弘編著『戦後日本首相の外交思想―吉田茂から小泉純一郎まで―』ミネルヴァ書房、二〇一六年、一三一－一五二頁)
植村秀樹「安保改定と日本の防衛政策」(『国際政治』第一一五号、一九九七年、二七－四一頁)
鍛治一郎「安保条約の条約期限に関する考察(一・二)」(『阪大法学』第六九巻第五号、五五－八二頁、第六九巻第六号、九一－一一九頁、二〇二〇年)
鍛治一郎「一九五七年岸訪米における二段階安保改定構想の検討」(『阪大法学』第七一巻第三・四合併号、三六三－三八七頁、二〇二一年)
鍛治一郎「重光葵外相の安保改定構想における相互防衛の検討」(『ROLES REVIEW』第二・三合併号、二〇二三年、一四九－一六九頁)
北岡伸一「自由民主党―包括政党の合理化―」(神島二郎編『現代日本の政治構造』法律文化社、一九八五年、二五－一四一頁)
北岡伸一「岸信介―野心と挫折―」(渡邊昭夫編『戦後日本の宰相たち』中央公論社、一九九五年、一二一－一四八頁)
楠綾子「基地、再軍備、二国間安全保障関係の態様―一九五一年日米安全保障条約の法的意味とその理解―」(『年報政治学二〇一七－Ⅱ』木鐸社、二〇一七年、二二六－二四七頁)
楠綾子「防衛分担金をめぐる日米関係」(『防衛学研究』第六三号、二〇二〇年、五－二七頁)
楠精一郎「右派社会党の安全保障政策」(近代日本研究会編『戦後外交の形成』山川出版社、一九九四年、一六六－一八八頁)
黒崎輝「安保改定交渉以前の核持ち込みをめぐる国会論議と日米外交の再検証―核密約の淵源を求めて―」(『PRIME』第三

三号、二〇一一年、三－二一頁）
高賢来「一九五〇年代における日本社会党の安全保障政策と国際政治」（『年報地域文化研究』第一三号、二〇一〇年、四五－六二頁）
河野康子「日米安全保障条約改定の歴史的意義」（『国際問題』第五九四号、二〇一〇年、四－一三頁）
河野康子「日米安保条約改定交渉と沖縄―条約地域をめぐる政党と官僚―」（坂本一登・五百旗頭薫編『日本政治史の新地平』吉田書店、二〇一三年、四二九－四七五頁）
河野康子「外交をめぐる意思決定と自民党―外交調査会を中心に―」（奥健太郎・河野康子編著『自民党政治の源流―事前審査制の史的検証―』吉田書店、二〇一五年、二四九－二九〇頁）
坂本義和「日本における国際冷戦と国内冷戦」（『岩波講座現代六　冷戦―政治的考察―』岩波書店、一九六三年、三三一－三七〇頁）
佐久間一修「第二次防衛力整備計画をめぐる日米関係―『赤城構想』と米国の対日外交・防衛政策―」（『防衛大学校紀要（社会科学分冊）』第一二二・一二三合併号、二〇二一年、一一三－一四一頁）
佐藤信「『一九五五年体制』再考」（前田亮介編著『戦後日本の学知と想像力―〈政治学を読み破った〉先に―』吉田書店、二〇二二年、一八五－二〇七頁）
城下賢一「岸信介と保守合同（一・二）」（『法學論叢』第一五七巻第三号、七六－九四頁；第一五七巻第五号、九八－一一三頁、二〇〇五年）
杉浦康之「中国の『日本中立化』政策と対日情勢認識―岸信介内閣の成立から『岸批判』展開まで―」（『法学政治学論究』第七〇号、二〇〇六年、九七－一二八頁）
杉浦康之「中国の『日本中立化』政策と対日情勢認識―第四次日中民間貿易協定交渉過程と長崎国旗事件を中心に―」（『アジア研究』第五四巻第四号、二〇〇八年、七〇－八六頁）
杉浦康之「中国の『日本中立化』政策と対日情勢認識―日本社会党の訪中と日本国内の反米・反岸闘争の相互連鎖（一九五八年六月－一九五九年六月）―」（『近きに在りて―近現代中国をめぐる討論のひろば―』第五六号、二〇〇九年、五一－六七頁）

杉浦康之「中国の『日本中立化』政策と対日情勢認識―『断絶』情勢下での自民党分断工作（一九五八年五月－一九五九年一一月）―」（『安全保障戦略研究』第一巻第二号、二〇二〇年、一一五－一三七頁）
添谷芳秀「戦後日本外交の構図」（『法學研究』第六五巻第二号、一九九二年、七九－一〇一頁）
空井護「自民党一党支配体制形成過程としての石橋・岸政権」（『国家学会雑誌』第一〇六巻第一・二号、一九九三年、一〇七－一六〇頁）
空井護「もう一つの一九六〇年の転換―一九六〇年代日本社会党における野党化の論理―」（『思想』第九三四号、二〇〇二年、二七－四六頁）
高橋和宏「池田政権期における貿易自由化とナショナリズム」（『国際政治』第一七〇号、二〇一二年、四六－六〇頁）
竹中佳彦「中道政治の崩壊―三木武夫の外交・防衛路線―」（近代日本研究会編『戦後外交の形成』山川出版社、一九九四年、一三二－一六一頁）
竹中佳彦「『吉田ドクトリン』論と『五五年体制』概念の再検討」（『レヴァイアサン』第一九号、一九九六年、一六九－一八七頁）
田名部康範「岸信介の二大政党制論―公職追放解除前から自由民主党結成まで―」（『同時代史研究』第一号、二〇〇八年、四八－六二頁）
谷聖美「五五年体制確立過程における社会党の役割と影響力」（『レヴァイアサン』臨時増刊号、一九九〇年、一二三－一四一頁）
中北浩爾「戦後日本における社会民主主義政党の分裂と政策距離の拡大―日本社会党（一九五五－一九六四年）を中心として―」（『国家学会雑誌』第一〇六巻第一一・一二合併号、一九九三年、九六七－一〇二〇頁）
中北浩爾「鳩山・石橋・岸内閣期の政党と政策―一九五五年体制の確立過程―」（北村公彦編者代表『現代日本政党史録第三巻　五五年体制前期の政党政治』第一法規、二〇〇三年、一五七－一九六頁）
中北浩爾「日本社会党の分裂―西尾派の離党と構造改革派―」（山口二郎・石川真澄編『日本社会党』日本経済評論社、二〇〇三年、四五－七四頁）
中北浩爾「自民党型政治の定着―岸信介と党組織―」（『年報日本現代史第一三号　戦後体制の形成―一九五〇年代の歴史像再考

―』現代史料出版、二〇〇八年、一―二八頁）
中島信吾「鳩山一郎―『吉田のすべて反対』を求めて―」（増田弘編著『戦後日本首相の外交思想―吉田茂から小泉純一郎まで―』ミネルヴァ書房、二〇一六年、七九―一〇八頁）
中島琢磨「原子兵器の日本貯蔵問題」（『龍大法学』第五〇巻第四号、二〇一八年、一―三五頁）
中島琢磨「戦後の日本は主権を回復したか―『独立の実質化』の問題の視点から―」（『年報政治学 二〇一九―Ⅰ』筑摩書房、二〇一九年、一三七―一五八頁）
中村起一郎「防衛問題と政党政治―日米防衛分担金交渉（一九五三～一九五五）を中心に―」（『年報政治学 一九九八』岩波書店、一九九九年、一九五―二一二頁）
西村真彦「一九五七年岸訪米と安保改定（一・二・三）」（『法学論叢』第一七八巻第六号、一〇二―一二一頁：第一七九巻第二号、一三〇―一五八頁：第一七九巻第四号、一三一―一四三頁、二〇一六年）
西村真彦「安保改定と東アジアの安全保障―一九五六―一九六〇年―」（京都大学博士論文、二〇一八年）
西村真彦「安保改定に向けた米国の決定―一九五〇年代台湾海峡危機の影響―」（『年報政治学 二〇二二―Ⅰ』筑摩書房、二〇二二年、三九九―四二〇頁）
長谷川隼人「岸内閣期の内政・外交路線の歴史的再検討―『福祉国家』、『経済外交』という視点から―」（一橋大学博士論文、二〇一五年）
長谷川隼人「岸信介の経済再建構想と日本再建連盟（一・二）」（『一橋法学』第一四巻第三号、一〇一―一二六頁：第一五巻第一号、二五三―二七二頁、二〇一五―二〇一六年）
長谷川隼人「経済再建のための保守合同―保守政党の再編過程における岸信介の認識と行動の再検討―」（『一橋法学』第一六巻第三号、二〇一七年、二六五―三一八頁）
濱砂孝弘「安保改定期における政府の集団的自衛権見解の形成過程」（『政治研究』第六六号、二〇一九年、五五―八七頁）
濱砂孝弘「安保改定をめぐる日本社会党の政策過程」（『九大法学』第一一八号、二〇二〇年、一―五六頁）
濱砂孝弘「日米安保条約改定と『独立の完成』―岸信介と五五年体制の固定化―」（九州大学博士論文、二〇二一年）
藤田吾郎「日米安保体制の成立と戦後日本の治安問題―間接侵略への対応とその帰結 一九四五―一九五二年―」（早稲田大学博

士論文、二〇二一年）
保城広至『対米協調』／『対米自主』外交論再考」（『レヴァイアサン』第四〇号、二〇〇七年、二三四－二五四頁）
前田直樹「日本の一九五〇年代後半台湾政策と台湾海峡の現状固定化―岸首相訪台をめぐって―」（『広島法学』第四二巻第二号、二〇一八年、一二八－一四四頁）
松本浩延「浅沼稲次郎の政治指導―一九五五－一九六〇年―（一・二）」（『同志社法學』第七〇巻第一号、四三－八九頁：第七〇巻第三号、七一－一一四頁、二〇一八年）
松本浩延「浅沼稲次郎の政治指導―『野党』日本社会党の形成―」（同志社大学博士論文、二〇一九年）
道場親信「ゆれる運動主体と空前の大闘争―『六〇年安保』の重層的理解のために―」（『年報日本現代史第一五号　六〇年安保改定とは何だったのか』現代史料出版、二〇一〇年、八一－一四六頁）
宮崎隆次「日本における『戦後デモクラシー』の固定化―一九五五年体制の成立―」（犬童一男・山口定・馬場康雄・高橋進編『戦後デモクラシーの成立』岩波書店、一九八八年、一五一－二二三頁）
村川一郎「改進党史」（『北陸法学』第四巻第一号、一九九六年、二五－八〇頁）
山口定「戦後日本の政治体制と政治過程―その特質と変容―」（三宅一郎・山口定・村松岐夫・進藤榮一著『日本政治の座標』有斐閣、一九八五年、五七－一七〇頁）
吉田龍太郎「芦田均の国内外情勢認識とその帰結―第二保守党における行動の制約と戦後政治空間への適応―」（慶應義塾大学博士論文、二〇一九年）
吉次公介「MSA交渉と再軍備問題」（豊下楢彦編『安保条約の論理―その生成と展開―』柏書房、一九九九年、一〇七－一六〇頁）
吉次公介「日本社会党の対アジア外交政策―一九五〇年代前半を中心に―」（『沖縄法学』第三〇号、二〇〇一年、五九－九一頁）
渡辺治「保守合同と自由民主党の結成」（渡辺治他著『戦後改革と現代社会の形成』岩波書店、一九九四年、一五九－二一六頁）
渡辺治「安保闘争の戦後保守政治への刻印」（『歴史評論』第七二三号、二〇一〇年、四－二三頁）

あとがき

本書は、「日米安保条約改定と『独立の完成』―岸信介と五五年体制の固定化―」(九州大学大学院法学府博士学位論文、二〇二三年三月)を二割圧縮し、大幅に加筆修正したものである。執筆の際、元々全て書き下ろしだった博士論文を全面的に書き直した。安保微調整論から全面改定に転じた安保改定作業の大変さを幾許か体感できた気がする。

本書の刊行に至るまで、私は実に多くの方々の学恩を受けてきた。なんといっても、学部ゼミ以来の指導教員である熊野直樹先生への感謝はつきない。ドイツ現代史、欧亜関係史研究の第一線にいる先生の下、日・東・西の垣根を越えた政治外交史の学舎で大学院生活を過ごしたことは、大きな財産である。熊野先生は厳密な史料論や政治学の方法論を叩き込みつつ、史実の樹海に溺れがちな私の無意識的な問題関心を言語化し、大きな研究上の脈絡に引き戻してくれた。学問の求道者のような先生の厳しくて優しい言葉の数々は生涯忘れないし、論文への毎回の添削やコメントは一生の宝物である。熊野先生が主宰されている東アジア政治史コロキウムでも、諸先輩に様々な角度から貴重なご助言をいただいた。限りない学恩に、本書の刊行でいささかでも報いることができれば無上の喜びである。

中島琢磨先生には日本政治外交史、日米関係史のご指導を賜ってきた。幅広い史料基盤に基づく緻密で実証的な議論に加え、膨大なオーラル・ヒストリーによって政治家や外交官の人物像にも通暁される先生の研究からは、多大な影響を受けた。外交文書の読み方、史料解釈、ストーリーの編み方など、日本政治外交史研究のイロハを手取り足取り教えて下さった。出版社をご紹介いただいたことも含め、温かいお人柄と親身なご指導に心から感謝申し上げる。

修士課程の副指導教員だった岡﨑晴輝先生には、政治過程論の観点から理論面で多くのご教示をいただいた。折りに触れて、主体、状況、構造という政治現象の三要素を意識すること、利害、制度、アイディア（構想）を整理して政治過程を再構成すること、鍵概念の関係性を明確にすることなど、数々の重要な示唆を頂戴してきた。何よりも「学問の型」を重んじる先生に修士課程でご指導いただいたことは、非常に幸運だったと切に思う。

私は、歴史と思想を重視する「九大政治学」の伝統を研究の礎とし、これまで九州大学政治研究会に育てていただいた。木村俊道先生には西洋政治思想史のゼミを受講させていただき、政治家のテクストの解釈や思惟体系の析出に多大な知見を得た。蓮見二郎先生には、学部生以来懇意にしていただき、留学生との共同ゼミにも加えて下さった。院生研究室では、OBとして諸事ご指導下さった土肥勲嗣、遠山隆淑、渡邉智明各先生のほか、李鐘成、沖祐太郎、鎌田厚志、後藤啓倫、田井浩人、西貴倫、村上悠らの諸先輩、小幡あゆみ、小園栄作、寺嶋文哉、平尾遼海をはじめとする各氏に大変お世話になった。記して御礼申し上げる。

学外でも、学会や研究会を通じて、実に多くの先生方から学恩を受けてきた。まずもって菅英輝先生には、冷戦史や米国の対外政策史のマクロな視点から貴重なご助言を賜ってきた。井上正也先生には、九大時代から史料面や日中関係、岸の動向についてご教授いただくことが多く、上京後はとりわけお世話になっている。本書の執筆前には、ご多忙中の迷惑を省みず博士論文に目を通していただき、率直かつ極めて有意義なコメントを頂戴した。また、研究対象が近い西村真彦先生と藤田吾郎先生には、本書の原稿に細部に至るまで目を通していただき、論文指導の機会まで頂戴した。本書の内容に関する責任が全て著者にあることはもちろんだが、先生方に改めて、深く御礼申し上げる。

紙幅の都合で学恩を賜った先生方の名前を全て挙げることができず、心苦しい限りだが、占領・戦後史研究会、戦後外交史研究会、外交史研究会、内務省研究会、日本政治外交史ネットワークなどでは日々研鑽の機会をいただき、私の拙い発表にも数多くの有益かつ忌憚のないご助言を頂戴してきた。衷心より謝意を表したい。

そして、学外で最もお世話になっている雨宮昭一先生と協同主義研究会の先生方には、特に感謝の思いを伝えたい。博士論文執筆の年にコロナ禍が始まり、国内外での史料調査は困難を極めたが、雨宮研究会に毎回オンラインで参加可能になったことはせめてもの救いだった。幅広い学問領域の研究者が集まる「異種格闘技」のような場で、様々な切り口から縦横無尽、快刀乱麻な議論を展開する先生の謦咳に接したことで、私は視野を広げ、幾許かでもメタな議論ができるようになった気がする。いつまでも先生の豪放磊落な姿に接することができれば、望外の喜びである。

本書の刊行では、吉川弘文館の永田伸氏、志摩こずえ氏に大変お世話になった。特に、無名の私に伝統ある吉川弘文館から出版する機会を与えて下さった永田氏には、深謝申し上げる。研究の過程では、ＪＳＰＳ科研費（22K13333）、早稲田大学特定課題研究助成費（2023C–515、2024E–033）、外務省外交・安全保障調査研究事業費補助金「自由民主主義秩序を支える情報プラットフォームの構築」の助成を受けた。記して謝意を表したい。

最後になるが、研究者を目指すという私の将来を案じつつ、温かく見守ってくれる父康弘と母優子、実子同様に親身に応援してくれる義父母の奥山薫・洋実、そして何より、不器用で気難しいであろう私と人生を共に歩んでくれている妻若奈と二人の子どもには、心から感謝している。本当にありがとう。そして、郷里における人生の師であり、この本の刊行を見届けることなく急逝された松久孝利先生に、本書を捧げたい。

二〇二四年七月

早稲田にて

濵 砂 孝 弘

索　　引

I　人　　名（岸信介は頻出のため省略）

あ　行

か　行

さ　行

た 行

な 行

は 行

ま 行

や 行

ら 行

わ 行

II 事　　項

あ 行

か 行

さ　行

た　行

な　行

は　行

ま　行

や 行

ら 行

わ 行

英 字

著者略歴
一九九三年、宮崎県に生まれる
二〇二二年、九州大学大学院法学府博士後期課程修了
九州大学法学研究院助教を経て、
現在、早稲田大学先端社会科学研究所助教、博士（法学）
〔主要論文〕
「安保改定期における政府の集団的自衛権見解の形成過程」（『政治研究』第六六号、二〇一九年）
「安保改定をめぐる日本社会党の政策過程」（『九大法学』第一一八号、二〇二〇年）

安保改定と政党政治
岸信介と「独立の完成」

二〇二四年（令和六）十一月一日　第一刷発行

著　者　濵《はま》砂《すな》孝《たか》弘《ひろ》

発行者　吉川道郎

発行所　株式会社　吉川弘文館
郵便番号一一三―〇〇三三
東京都文京区本郷七丁目二番八号
電話〇三―三八一三―九一五一〈代〉
振替口座〇〇一〇〇―五―二四四番
https://www.yoshikawa-k.co.jp/

印刷＝株式会社 理想社
製本＝株式会社 ブックアート
装幀＝山崎　登

ISBN978-4-642-03936-9